まえがき

　一口に現代中国語といっても、「話し言葉」と「書き言葉」ではかなりの違いがあります。「書き言葉」は「書面語」という言葉で括られることもあり、また、現代中国語の範疇に入らない歴史的な中国語については、「文語」「古典語」と称されたり、さらに細かい分類もされます。

　「書き言葉」もその中身は多様で、新聞・雑誌や学術論文に使われる「論説体」、時には「新聞体」「時事中国語」（古くは「時事文」）とも俗称される文体がその代表的存在ですが、もっと専門的なジャンル、例えば法律や公文書の文体、商業通信文、そして書簡文なども包含されています。

　小説など文学作品となると、その中には会話も含まれますし、作家によっても文体は様々で、「書き言葉」という範疇で括るのは無理があります。かといって話し言葉とイコールとも言えません。さらに、演説などの口調となると、まさにヌエ的存在とも言えましょう。

　本書で扱っているのは「論説体」です。新聞・雑誌や学術論文、そして現代では何よりインターネットで中国語による情報を獲得するのに欠かせません。学生・研究者に限らず、中国ビジネスに携る人たち、マスコミ関係者など、中国に関わりを持つ人たち全てにとって、「論説体」をマスターし資料を読みこなせる能力を培うことが現代では必要不可欠になっています。

　ただ、その「論説体」も厳然とした仕分けがあるわけではありません。中国を代表する新聞『人民日報』の文体を見ると、文法・語彙の面で「話し言葉」と相当部分が重なります。現代中国語の「書き言葉」が口頭語を基礎に置いた「白話文」だからそれも当然ですが、一方で「文語」と重なる要素も、台湾の新聞ほどではないにせよ、多分に含まれています。

　「重なる」その重なり方もまた、細部を検討すると一様ではありません。ある語彙が「話し言葉」と「書き言葉」のどちらに多用されるか、その割合がどれくらいかはまちまちで、どこまでを「論説体」の範疇に組み込むかの見分けは簡単ではありません。加えて、中国語は修辞的な要請が極めて重視され、繰り返しを嫌ったり、リズムを尊ぶ傾向が顕著で、多くの場合、「話し言葉」と「書き言葉」の区別より優先し、時には文法的なルールまでも侵食します。

　こういった事情からか、筆者が大学で中国語を学んだ昭和40年代の中国語教育では、現代中国語を話し言葉と書き言葉（特に論説体）に分けて、その違いを明確に教える授業はほとんどありませんでした。習うより慣れろ、の教育です。

　したがって、学生は"您好""多少钱"などという初歩的な会話表現や会話文を学ぶと、

論説体中国語読解力養成講座

新聞・雑誌からインターネットまで

三潴正道

東方書店

すぐに人民日報などの文を与えられ、特に違いを講義されることもなく学習したものです。結果として学生は両者の区別を認識できないまま習得し、TPOによる使い分けができず、それが語学力の向上には大きな障碍となっていました。私は教員になってから、いつもこの問題が頭を離れませんでした。

　本書は、以上の動機から筆者が過去30年近くに渡って試みてきた実践と、そこで考案した通称「レベルシステム」という教育システムの成果をベースに編んだ、「論説体」読解力養成のための自学自習書です。この分野は、研究分野としていまだ明確な設定がなされておらず、先行研究もほとんどなく、まだまだ手探りの状態です。今回の実用書の刊行を足がかりに、今後「論説体」のより体系的な研究を目指したい、と考えていますが、まずは多くの方に本書を効果的に活用していただき、インターネットやその他の資料を読みこなす上で少しでもお役に立てば、と思います。また、忌憚のないご助言、ご指摘を期待する次第です。

　最後になりましたが、本書の刊行に多大なご助力を頂いた東方書店の川崎道雄常務、編集担当の古屋順子様、原稿執筆の過程でお手伝いいただいた西暢子様並びに而立会の皆様、また、この機会を作ってくださった井田綾様に心から御礼申し上げます。

2010年春　三潴正道

目 次

まえがき………… ii

本書の特徴と使い方………… ix

レベルシステムとは──進歩の度合いを確認するシステム………… xi

第Ⅰ部 基礎力養成講座──基本文型を把握しよう！………… 001

構文　1：［A "是" B］文………… 002
構文　2：［A "为"（wéi）B］文………… 003
構文　3："是"、"为" 省略文
構文　4："A 是一个 B" 型の文………… 004
構文　5：形容詞述語文………… 005
構文　6："有" を用いる述語文………… 006
構文　7：一般動詞を用いる述語文（1）………… 007
構文　8：一般動詞を用いる述語文（2）………… 008
構文　9：各種疑問文………… 009
構文 10：主述述語文………… 010
構文 11：結果補語を伴う文………… 011
構文 12：方向補語を伴う文………… 012
構文 13：可能補語を伴う文………… 013
構文 14：様態補語を伴う文………… 014
構文 15：介詞構造を伴う文………… 015
構文 16：［主語＋介詞構造＋ "的" ＋名詞］文………… 016
構文 17："是～的" の文………… 017
構文 18：数量詞を伴う文………… 018
構文 19："着" "了" "过" を伴う文………… 019
構文 20：存在出現文………… 020
構文 21：使役文………… 021
構文 22：受身文………… 022
構文 23：比較文………… 023
構文 24：［"有" ＋名詞＋動詞性修飾語］文………… 024
構文 25：成語述語文………… 025

構文26：同じ疑問詞が呼応する文............ 026
　構文27：反語文
　構文28：挿入句を含む文
　構文29："事实证明，"型の文
　構文30："就"で受ける文............ 027
　構文31："才"で受ける文............ 028
　構文32："也"で受ける文
　構文33："都"で受ける文............ 029
　構文34："必须"で受ける文
　構文35："不是～而是…"の文............ 030
　構文36："不仅～而…"の文
　構文37："既～又…"の文

第 II 部　論説体解析講座............ 031

　1. "于"の様々な用法............ 032
　　　場所／時間／起点や原因／対象や方向／受身文／比較文
　2. 様々な"为"の見分け方............ 034
　　　A. "为" wèi の場合
　　　　動作の受益者や目的／動作の原因
　　　B. "为" wéi の場合
　　　　動詞（～である）／動詞（～とする、になる）／形容詞や程度副詞と複合／"为～所…"の受身文
　3. "而"と"以"............ 036
　　　A. 異なる"而"の見分け方
　　　　順接／逆接／介詞のかかる範囲／4文字化
　　　B. 異なる"以"の見分け方
　　　　目的／後置内容を動詞につなぐ／複合動詞を構成
　4. 文構造に関わる特徴............ 038
　　　A. 2つの動詞（助動詞、副詞、形容詞）が接続詞で並列される文
　　　B. 4音節のリズムを作る道具立て "进行"／"得到"
　5. 論説体の小道具たち............ 040
　　　"所"＋動詞／動詞＋"自"／"A至B"／"与～相V"／"V成""V成为"
　6. 会話体と論説体：語彙・表現の対比（1）............ 042

2音節が1音節になる例／介詞の例／動詞の例
　7. 会話体と論説体：語彙・表現の対比（2）……………044
　　　副詞の例／代詞の例／その他の例

第Ⅲ部　論説体日訳講座……………047

　1. 注意すべき多義語……………048
　　　"不会"／"不能"／"要"／"学生"／"下岗"／"近日""近期"
　2. 多機能語（1）……………050
　　　"将"／"有关"／"作为"／"组织"／"加上"
　3. 多機能語（2）……………052
　　　"规定"／"丰富"／"就"／"通过"／"所有"
　4. 注意すべき類似表現（1）──初学者に多い間違い……………054
　　　"一个"と"一些"／"有"と"有了"／"不"と"没（有）"／"一部"と"（一）部分"／さまざまな"一起"／","と"、"
　5. 注意すべき類似表現（2）……………056
　　　"计划"と"规划"／"条约"と"公约"／"双边"と"多边"／"发达国家"と"发展中国家"／"信息"と"情报"／"和平"と"平和"／"表示"と"表明"／"当地"と"本地"／"形势"と"势头"／"象征"と"形象"／"现在"と"如今"
　6. 注意すべき類似表現（3）……………058
　　　"同比"と"环比"／"构成"と"结构"／"结构"と"机制"／"机制"と"系统"／"系统"と"体系"／"城乡""城镇""乡镇""乡村"／"需求"と"需要"／"小区"と"社区"／"退休"と"离休"
　7. 注意すべき類似表現（4）……………060
　　　"夫妇"と"夫妻"／"就业"と"就职"／"大众""群众""人群""群集"／"深刻"と"严重"／"增加了一倍"と"增加到两倍"／"增加到两倍"と"翻了两番"／"专利"と"特许"／"中学"と"高校"／"1公斤"と"1斤"／"万万"と"万亿"
　8. 注意すべき類似表現（5）……………062
　　　"人"と"人次"と"人均"／"却"と"倒"と"竟"／"协定"と"协议"／"协商"と"谈判"／"协力"と"配合"
　9. 単語＆語句の誤訳主要事例（1）……………064
　　　"（老）百姓"／"人间"／"质量"／"油气"／"造成"／"落幕"／"一片"／"肯定"／"～则"

10. 単語＆語句の誤訳主要事例（2）……………066
    "部署"／"代表"／"计划"／"～化"／[V＋"好"＋O]
   参考：決まった言い回しの落とし穴
    "包括～在内"／"为了～起见"／"把～关"／"建立健全～"
11. 「訳にもう一工夫」主要事例（1）……………068
    "居民"／"比重"／"挑战"／"产品"／"职工"／"承诺"／"力量"／"压力"／"沟通"
12. 「訳にもう一工夫」主要事例（2）……………070
    "认同"／"考察"／"试验"／"文明"／"志愿者"／"联合国"／"一把手"／"国际事务"／"项目"／"粮食"／"文化程度"／"边境"／"未来"
13. 「訳にもう一工夫」主要事例（3）……………072
    "义务劳动"／"第一时间"／"不完全统计"／"治理"／"看好"／"演出"／"增长"／"培养"／"进城"／"服务"／"做文章"
14. 「訳にもう一工夫」主要事例（4）……………074
    "平台"／"正确"／"传统"／"始终"／"先后"／"进一步"／"偏低"／"今年以来"／"整个（社会）"／"成功地～"／"既～也…""既～又…"／"只有～才能…"

第Ⅳ部 ステップ別 実践トレーニング講座……………077

第一ステップ……………078

第二ステップ……………089

第三ステップ……………100

第四ステップ……………111

第五ステップ……………122

語注……………133

練習問題訳例と解説……………141

あとがき……………193

コラム目次

こんな"于"に注意！............ 033
完熟度が気になる"为"を含む語............ 035
副詞を作る"以"............ 037
"进行"を見つけたら、まず"对"を探せ！............ 039
助詞の省略............ 041
1音節と2音節............ 043
会話体でも使われる文語表現............ 045
"经济"と"经营"............ 049
2つの"将"............ 051
「〜的（てき）」と訳せる言葉............ 053
助動詞や副詞の位置............ 055
"生活"は「生活」に限らない............ 057
場所を示すもう1つの言い方............ 059
一体、何倍が正しい？............ 061
"如"のいろいろ............ 062
多音字............ 063
"甲、乙、丙"はA、B、C............ 065
女性に関する誤訳............ 067
滑らかな訳にするためには............ 069
肩書きの位置............ 071
覚えておきたい造語法............ 073
どこで切るかが難しい............ 075

本文写真：三潴正道

本書の特徴と使い方

　かなりの人が持っている2つの誤解があります。1つは、「中国語の発音や会話もできないのに読解力が身につくはずがない」というもの、今1つは、「日本の英語教育は過去、読解力の養成にのみ傾き、その結果が「会話に弱い日本人」をつくってしまった。したがって、中国語教育においてもまず、会話力をしっかり養成しなくてはならない」というものです。

　前者については、本書のベースになっている「レベルシステム」の成果がその誤りを真っ向から証明しています。発音や会話力と論説体読解力の向上には顕著な関連性もなければ、学習上のあるべきプライオリティもありません。実践で証明されたことは、大学に入学して初めて中国語を学んだ学生でも、1年間中国語の基礎を勉強した後、2年生になって真面目に取り組めば1年間でほぼ新聞を読めるようになってしまう、ということです。

　「レベルシステム」の特徴は、材料がセンテンス単位になっていることです。文章をそのまま学習者に配布して頭から読解していくという伝統的なやり方を変えたわけですが、意合法（接続詞をあまり使わずに、意味からフレーズのつながりを読み取ること）を最大の特徴とする中国語においてばらばらの文に分解するリスクは否定できません。不安はありましたが、案ずるより生むが易し、結果としてはそれが読解力の上達の障害にはなりませんでした。意合法への対処能力はフレーズとフレーズのつながり方を読み取る作業で十分補いがついたのです。

　それよりも、自分がどれくらい力をつけたか自覚しにくく、それゆえ、根気が続かないことが多い読解力養成で、レベルという数値測定が一歩一歩上達を自覚できるようにしました。学習者のモチベーションを維持し、継続学習を可能にし、ひいては「レベルトレーニング」の成果につながったと推測されます。

　本書に掲載されている例文や問題文は、時事性も考慮して、「レベルシステム」の過去15年ほどの出題文1万2000題余りに材料を限定して、その中から選んで編集しています。出典は一定の規範性を保つためにいずれも『人民日報』から抽出したものです。

　本書は中国語の初級程度の学習経験があればすぐに取り掛かることができます。もちろん、より高レベルの実力をお持ちの方にも十分対応しています。「論説体」の読解力を向上させたい人、さらには翻訳者を目指す方にもお勧めできます。

　本書は4部構成になっています。

　第Ⅰ部

「話し言葉」と「書き言葉」に共通する基礎文法に即して「論説体」を理解しようという

もので、短い文を中心にして基礎文法を復習確認しつつ「論説体」に慣れていくことを目的としています。

第 II 部

「論説体」の主要要素の把握を目的とします。文法体系に沿って並べてはいません。むしろ実践的な観点から、学習者の問題解決における優先順位を考慮して構成しています。

第 III 部

日本語訳で犯しやすいミスを、過去の添削実践結果を集計し、出現頻度の高いものから選んで列挙したものです。

第 IV 部

問題集です。巻末に日本語訳と要点の解説がありますので、自己学習でレベルアップを図ってください。

●注意1：なお、巻末の日本語訳は、学習者が文構造を理解しやすいように、滑らかさを追求しつつも、やむを得ない場合を除き、意訳をなるべく避けて、極力、原文の構造に忠実に訳しています。

　もっとこなれた訳をしたい、という方は、文構造をよく理解したうえで挑戦してみてください。ただし、ピカソの絵も、忠実なデッサンの修行の上に積み重ねられたものであることをお忘れなく。

●注意2：本書の例文、問題文ともに、ピンインが付記してなく、分かち書きもしてありません。不親切だ、という声もあるでしょうし、売れないのでは、と心配する向きもあります。しかし、ピンインを覚えないと辞書も引けませんし、分かち書きされた文ばかり見ていると、いつまでたっても、単語の認識さえできません。最初は大変でも、早いうちから分かち書きされていない文に慣れたほうが、はるかに上達が早いのです。

最後に、勉強の仕方ですが、是非、訳文を紙に書くか、ワープロに打ち込むかして下さい。それによって細部まできちんと確認する癖がつくからです。

レベルシステムとは —— 進歩の度合いを確認するシステム

レベルシステムは、レベルを設定し、一定の成果を挙げたら次のレベルに進める、という達成感でモチベーションを持続させるために開発されたシステムです。

中国語は上述の意合法の関係で文が長くなることによって難易度が確実に上昇します。文が長くなればフレーズが増え、そのつながりを読み取る能力が要求される度合いも急速に高まるからです。

そこで、このシステムでは、文の長さによってレベルを5段階に分け、さらに同一の長さでも文構造の難易度によって2段階にわけ、以下のような10段階をセッティングしてあります。

ちなみに、人民日報の文の長さを字数によって調べると、基本的な長さは80文字前後までで、一般記事の歯切れの良い文章は概ね20〜60文字程度であることがわかります。

　　　レベル　1……1センテンス20文字前後。構文が比較的易しい。
　　　レベル　2……1センテンス20文字前後。構文が比較的難しい。
　　　レベル　3……1センテンス40文字前後。構文が比較的易しい。
　　　レベル　4……1センテンス40文字前後。構文が比較的難しい。
　　　レベル　5……1センテンス60文字前後。構文が比較的易しい。
　　　レベル　6……1センテンス60文字前後。構文が比較的難しい。
　　　レベル　7……1センテンス80文字前後。構文が比較的易しい。
　　　レベル　8……1センテンス80文字前後。構文が比較的難しい。
　　　レベル　9……1センテンス100文字前後。構文が比較的易しい。
　　　レベル　10……1センテンス100文字前後。構文が比較的難しい。

本書の第IV部の問題は、この10のレベルを長さによる5ステップに分けて出題しています。専攻の中国語学科の学生でしたら、2年生で最低限レベル6は突破しましょう。

学習者にとってレベル8が最大の難関で、多くがここで足踏みします。言い方を変えれば、ここを突破すれば原語による資料を自分で読みこなせる段階に入ります。本書だとそれが第IV部の第四ステップになります。

中国の様々な分野を研究する大学院生でしたら、レベル10を突破していないと、原書やインターネットを駆使した研究はできない、といって良いでしょう。中国ビジネスで活躍する人材になるにも同様のレベルが要求されます。

◉ 参考

レベル添削システムの運営規則

本書は論説体自習用テキストですが、実際のレベルシステムによる添削は、以下のような規則で運営されています。その一部をご紹介します。

競技ルール

1) 1クールの回数

15回が1クールとなっています。1回の各レベルの問題数はレベル1と2は各4題、レベル3と4は各3題、レベル5以上は各2題です。

2) 時間配分とその他のルール

① 第1回は全員レベル1からスタートします。制限時間は1時間です。
② 各レベル10点満点で、8点以上だと次のレベルへ進めます。
③ 1つのレベルをやり終わり、時間のある人は、次のレベルにもチャレンジ。うまくいけば、1回で何ランクもアップできます。
④ レベル10を突破すると、また、レベル1へ戻ります。その際、合格ラインは9.0以上になり、便宜的にこのレベルをレベル11〜20と呼びます。レベル20を突破すると、またレベル1へ戻ります。その際、合格ラインは9.5以上になり、便宜的にこのレベルをレベル21〜30と呼びます。
⑤ 15回でレベル30を突破できなかった人は、次回また、レベル1からの挑戦になります。
⑥ 問題を解く時は辞書やインターネットなど、自由に使いこなしてください。ただし、他人に聞くのはルール違反です。

3) 採点基準

− 0.1：簡体字の直し忘れ。軽微な漢字の書き違い。説明訳。
− 0.2：助詞の間違い（「が」と「は」の間違いなど）。単語訳の軽微なズレ。
− 0.3：単語の完全な意味の取り違い。単語の訳し忘れ。
− 0.4：同上がフレーズレベルで他に影響を与えている場合。
− 0.5：フレーズレベルでの構文の取り違い。動詞や介詞の係る範囲の間違いなど。

- −0.7：文全体の構文を取り違えているが、何とか大意はつかめる場合。
- −1.0：文全体の構文を取り違え、文意が伝わらない場合。
- −1.5：2つの構文が同一フレーズ内で絡み合った文で、両方の構文を読み違えている場合。
- −2.0：あるフレーズの訳が全く欠落している場合。

　レベル30突破者がさらにプロの翻訳者を目指して勉強を続けたい、という要望に沿って平成16年に発足したのが而立会です。レベル添削講座や而立会に興味のある方はあとがきをご覧下さい。

第Ⅰ部 基礎力養成講座

基本文型を把握しよう！

構文1：[A "是" B] 文

[構文の説明]
① 「AはBである」という文で使われる "是" は多くの場合、英語のbe動詞に似た働きをします。
② A、Bの部分は単語とは限らず、時にはフレーズや文が入ることもあります。

[例文]
零陵是湖南重要的产粮区。

"零陵"：地名。

目的語の部分がフレーズになっていて、名詞の修飾語（中国語文法では「限定語」、更に略して「定語」ともいいます）を導く構造助詞 "的" を伴っています。

"湖南"：一級行政区湖南省。一級行政区の省、自治区、直轄市については、日訳するとき、原則として省、自治区、市をつけておきましょう。

（訳：零陵は湖南省の重要な穀物生産地区である）

[練習問題1]
1. 福建是全国第二大侨乡。
2. 房地产业是国民经济支柱产业。
3. 仿人机器人是世界机器人的研究热点。
4. 中国不是足球运动发达国家。
5. 3月的柴达木盆地还是一片枯黄。
6. 将来的竞争就是服务的竞争。
7. 创新与求实是科学精神的两翼。
8. 艾滋病不是 "道德病"，艾滋病感染者首先是受害者。

語注　1. 福建：福建省　2. 房地产业：不動産業　3. 仿人机器人：人間ロボット　4. 发达国家：先進国　5. 柴达木盆地：ツァイダム盆地　7. 创新：革新、イノベーション／与：ここでは接続詞。"和" の論説体　8. 艾滋病：エイズ

構文2：［A "为"(wéi) B］文
構文3："是"、"为" 省略文

[構文の説明]
①論説体には "是" に代わる専用語としてよく "为"(wéi) が用いられます。特に統計的な数字を示すときに多用されます。
② "是" や "为" は数量、年月日、曜日、出身地などを示す場合にはよく省略されます。

[例文]
每年4、5月份为泰国最热季节。

 "泰国"：タイ。

 "泰国最热季节"：「タイのもっとも熱い季節」を "泰国的最热的季节" などとは言いません。会話体では、形容詞が程度副詞を伴うときは、"多" など一部の例外を除いて "的" が必要ですが、論説体では修辞的要請から "的" は極力省略されます。

 "4、5"：中国語では文の切れ目は "，" を、事物を並べるときは "、" を使いますので間違えないように。

(訳：毎年4、5月はタイでもっとも熱い季節である)

[練習問題2、3]
1. 中国耕地总面积为 18.2574 亿亩。
2. 美国的军火出口总额为 113 亿美元。
3. 全世界每年农产品贸易额为 12000 亿美元。
4. 日本电冰箱、洗衣机的再商品化率为 50% 以上。
5. 方便木筷一双 1 分多钱。
6. 高母村去年人均收入 1850 元。
7. 全世界现有肺结核病患者 17.22 亿人。
8. 义务教育阶段在校生合计约 1.93 亿人。

語注　1. 亩：ムー（土地面積の単位）。1ムーは666.7平方メートル　2. 军火出口：武器輸出／美元：米ドル　4. 电冰箱：冷蔵庫／洗衣机：洗濯機　5. 方便木筷：割り箸　6. 人均：1人当たり

構文4：“A 是一个 B”型の文

[構文の説明]

①会話体、論説体を問わず、主語に対する具体的な説明をする場合には、主語が単数だとわかっていても、述部の先頭に［“一”＋量詞］が置かれます。くれぐれも「1つの」と訳さないようにして下さい。

②この構文ではしばしば“一”が省略されます。

[例文]

曼彻斯特联队可是一支了不起的球队。

 “曼彻斯特联队”：イギリス、プレミアリーグの強豪。

 ①“一支”：“球队”にかかる数量詞です。ここでは「マンチェスターユナイテッドはこういったチームだ」という、主語を具体的に説明する口調を示します。
②数詞の“一”は省略可能ですので、次のように言うことも可能です。
"曼彻斯特联队是支了不起的球队。"

 “可”：話し手の強い思い入れ（「本当に」）を示します。

（訳：マンチェスターユナイテッドは本当にたいしたチームだ）

[練習問題4]

1. 公民道德建设是一个复杂的社会系统工程。
2. 实施知识产权战略是一项宏伟的工程。
3. 无障碍设施建设，是一个城市文明进步的体现。
4. 加强监督是一个实现司法公正的重要保障。
5. 华榕超市集团曾是一家知名的民营商业企业。
6. 今年是个柑橘丰收年。
7. 残疾考生上大学已不再是件难事。
8. 民族精神是一个民族赖以生存和发展的精神支撑。

語注　1. 社会系统：社会システム　2. 知识产权：知的財産権　3. 无障碍设施：バリアフリー／文明：モラル、マナー、エチケット　5. 华榕超市集团：華榕スーパーグループ／家：企業の量詞　7. 残疾考生：障碍者受験生／不再是～：もはや～ではない　8. 赖以～：～を頼る

構文 5：形容詞述語文

[構文の説明]
　中国語の形容詞は単独で述部を構成できます。英語はbe動詞の助けが必要ですが、中国語では、それに似た"是"を加える必要はありません。

[例文]

亚洲市场的发展领域极为广阔。

 "亚洲"：アジア。

 "极为"：書き言葉では程度副詞の接尾辞として"为"がよく使われます。
例）"稍为"「いささか」／"较为"「やや」／"最为"「もっとも」／"尤为"「とりわけ」

（訳：アジア市場の発展領域はきわめて広い）

[練習問題5]（下線部は形容詞が述語となった主述構造部分を示します）

1. 我觉得中国体育市场非常辉煌。
2. 海河、辽河的污染相当严重。
3. 俄中两国的政治和经济关系都非常好。
4. 阿根廷汽车保有量较大。
5. 研究生找工作人数少了要求高了。
6. 非洲是发展中国家最集中的大陆。
7. 学生课业负担过重是基础教育的一大顽症。
8. 美国是当今世界信息技术最发达的国家。
9. 日本金融市场限制过多是最主要的弊病。

語注　2. 海河、辽河：ともに渤海湾に流れ込む河の名　3. 俄中：ロシアと中国　4. 阿根廷：アルゼンチン　5. 研究生：大学院生　6. 非洲：アフリカ／发展中国家：発展途上国。先進国は"发达国家"　8. 信息：情報

構文6："有"を用いる述語文

[構文の説明]

"有"には、大別して所有（〜を持っている）を表す場合と存在（〜がある）を表す場合があります。

[例文]

一个企业必须有一个梦。

 "必须〜"：〜しなければならない。

 ①所有の例です。ただし、この文は存在を表すように訳すことも可能です（日訳参照）。
② "一个梦"を「1つの夢」と訳す必要はありません。中国語の目的語は数量を明確にするのが基本なので"一个"がありますが、日本語にいちいち訳すかは場合によります。

（訳：企業は夢を持たなくてはならない／企業には夢がなければならない）

[練習問題6]

1. 一个人总有自己的信仰。
2. 中越两国有着传统友谊。
3. 论文黑市已经有相当规模。
4. 火星上许多岩石都有两种颜色。
5. 我国广告业的素质有了很大提高。
6. 每一个时代，都会有相对艰苦的行业。
7. 大连西部素有"休闲度假地带"之美誉。
8. 北京故宫有宫无宝，台北故宫有宝无宫。

語注　1. 总有〜：どうしたって（必ず）〜がある　2. 中越：中国とベトナム　3. 黑市：ブラックマーケット、闇市　4. 许多：たくさんの／颜色：色、カラー　5. 有了〜：〜ができた、実現した　6. 会〜：（きっと）〜するはずだ　7. 素有〜之美誉：かねてから〜と謳われている。"之"は話し言葉の"的"に相当／休闲度假：リゾート　8. 北京故宫：北京にある明、清の皇帝の宮殿／无：話し言葉の"没有"に相当／台北故宫：台北にある故宫博物院

構文7：一般動詞を用いる述語文(1)

[構文の説明]

①"是"や"有"といった特殊な動詞以外の一般的な動詞述語文には、英語同様、自動詞のみのもの、直接目的語や間接目的語を持つものがあります。これらの文中での位置は、原則的には英語と同じ語順、[動詞＋間接目的語＋直接目的語]となります。

②動作は一般に、それが「いつ行われたか」を示す必要があります。「時」を示す語は、日本語同様、原則として動詞の前に置かれますが、論説体では後ろに置かれる場合もあり、それは改めて学習します。

[例文]

朝鲜半岛不需要核武器。

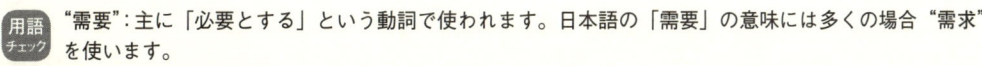 "需要"：主に「必要とする」という動詞で使われます。日本語の「需要」の意味には多くの場合"需求"を使います。

 [V＋O]の構文です。

 "核武器"は「核兵器」、"核试验"は「核実験」。日本語とのちょっとした違いに気をつけましょう。

（訳：朝鮮半島に核兵器はいらない）

[練習問題7]

1. 气候变暖可能会加剧病虫害的流行和杂草蔓延。
2. 美国的海外形象近年来急剧下降。
3. 北极地区气候变化步伐可能正在加快。
4. 1997年5月，北京的第一家马兰拉面馆正式开张了。
5. 汽车维修市场颇具发展潜力。
6. 写日记可提高孩子的作文水平。
7. 克隆技术已经进入了克隆人的阶段。
8. 1944年8月25日，遭纳粹德国蹂躏的巴黎获得解放。

語注　1. 变暖：温暖化／加剧：激化させる　2. 形象：イメージ　3. 步伐：足取り／正在〜：〜しつつある／加快：加速する　4. 第一家：第1軒目の、最初の／马兰拉面馆：馬蘭ラーメン店／开张：開店する　5. 汽车维修：自動車修理／颇具〜：大変〜を備えている　6. 提高：向上させる／水平：レベル　7. 克隆：クローン　8. 纳粹德国：ナチスドイツ／巴黎：パリ

構文 8：一般動詞を用いる述語文(2)

[構文の説明]

　動作は一般に、それが「どこで行われたか」を示す必要があります。「場所」を示す語は、「時」を示す語同様、原則として動詞の前に置かれますが、論説体では後ろに置かれる場合もあり、それは改めて学習します。

[例文]

在温州市的经济发展中，柳市镇做出了重要贡献。

　"做出贡献"で「貢献する」。「努力する」は"做出努力"。

　場所を示す場合は介詞（前置詞）"在"がよく用いられます。また、"在"を省略して、"上""下""中"といった方位詞を加えることで場所を提示することも多くあります。

（訳：温州市の経済発展において、柳市鎮は重要な貢献をした）

[練習問題 8]

1. 印第安人在某些医学领域中有独到之处。
2. 中国将在北京和上海之间建设第一条高速铁路。
3. 发展中国家在促进男女平等方面取得了显著进步。
4. 联合国安理会应在解决国际危机方面发挥作用。
5. 在我国 56 个民族大家庭中，人口较少民族有 22 个。
6. 近年来，典当铺又在各地城乡悄然兴起。
7. 4 月 22 日，全国女排明星赛在萧山体育馆举行。
8. 孟加拉国是世界上最不发达的国家之一。

語注　1. 印第安人：インディアン／独到之处：独自の境地、技術　2. 将：これから起こることを示す論説体常用語。会話体の"要"に相当　4. 联合国安理会：国連安全保障理事会／应～：～すべきだ／作用：役割　6. 典当铺：質屋／悄然兴起：静かなブームになっている　7. 女排："排"は"排球"の略。女子バレー／明星赛：オールスターゲーム　8. 孟加拉国：バングラデシュ

構文9：各種疑問文

[構文の説明]
　中国語の疑問文は大別して4種類あります。

[例文]
例①：北京的冬天冷吗？
例②：茅山在哪里？
例③：赤城县的水是不是很丰富呢？
例④：睫毛增长剂是药品还是化妆品？

用語チェック "睫毛增长剂"：まつ毛の育毛剤。

文法チェック ①諾否（語気助詞"吗"を伴う）疑問文　②疑問詞疑問文　③反復疑問文　④選択疑問文
"呢"は疑問詞疑問文や選択疑問文に用いることも可能ですが、"吗"は諾否疑問文にしか使えません。

(訳①：北京の冬は寒いですか)
(訳②：茅山はどこにありますか)
(訳③：赤城県の水は豊富ですか)
(訳④：まつ毛の育毛剤は薬品ですか、それとも化粧品ですか)

[練習問題9]
1. 美国会再现1929年大萧条吗？
2. 改造一个厕所要花多少钱？
3. 中国汽车业要不要有自己的品牌？
4. 取消高中文理分科，增负还是减负？
5. "零售药店托管门诊药房"可实现吗？
6. 人类活动如何改变现今和未来的气候？
7. 中国企业能否越过西方"先污染后治理"的老路？
8. 日本会成为"美丽的国家"还是"危险的国家"？

語注　1. 大萧条：大恐慌　3. 品牌：ブランド　4. 文理分科：文系と理系のコース分け／增负：負担の増加　5. 零售：小売／托管：委託経営　6. 如何：どのように（論説体）　7. 能否："能不能"の論説体表現／先～后～：まず～して、それから…する／治理：対策を講じる／老路：従来のやり方

構文10：主述述語文

[構文の説明]
　大主語に対して、述部が小主語と述語で構成されている文を言います。
　小主語は大主語のある種の属性や部分名称を示します。よく「ゾウは鼻が長い」という例が挙げられますが、「鼻」は「ゾウ」の一部であり、したがってこの文は「ゾウの鼻は長い」とも言えます。
　中国語の主述述語文は大主語と小主語の間に何もつなぎの語はなく、そのまま並べて言います。

[例文]
近年来，固安农民经商意识增强。

 "固安"：地名。"经商意识"：ビジネス意欲。

 "固安农民"が大主語、"经商意识"が小主語になります。

 小主語は大主語のある種の属性や部分名称を示すので、「固安の農民のビジネス意欲は、」と訳すことも可能です。

（訳：近年、固安の農民はビジネス意欲が高まっている）

[練習問題10]
1. 有些公司亏损数额巨大。
2. 高新技术企业成长性良好。
3. 去年夏天包头市雨水量较多。
4. 近年来，我国对外贸易增长迅猛。
5. 我国主要矿产资源查明储量下降。
6. 西藏水电资源丰富，开发潜力巨大。
7. 亚太经合组织各成员发展水平差别很大。
8. 西部一些地方农村贫困人口多，贫困程度深。

語注　1. 亏损数额：赤字額　2. 高新技术：ハイテク　4. 增长：成長　5. 查明储量：確認埋蔵量　7. 亚太经合组织：アジア太平洋経済協力機構（APEC）／成员：メンバー

構文11：結果補語を伴う文

[構文の説明]
　結果補語は動詞の後ろに、本来、動詞か形容詞である語が補語として添えられ、動作が行われた結果を説明します。後ろに目的語を取れること、否定は原則として"没"を用いることが特徴です。

[例文]
领导干部必须真正代表人民掌好权、用好权。

　"领导干部"：指導的幹部。単に「幹部」と訳すこともあります。

　"掌好""用好"ともに結果補語で、後ろに"权"を目的語に取っています。

　①動詞に結果補語"好"を伴うときは、「ちゃんと〜する」という訳語を覚えておくと意味を取り違えません。
　②"代表"はよく動詞で用いられますが、日本人は安易に名詞だと勘違いをします。気をつけましょう。

（訳：指導的幹部は真に人民を代表し、その権限をちゃんと把握し、ちゃんと用いなければならない）

[練習問題11]
1. 你如何捉住好运气？
2. 政府如何管好钱、用好钱？
3. 不用洗衣粉也能洗干净衣服吗？
4. 我国有1／5的城市人口居住在空气污染严重的环境中。
5. 他发出号召："丢掉幻想，准备斗争"。
6. 地震毕竟摧毁了北川中学，夺走了众多学生的生命。
7. 在农村不少地方，已很难看见牛鸣马嘶的情景了。
8. 信誉是企业的生命，商品质量直接关系到商家信誉。

語注　1. 捉住：しっかり捉まえる　3. 洗干净：きれいに洗う　5. 丢掉：捨て去る　6. 摧毁：打ち壊す／夺走：奪っていく　7. 看见：目にする　8. 质量：品質／关系到〜：〜に関わる

第Ⅰ部　基礎力養成講座

構文 12：方向補語を伴う文

[構文の説明]
　方向補語は動詞の後ろに動作の方向を示す語が添えられ、動作が行われる方向を示します。また、動詞より後ろに目的語を取ることもできます。

[例文]
村务公开制度已在全国绝大多数农村建立起来。

 "村务公开"：村の情報公開（ディスクロージャー）。

 ①"起来"は本来の、上に向かう方向、まとまっていく方向から、組織的にでき上がるニュアンスにも使われます。
②"已"の位置は要チェック。一般に助動詞、副詞類は、介詞構造より前に置かれます。

 "建立"をそのまま「建立」と訳す人がたくさんいます。「建立」（こんりゅう）は神社仏閣の場合です。

（訳：村の情報公開制度はすでに全国ほとんどの農村で確立されている）

[練習問題 12]
1. 3月10日，柏林下起了大雪。
2. 改写下面的句子，删去多余的细节。
3. 6名上海访民躲开公安的追捕来到香港。
4. 说起来容易，做起来难。
5. 我要光明正大地活下去。
6. 这刀是爷爷的爷爷传下来的。
7. 印度追上来了，我们怎么办？
8. 很多大白菜运进城里，又变成垃圾运出去。

語注　1. 柏林：ベルリン／下起：降り始める　2. 删去：削除する　3. 访民：陳情者／躲开：避ける　4. 说起来：話せば　5. 光明正大：正々堂々／活下去：生きていく　7. 追上来：追いつく　8. 大白菜：ハクサイ／垃圾：ゴミ

構文13：可能補語を伴う文

[構文の説明]

　可能補語は多くが結果補語や方向補語を元に作られる二次加工品です。その場合、動詞と結果補語や方向補語の間に"得"を入れて可能を、"不"を入れて不可能を示します。目的語もそのまま後ろに置くことができます。

[例文]

目前，我国化肥还满足不了农业的需要。

　"化肥"：化学肥料。

　"～不了（～buliǎo）"はいろいろな動詞と結びつき、「～しきれない」「～できない」という意味になります。

　日本語の「需要」には多くの場合、"需求"が使われ、"需要"は「～する必要がある」という動詞で使われることが多いのですが、この文のように時には「需要」の意味でも使われますので、注意する必要があります。☞構文7

（訳：目下、わが国の化学肥料はまだ農業の需要を満たすことができていない）

[練習問題13]

1. 金钱买不来爱情。
2. 无良企业在东莞活不下去。
3. 他算不上新闻发言人的榜样。
4. 半数大学生分不清古琴与古筝。
5. 买怎样的防盗门才称得上安全？
6. 我们的工作、生活离不开高新技术。
7. 漫步韩国街头，几乎见不到外国汽车。
8. 这件行李你拿得起来拿不起来？

語注　1. 买不来：買えない（手に入れられない）　3. 算不上～：～とは言えない（認められない）／新闻发言人：スポークスマン／榜样：手本　4. 分不清：はっきり区別できない　5. 防盗门：防犯ドア／称得上～：～と言える　6. 离不开：切り離せない　7. 几乎：ほとんど／见不到：目にすることができない（目に入ってこない）　8. 拿得起来拿不起来：可能補語の反復疑問形

構文 14：様態補語を伴う文

[構文の説明]

①様態補語は、「動詞＋"得"」の後ろに動作がどう行われているか、行われた結果どうなったかを説明する単語、フレーズ、センテンスなどが置かれます。否定形も反復疑問形もすべて「動詞＋"得"」の後ろでしか表現しないのが特徴です。

②様態補語は後ろに目的語を取れないので、［動詞＋目的語＋動詞＋様態補語］の形を採るか、目的語を動詞の前に引っ張り出す"将"（論説体）や"把"（会話体）を用いるかします。

[例文]

我母亲的康复疗程进行得很理想。

　"康复疗程"：リハビリ。

　"很理想"が"进行"の様子を説明しています。

（訳：母のリハビリは順調だ）

[練習問題 14]

1. 他汉语讲得很好。
2. 我认为武当山宣传得还不够。
3. 朝鲜半岛形势如今变得紧张。
4. 一些干部将日常报告做得乱七八糟。
5. 长城液晶显示器网吧里用得多不多？
6. 现在的小孩子上海话讲得太不标准了。
7. 中俄战略协作伙伴关系一定会发展得更好。
8. 一个月不升级的杀毒软件就会变得形同虚设。

語注　4. 乱七八糟：めちゃくちゃだ　5. 显示器：ディスプレイ／网吧：インターネットカフェ　7. 战略协作伙伴关系：戦略的パートナーシップ　8. 杀毒软件：アンチウイルスソフト／形同虚设：有名無実

構文15：介詞構造を伴う文

[構文の説明]

　これまですでに"在""把""将"などが出てきましたが、中国語には様々な介詞があります。これらを含む介詞構造は一般に動詞の前に置かれることが多いのですが、論説体専用の"于"のように前置されたり後置されたりするものもあるので注意が必要です。

[例文]

世界上最不发达的贫困国家从 27 个增加到 48 个。

 "从～V 到…"で「～から…にVした」。

 "国家"は単数も複数も表します。複数の場合、「諸国」「国々」という訳語をオプションとして持っておく必要があります。
　例）"亚洲国家"：「アジア諸国」。

（訳：世界でもっとも発展が遅れている国々は 27 カ国から 48 カ国に増えた）

[練習問題15]

1. 中国往何处去？
2. 现今社会治安情况让人不放心。
3. 吸烟每年使世界 300 万人丧生。
4. 化肥资源比去年增加近 400 万标吨。
5. 引进外资要从数量型向质量型转变。
6. 日本每天都有关于中国经济发展的消息。
7. 早期癌症的手术治疗给患者造成的创痛小。
8. 伊拉克的前途只能由伊拉克人民自己决定。

語注　1. 何处：会話体の"哪里"　2. 放心：安心する　3. 丧生：死ぬ　4. 标吨：標準トン、"1 标吨"は1000キログラム　7. 造成：もたらす（ほぼ悪い結果を示す）　8. 伊拉克：イラク

構文 16：［主語＋介詞構造＋"的"＋名詞］文

［構文の説明］

中文日訳の最大の障害（？）となる構文。次のＡとＢを比較して下さい。

　Ａ［　　主語＋介詞構造＋　　　"的"　＋名詞　　］
　　例）他　　在北京　　　　　的　　学習活動　　「彼の北京での学習活動」
　Ｂ［　　主語＋介詞構造＋動詞＋"的"　＋名詞　　］
　　例）他　　在北京　参加　的　　学習活動　　「彼が北京で参加した学習活動」

　Ａのように動詞がない場合、日本語は「彼の」となりますが、中国語では、"他的在北京的"とは絶対に言いません。"的"がないからと、ここを「は」や「が」で訳すとにっちもさっちも行かなくなります。

［例文］

蒙中两国在各个领域的合作有所加强。

　"蒙中"：モンゴルと中国。"有所"：やや、いくらか。

　"加强"：強化する。
　　✤参考）"加快""加深""加大"

　この構文は、介詞構造部分を先に訳す癖をつけましょう。「モンゴルと中国の各領域での協力」と訳すと、「モンゴルと中国」が「各領域」と「協力」のどっちにかかるのかわかりにくいからです。

　（訳：各領域におけるモンゴル、中国両国の協力はいくらか強化された）

［練習問題 16］

1. 德国对中东欧地区的出口发展迅速。
2. 欧盟在中东问题上的立场没有改变。
3. 失败对我的教育比胜利更大。
4. 技术进步对于经济发展的重要性是毋庸置疑的。
5. 中国在基础设施领域的巨大需求还会持续 20 年。
6. 我们赞赏中方关于和平解决台湾问题的立场。
7. 美元对德国马克的汇率上升至 38 个月来的最高点。
8. 刘先生对国有银行的总体印象是人太多，速度较慢。

　語注　2. 欧盟：EU　4. 毋庸置疑：成語。疑いの余地がない　5. 基础设施：インフラ／需求：需要、ニーズ
　　　6. 和平解决：平和的に解決する　7. 德国马克：ドイツマルク／汇率：為替レート

構文 17 :"是〜的"の文

[構文の説明]

"是〜的"で述部をサンドイッチし、その内容を話し手の主観的判断として示したり、述部の中に記されているすでに行われた動作や行為の、時間、場所、方法手段といった様々な要素を際立たせる働きをします。

[例文]

人的一生，绝大部分时间是在家庭中度过的。

 "度过":過ごす。

 他の場所ではなく「家庭の中」だ、ということを呈示しています。

 主語の後の","に注意。主語を際立たせようとしたり、主語が長くて紛らわしいとき、随意に","を用いることがありますので、惑わされないようにしましょう。

（訳：人の一生は、大部分の時間が家庭内で過ごされる）

[練習問題 17]

1. 我们是为人民服务的。
2. 人类的烦恼是无穷无尽的。
3. 会见是在友好的气氛中进行的。
4. 这次考察是从 10 月 12 日开始的。
5. 最前沿的高科技成果是买不来的。
6. 事故都是在意想不到的情况下发生的。
7. 现代意义上的慈善事业，是民间主导的。
8. 孙悟空是在重重压力下一步步成长起来的。

語注　1. 服务：奉仕する、尽くす　3. 气氛：雰囲気　4. 考察：調査　6. 意想不到：思いも寄らない、意外な
　　　8. 重重压力：何重ものプレッシャー

構文18：数量詞を伴う文

[構文の説明]

　中国語の数量詞や［指示代名詞＋量詞］は名詞が修飾語を伴う場合、日本語と異なり、通常その先頭に置かれます。☞構文4

　したがって、場合によっては名詞本体と大きく離れてしまうこともあり、誤訳の主要原因のひとつになっています。

[例文]

一棵生长了50多年的大树只能生产5000双筷子。

 "棵"：樹木の量詞。"双"：箸のセットを数えるときの量詞。

 "一棵"は"大树"にかかります。

 先に"一棵"を訳さずに、まず"生长了50多年"から訳しましょう。

（訳：50年余り育った大木から箸は5000膳しか生産できない）

[練習問題18]

1. 气候变化正迅速成为人类面临的一个最严重的问题。
2. 德国目前有大约9000名有暴力倾向的极右翼分子。
3. 我们衷心希望台湾同胞有一个安居乐业的环境。
4. 体育产业在一些市场经济发达的国家发展尤为迅速。
5. 灾难可以说是一个与人类历史相生相伴的永恒话题。
6. 他为自己的祖国培养了一大批化学研究的专门人才。
7. 王林今年买了一辆新的"嘉陵"90型摩托车。
8. 我国近期将出台一批新的外汇管理政策措施。

語注　1. 严重：深刻な　3. 安居乐业：成語。安心して暮らし楽しんで働く。平穏に暮らす　4. 尤为：とりわけ　5. 可以说是～：～であると言える／相生相伴：連れ添う　6. 一大批：大量の　7. "嘉陵"：バイクのメーカー　8. 外汇管理：外為管理

構文19："着""了""过"を伴う文

[構文の説明]
① アスペクト助詞の"着""了""过"と、文末の語気詞"了"の確認をしましょう。否定形も要チェック。
② "了"には動作の実現完成を示す"了"、形容詞の後ろや文末に置かれ、そのような性質や状態、状況に変化したことを示す"了"、数量の後ろに置かれ、その数量に到達したことを示す"了"などに分けられますが、いずれにせよ、「変化したことを示す」という共通義があります。
③ "着"は状態の持続を、"过"は発話時より以前のある時点でそういうことがあったことを示します。

[例文]
西藏人民依然保持着他们独特的佛教文化。
今年9月，我从台湾回到了离别45年的家乡。

 "西藏"：チベット。

 "离别45年"は［動詞＋時間量］です。動作に関する量を示す語は動詞の後ろに置かれることを確認しましょう。

（訳：チベット人民は、依然として彼ら独自の仏教文化を持っている）
（訳：今年9月、私は台湾から、45年間離れていた故郷に戻った）

[練習問題19]
1. 坐着轮椅上下坡，你会需要怎样的帮助？
2. 你见过没有扬尘的工地吗？！
3. 如今电视频道多了，节目丰富了。
4. 亚里士多德早就说过，人是理性的动物。
5. 我们对所有国家都解释了中国的立场。
6. 中国有过饱受列强欺凌的痛苦经验。
7. 没有了鸟，很多食物链都将面临中断。
8. 我和弟弟经常穿着别人送的衣服去上学。

語注　1. 轮椅：車椅子　3. 如今：今では。過去との比較で言うときに使います／频道：チャンネル　4. 亚里士多德：アリストテレス　5. 所有：あらゆる　6. 饱受：嘗め尽くす／欺凌：侮辱　7. 面临：直面する

構文 20：存在出現文

[構文の説明]
① 構文 6 で説明したように、"有"には、所有を示す場合と存在を示す場合があり、後者の場合は［場所を示す語＋"有"＋存在する事物や人］という語順になります。
② "有"以外の存在や出現を示す動詞もよく用いられます。存在している状態を示すことから、よく"着"を伴います。
③ こういった存在出現文は、初めて話題に登場するような未知、不特定のモノやヒトに多く使われます。

[例文]
我们生活中存在着很多的电磁波。
一些地方财政出现了赤字。

> 文法チェック　存在を示す場合によくアスペクト助詞"着"を伴います。本来が存在を示す"存在"は"着"がなくても構いません。
> 翻訳チェック　"很多的电磁波"の"的"は話し言葉でも通常省略されるものです。"的"の省略が非常に多い論説体でわざわざ表記すると強調の意味合いが生じます。

（訳：我々の生活には多くの電磁波が存在している）
（訳：一部の地方財政には赤字が出た）

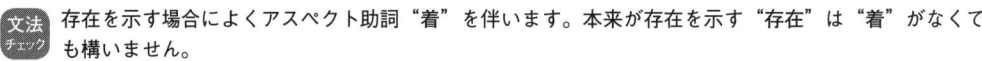

[練習問題 20]
1. 中美之间存在着广泛的共同利益。
2. 中秋之夜，小城澳门处处洋溢着浓郁的节日气氛。
3. 目前部分国有企业还存在不少困难和问题。
4. 海拔达到 5000 米时，普通人都会出现缺氧症状。
5. 一些地方掀起了一股"主题公园"热。
6. 上海的城市面貌正在发生惊人的变化。
7. 中国网球水平与国际网球水平有着较大的差距。
8. 北京师范大学是一所飘荡着古朴书香的智慧殿堂。

語注　2. 洋溢：満ち溢れる／浓郁：濃厚な　4. 缺氧：酸欠　5. 掀起：巻き起こる／股：ブームの量詞　8. 飘荡：漂う

構文21：使役文

[構文の説明]
　介詞"叫""让""使"は使役文に用いられます。"叫"は会話体で多用され、"让"は動作者の自主性や事態の成り行きに任せる意味合いが強くなります。"使"は多く結果を導きます。論説体では"令"もよく用いられます。

[例文]
目前，甚么事都叫我为难。
北京的现代化程度让外国选手感到惊奇。
改革开放使我国广大农村发生了很大的变化。
15年来，我国村镇建设的发展速度令人欢欣。

用語チェック　"为难"：困る。"惊奇"：意外に思う。

文法チェック　この"使"は、改革開放の結果そうなったことを導きます。

翻訳チェック　結果を導く"使"を日訳するときは、「～した結果…となった」と訳すことも可能。"令人"は使役に見えますが、この"人"は不特定の人を指し、その中には主語も含まれるので、実際には受け身に訳したほうが自然な日本語になる場合が多いようです。

（訳：今は、何もかもが私を困惑させている）
（訳：北京の近代化の程度に、外国選手は意外な気持ちになった）
（訳：改革開放によって、わが国の広大な農村に大きな変化が生じた）
（訳：ここ15年、わが国の農村建設の発展速度は人々を喜ばせた）

[練習問題21]
1. 酒精能逐渐使脑部及神经系统反应迟钝。
2. 我们的工作就是让老百姓生活得更美好。
3. 我国电信业发展的速度是令世人瞩目的。
4. 这是不是张老师叫大家看的化学论文？
5. 18岁的孩子，应该让他独立面对大学生活。
6. 美国经济下滑的趋势使国际市场处于十分紧张的状态。
7. 冷战结束、东亚和南美经济的发展，给英国带来新机遇，使全球贸易自由化有了可能。

語注　1. 酒精：アルコール　2. 老百姓：庶民　3. 瞩目：注目する　6. 下滑：下降する。低落する／处于～：～に位置する

構文 22：受身文

[構文の説明]

　介詞"叫""让"は動作者の行為が主語に向かってのものならば受身にもなりますが、論説体では受身に"被"がよく用いられます。その場合、"被～所V…"となる場合も多く、また、"被"の変わりに"为"（wéi）を用いて"为～所V…"も多用されます。

　このほか、構文21で述べた"令人"も、意味上から、日訳するとよく受身になりますし、"得到"にも同じことが言えます。

[例文]

新买的电脑就叫他弄坏了。
黄帝被尊为"华夏始祖"。
现代文明社会的残疾人观为越来越多的人所接受。

用語チェック "弄坏"：壊す。"华夏"：中国の古称。"残疾人"：身障者。

文法チェック "弄坏"の対象は主語の"新买的电脑"ですから、結果として受身になります。"尊为"の"为"は動詞の後ろについて、動作の結果どうなったかを示します。

（訳：買ったばかりのコンピュータを彼に壊された）
（訳：黄帝は中華文明の始祖と崇められている）
（訳：現代文明社会の身障者観は益々多くの人に受け入れられている）

[練習問題 22]

1. 父亲3岁时被卖给人家。
2. 几年前单一的羽绒服已被五颜六色的时装所代替。
3. 蓝天、云朵、雪山，美丽的青藏高原令人神往。
4. 人们的生活条件得到迅速的改善。
5. 殷墟是中国历史上有文献可考、并为甲骨文和考古发掘所证实的最早的古代都城遗址。
6. 中国足球的一个顽疾就是不注意握定主动权，实力上的优势往往被心理上的脆弱所抵消。

語注　1. 卖给～：～に売る　2. 羽绒服：ダウンジャケット／五颜六色：カラフル　3. 神往：惹きつける→令人神往：惹きつけられる　5. 甲骨文：亀甲獣骨文字　6. 抵消：相殺する

構文 23：比較文

[構文の説明]
　会話体では、[A＋"没有"＋B＋（"那么"）〜]「AはBほど〜ではない」のほかに、よく介詞"比"を使って比較を表しますが、論説体では「AはBより〜だ」と比較を示す場合、[A＋形容詞＋"于"＋B]という形をよく用います。また、[A＋"不如"＋B]「AよりBの方が良い」も使われます。

[例文]
市场上各类物品的价格，批发价比零售价低。
发达地区学费一般高于西部地区。
金水银水不如妈妈的奶水。

用語チェック "批发价"：卸売価格。"零售价"：小売価格。

文法チェック "不如"はよく"与其〜不如…"「〜するより…の方が良い」の形で用いられます。

（訳：市場の各種の品物の値段は、卸売価格の方が小売価格より安い）
（訳：先進地区の学費は一般に西部地区より高い）
（訳：金銀の水もお母さんのお乳にはかなわない）

[練習問題 23]
1. 今年我国多雨范围将比去年大。
2. 中美关系从来没有像现在这样好。
3. 与其坐等优惠政策，还不如扎扎实实干起来。
4. 今年美国谷物收成可望略好于去年。
5. 今年印尼森林大火的波及面可能要比去年更广，东南亚国家受到的危害也可能比去年更大。
6. 中国队在射门、角球等次数上均少于韩国队，只有守门员救险的统计数字上多于对手。

語注　3. 扎扎实实：着実に　4. 谷物：穀物／收成：収穫　5. 印尼：インドネシア　6. 射门：シュート／角球：コーナーキック／均：会話体の"都"に相当／守门员：ゴールキーパー

構文24：["有"＋名詞＋動詞性修飾語] 文

[構文の説明]

①話に初めて登場する未知のモノについて語るとき、まず、"有"でその存在を認識させ、そのモノについて説明する動詞性の修飾語は名詞の後ろに置かれます。
　例）"有事要做"「やらねばならないことがある」、"没有饭吃"「食べる飯がない」。
②論説体では"没有"の代わりによく"无"が用いられます。

[例文]

目前美国有大量的新建办公室找不到买主。

用語チェック　"买主"：買い手。

文法チェック　"找不到买主"が"大量的新建办公室"を修飾しています。この例文は兼語文として見ることも可能ですが、["有"＋名詞＋動詞性修飾語] の文がすべて兼語文ではありません
❋兼語文とは [V₁＋名詞＋V₂] でこの名詞がV₁の目的語であり、同時にV₂の主語にもなる文です。

翻訳チェック　①構文を理解した前提で、"有"を無視して頭から訳したほうが、日本語は滑らかになります。
②"找不到"は可能補語の否定形ですが、"不到"は「とどかない」意味合いがあるので、訳にそれを生かしましょう。

（訳：目下、アメリカではたくさんの新築オフィスに買い手が見つからない）

[練習問題24]

1. 我们面前有很长的路要走。
2. 日本新一代中有不少人渴望接受美国式教育。
3. 每个国家都有责任帮助其他国家解决面临的困难。
4. 很多企业职工携技下岗，无处施展。
5. 英国近年来就有上万名国防工业工人失业。
6. 世界前五十个驰名商标中没有一个是中国的。
7. 舞蹈是艺术之母惯称，好像无人质疑。
8. 没有一个国家有权干涉别国的内部事物。

語注　4. 携技下岗：技術を持ちながらリストラされる／无处〜："没有地方〜"の論説体表現　5. 上万：万にも上る／名：人の量詞。論説体用語　6. 驰名商标：有名ブランド　7. 惯称：よく言われている／好像〜：〜のようだ

構文 25：成語述語文

[構文の説明]
　四字成語は、単独で述部を構成したり、修飾語として使われたり、動詞の目的語になったり、様々な用途があります。たとえ四字成語の中に動詞・形容詞的な成分がなくても、成語全体の意味で状況を述べることで単独に述部になることもできます。

[例文]
人与海豚的故事源远流长。

用語チェック "海豚"：イルカ。"故事"：お話。

文法チェック 成語"源远流长"が単独で述語になっています。

（訳：人とイルカの物語には長い歴史がある）

[練習問題 25]
1. 中国之大，举世闻名。
2. 大自然的残酷可谓惊心动魄。
3. 八家梁村山高沟深，村民吃水困难。
4. 今日美国的赌博业可称得上是方兴未艾。
5. 浪费水资源的现象随处可见。
6. 近年来，在一些地方厚葬陋习有增无减。
7. 亚洲的振兴之路并不一帆风顺。
8. 今年 68 岁的石述柱是民勤县家喻户晓的治沙英雄。
9. 近几年来，公益事业得到了前所未有的振兴和发展。
10. 他把 5 万余册图书杂志分门别类，整理得井然有序。

語注　2. 可谓～：～と言える　3. 八家梁村：地名　4. 可称得上～：～と言える　6. 厚葬陋习：盛大に葬式を行う因習
　　　8. 民勤县：民勤県。地名／治沙：砂漠化防止　10. 分门别类：分類する／井然有序：秩序が整然としている

第 I 部　基礎力養成講座

構文26：同じ疑問詞が呼応する文
構文27：反語文
構文28：挿入句を含む文
構文29："事实证明，"型の文

[例文]
谁占有市场谁就占有了财富。
现在我们成天开会，哪有时间干事啊？
台湾对日本的安全来说，是最后的生命线。
事实证明，没有美国的参与，欧洲一事无成。

用語チェック "一事无成"：成語。何もできない。

文法チェック ① "对日本的安全来说" が挿入されています。
② "证明" は動詞です。「事实证明は」などと名詞的に捉えないようにしましょう。

翻訳チェック "对～来说" は「～にとっては」と訳すようにしましょう。

（訳：市場をおさえた者が富を得る）
（訳：今、我々は一日中会議で、どうして仕事をする時間があろうか）
（訳：台湾は日本の安全保障にとって最後の生命線だ）
（訳：アメリカの参画なしではヨーロッパが何もできないことは事実が証明している）

[練習問題26、27、28、29]
1. 市场需要什么就生产什么。
2. 哪里有海水，哪里就有华人。
3. 政治学有一个基本规则，就是谁授权对谁负责。
4. 我国食品安全前景岂不堪忧？
5. 鸭腿好香啊，世上哪有这么好吃的东西的？
6. 实践证明，富裕农民，必须减少农民。
7. 成人世界往往对年幼的儿童来说最具有吸引力。
8. 农产品国际竞争，说到底是农业现代化水平的竞争。

語注　3. 负责：責任を負う　4. 岂不～：論説体。どうして～しないことがあろうか　8. 说到底：つまるところ／水平：水準、レベル

構文30:"就"で受ける文

[構文の説明]
　副詞"就"は条件を示す複文に使われ、"如果~，就…"「もし~なら…だ」、"只要~，就…"「~しさえすれば…だ」、"一~，就…"「ひとたび~すれば…だ」などと呼応したり、"就"だけで条件的に受けることもしばしばです。

[例文]
如果没有统一的标准，生产就无法进行。
只要有利润，就会有人投资。
她一有时间就想上网。
企业不消灭亏损，亏损就要消灭企业！

> **用語チェック**　"无法~"：~する方法がない。"上网"：ネットにアクセスする。"亏损"：赤字。
>
> **文法チェック**　"就"は副詞で、主語の前に置かれることはありません。
>
> **翻訳チェック**　"标准"には「基準」という訳語も準備しておきましょう。

（訳：統一された基準がなければ、生産しようがない）
（訳：利潤がありさえすれば投資する人がいるはずだ）
（訳：彼女は時間があればネットにアクセスしたがる）
（訳：企業が赤字を減らさないなら、赤字が企業を滅ぼすだろう）

[練習問題30]
1. 不深化改革就没有出路。
2. 风电靠天吃饭，只要有风就能发电。
3. 没有经济发展，就谈不上政治权利。
4. 医疗队一到达陇南灾区，就立即投入到抢救工作中。
5. 西方的歌剧音乐性较强，看不懂听音乐就行了。
6. 一个社会如果创意枯竭了，其科技发展就会停滞。
7. 只要人类社会存在，人权就会受到人类的关心。
8. 如果农民吃不饱饭，生态环境就难以保持。

語注　1. 出路：活路　3. 谈不上：語れない　4. 陇南：甘肃省南部／抢救：緊急救助　8. 吃不饱：お腹一杯食べられない／难以~：~しがたい

構文31："才"で受ける文
構文32："也"で受ける文

[構文の説明]

①副詞"才"は不可欠の条件を示す複文によく使われます。"只有～才…"「～であってこそ…だ」などと呼応したり、"才"だけで受けることもしばしばです。

②副詞"也"は"连～也…"「～でさえも…だ」として用いられ、その場合、"连～都…"とも言います。また、"就是～也…"「たとえ～でも…だ」としても用いられ、論説体では同様の意味で、"即使～也…"とも言います。また、"也"だけでも上記の意味で用いられます。

[例文]

只有和平才能维护国家的统一和独立。
为什么连工人自己的孩子也不愿意成为工人？

用語チェック "和平"：平和。"成为～"：～になる。

文法チェック "才能"は副詞"才"と助動詞"能"ですので、「才能」などと間違って訳さないようにして下さい。

翻訳チェック "只有～才…"は「…するには～でなければダメだ」と後からも訳せます。そのほうが日本語訳として滑らかな場合もあります。

(訳：平和であってこそ、国家の統一と独立を守ることができる)
(訳：どうして労働者自身の子供さえもが労働者になりたがらないのか)

[練習問題31、32]

1. 大地有水才有生命。
2. 如何才能保证农民稳定增收？
3. 果树的嫁接是从幼苗开始的，几年才能结果。
4. 企业只有把产品质量看作自己的生命，才能振兴。
5. 一分钱不带也可以上大学。
6. 龙德强连写字的力气也没有了。
7. 即使再苦再累也无怨无悔。
8. 新疆的许多农牧民连住房都没有解决。

語注　2.如何：どうしたら。論説体用語／稳定增收：安定した増収　3.嫁接：接木　6.龙德强：人名　8.没有解决："解决了"の否定形

構文33:"都"で受ける文
構文34:"必须"で受ける文

[構文の説明]
①副詞"都"は2つ以上のものを受けて(日本語では「どちらも」「みんな」に相当)使われます。"什么～都…""任何～都…"「どんな～も皆…だ」、"不管～都…"「～であろうとも…だ」 などと使われます。
②副詞"必须"は接続詞の"要"に呼応して"要～, 必须…""～しようとするなら…しなければならない」という形でよく用いられます。その場合、"必须"の代わりに、同じ意味を持つ"得"や"要"も使われ、"要～, 要…"となる場合さえあります。

[例文]
任何一个民族的文化，都有积极的成分。
要让读者满意，必须进行优质服务。

用語チェック "积极"は「肯定的」「プラス」という意味合いでよく使われます。

文法チェック "进行"は論説体で常用の動詞。よく"对～进行…""～に対して…を行う」という形でも用いられます。

翻訳チェック "服务"には、「奉仕」「サービス」「サポート」という3つの訳語を用意しておくと便利。

(訳:いかなる民族の文化にもプラスの要素がある)
(訳:読者を満足させようとするなら、良いサービスをしなければならない)

[練習問題33、34]
1. 企业间的人才竞争比以往任何时候都激烈。
2. 台湾不管谁当权，我们都欢迎他到大陆来谈。
3. 日中关系无论从现时还是从长远角度都非常重要。
4. 企业要生存，要发展，就必须有人才。
5. 要拥有信息，首先要拥有与世界联网的电脑。
6. 农业要适应市场，就得调整结构。
7. 中国女垒几十年的实践证明，要使一项事业能有所成就，必须拥有一批自觉自愿无私奉献的人才行。

語注 1. 以往:これまで、以前　5. 联网:ネットがつながっている　6. 结构:構造　7. 女垒:女子ソフトボール／一批:一群の／无私奉献:無私の精神で奉仕する

構文35：“不是～而是…”の文
構文36：“不仅～而…”の文
構文37：“既～又…”の文

[構文の説明]
　"不是～而是…"で「～ではなくて…だ」、"不仅～而（且）…"で「～であるだけでなく…だ」、"既～又…"で「～である上に…だ」という意味になります。"既～又…"は"既～也…"とも言います。

[例文]
印度的儿童节不是6月1日，而是11月14日。
我国人口老龄化问题不仅来得早，而且发展快。
我们既要有危机感，又要充满信心。

用語チェック　"信心"：自信。

翻訳チェック　くれぐれも"既"を「すでに」と訳さないようにしましょう。

(訳：インドの子供の日は6月1日ではなく、11月14日です)
(訳：わが国の人口の高齢化問題はもう始まっているだけでなく、進行が速い)
(訳：我々は危機感を持ち、また、自信満々でなければならない)

[練習問題35、36、37]
1. 中国的睦邻友好政策不是权宜之计，而是长远方针。
2. 梅兰芳先生的表演艺术不是一个人的，而是属于我们中华民族的，也是属于世界的。
3. 他家不仅有冰箱、太阳能热水器，而且还有电脑。
4. 长江，不仅是横贯我国中、东、西部的一条运输大动脉，而且还是人们向往的黄金旅游线。
5. 英国既离不开欧洲，又不愿意被拴得太紧。
6. 现代太极拳，既是中国古代太极拳文化的间接传承，又是现代人们不断创新和现代发展的新成就。

語注　1. 睦邻友好：善隣友好／权宜之计：便宜的な策　4. 黄金旅游线：ゴールデン観光コース　5. 拴：縛り付ける

第II部

論説体解析講座

1. "于"の様々な用法 ✤すでに複合語に組み込まれているものも含めます。

[代表的な用法]

① 場所を導きます。

何香凝出生于一个香港的富商家庭。
(何香凝は香港の裕福な商人の家庭に生まれた)

② 時間を導きます。

蔡长元同志因病于1995年12月3日在北京逝世。
(蔡長元同志は病のため1995年12月3日北京で死去した)

③ 起点や原因を導きます。

已查明起源于我国的作物约有200余种。
(わが国が起源であるとわかった作物は約200種余りある)

④ 対象や方向を導きます。

卫星通信最早用于军事领域。
(衛星通信は当初軍事領域に用いられた)

⑤ 受身文に使われます。

日本队以0:1负于澳大利亚队。
(日本チームは0:1でオーストラリアチームに負けた)

⑥ 比較文に使われます。

我国目前多数居民的收入低于国际水平。
(目下、わが国の多くの住民の収入は国際的水準より低い)

✤ "于"には様々な用法があります。具体的言い回しで覚えましょう。

[練習問題1]
1. 安全生产责任重于泰山。
2. 天下事之繁，莫过于行政。
3. 吃苹果皮有助于预防癌症。
4. 蔬菜、水果价格趋于平稳。
5. 政府的一切权力来源于人民。
6. 电脑对环境的影响不亚于飞机。
7. 佛罗伦萨无愧于艺术都城之美誉。
8. 流动农民是个富于变化的人口群体。
9. 周黄村的变化，得益于乡村清洁工程。
10. 葛庭燧毕生致力于金属物理学的发展。
11. 我国每年死于心血管病的人数近300万。
12. 去年我国旅游收入相当于GDP的5.2%。
13. 我们应该更加认识到防患于未然的重要性。
14. 克里姆林宫始建于1156年伊凡三世统治时期。
15. 一股冷空气的前锋25日下午位于华北北部一带。
16. 高尔夫就是一项有利于增强身体素质的健康运动。
17. 投资于B股市场的资金总量将有较大幅度的增加。
18. "实事求是"一语，最早见于《汉书・河间献王传》。
19. 企业的经营业绩和发展状况并不完全取决于外部因素。
20. 许多国家虽然允许中医药存在，也只是置于补充地位。

語注　1. 泰山：山東省の名山　7. 佛罗伦萨：フィレンツェ　10. 葛庭燧：人名　14. 克里姆林宫：クレムリン宮殿／伊凡三世：イワン3世　17. B股市场：B株市場　18. 汉书：『漢書』

コラム　こんな"于"に注意！

●その1：かくれんぼしている"于"
邓小平同志将小康社会的基本标准付诸行动。
「鄧小平同志は小康社会（ややゆとりのある社会）の基本的な基準を行動に移した」
　この"诸"は"之于"の発音を凝縮したもので、"诸"の原義とは無関係。書き下せば「之を行動に付す」となります。"行动"以外に"实施""实践""东流"などもよく使われます。また、"诉诸法律"（法に訴える）も常用表現です。

●その2：動詞と遠距離恋愛している"于"
全运会是集体育、政治、经济、文化等要素于一体的体育盛会。
「全国体育大会は、スポーツ、政治、経済、文化などの要素を一体化したスポーツの祭典だ」
　"集"と"于一体"が呼応。"集"の代わりに"融"、"一体"の代わりに"一堂"もよく使われます。また、"于一体"の代わりに"为一体"も使われます。
　動詞と"于"が離れている例では"置~于不顾"「~を無視する」も覚えておきましょう。

2. 様々な"为"の見分け方 ✽一部はすでに熟した複合語。

A. "为"(wèi)の場合

① 介詞として、動作の受益者や目的を示します。
　　他<u>为</u>自己的祖国培养了一大批专门人才。
　　　（彼は祖国のためにたくさんの専門の人材を育てた）

② 介詞として、動作の原因を示します。
　　近几天，北京<u>为何</u>漫天飞杨絮？
　　　（ここ数日、北京はどうして柳絮が空一面に飛び交っているのだろう）

B. "为"(wéi)の場合

① 動詞（〜である）。話し言葉の"是"に相当。
　　珠穆朗玛峰峰顶岩石面海拔高程<u>为</u>8844.43米。
　　　（チョモランマの頂の岩石は海抜8844.43メートルである）

② 動詞（〜とする、になる）。他の動詞に後置されるか、"以〜为…"の形も取ります。
　　发展循环经济已<u>成为</u>云南实现可持续发展的必然选择。
　　　（循環経済を発展させることは、すでに雲南省が持続可能な発展を実現させる必然的な選択になっている）
　　保健食品不能<u>以</u>治疗<u>为</u>目的。
　　　（保健食品は治療を目的としてはならない）

③ 形容詞や程度副詞と複合語を形成し、2音節語を修飾します。
　　亚洲地区的恐怖主义活动<u>尤为</u>猖獗。
　　　（アジア地域のテロ活動はとりわけ激しい）

④ "为〜所…"の形で受身構文に用いられます。
　　方志敏的名字<u>为</u>世人<u>所</u>景仰。
　　　（方志敏の名は世の人々に敬慕されている）

[練習問題2]

1. 吴震亚先生为促进香港和内地的运输合作尽力。
2. 云南有六千多种中草药，被誉为药物王国。
3. "北京国安足球队"更名为"北京现代汽车足球队"。
4. 中国一直坚持以经济建设为中心。
5. 印度同日本的贸易逆差大为缩小。
6. 权力是人民给的，只能用于为人民谋利益。
7. 三星堆的发现毫无疑问可称之为重大发现。
8. 亚洲市场的发展领域极为广阔。
9. 中国把环境保护作为一项基本国策。
10. 美国认为所有的孩子都有天分。
11. 目前我国农村劳动力流动就业的规模约为1.2亿人。
12. 24日至25日我国大部分地区天气以晴为主。
13. 目前我国食品卫生方面存在一些较为突出的问题。
14. 总结历史经验是为了创造更美好的未来。
15. 青少年不愿读书，已成为不容忽视的问题。
16. 教育乱收费问题，一直为人民群众所深恶痛绝。
17. 每年的4月22日被定为"世界地球日"。
18. 制造计算机病毒者均为15岁到30岁的年轻学生。
19. 辽河流域是我国水污染危害最为严重的地区。
20. 他为美国人对国旗的重视而感到吃惊。

語注　1. 吴震亚：人名　3. 现代：ヒュンダイ　7. 三星堆：遺跡名　18. 病毒：ウイルス

コラム　完熟度が気になる"为"を含む語

"为什么"のように、すでに1つの語として認識される表現も多いのですが、そう言いきれない表現を覚えておくのも読解には有利。例えば、

●その1："为期"
为期10天的东京汽车展落下了帷幕。
「10日にわたる東京モーターショーが閉幕した」

●その2："为数"
大量民工争取为数不多的工作机会。
「多くの出稼ぎ労働者が数少ない働く機会を奪い合っている」

●その3："为难"
介绍对象是一件特别为难的事情。
「恋人を紹介するのはとりわけ難しいことだ」

3. "而" と "以"

A. 異なる "而" の見分け方　✽一部はすでに複合語として定着。

① 接続詞として順接を示します。

朝鲜半岛的和平统一进程任重而道远。
（朝鮮半島の平和的統一のプロセスは任重くして道遠しだ）

② 接続詞として逆接を示します。

中国发展对世界是机遇而不是威胁。
（中国の発展は世界にとってチャンスであるが、脅威ではない）

③ 介詞のかかる範囲を提示して動詞につなげます。

癫痫病是由于大脑局部受到损伤而造成的。
（癫痫は大脳の一部が損傷することによってもたらされる）

④ 4文字化の道具としてつなぎに使われます。

朝鲜进行的核实验同世界发展的总趋势背道而驰。
（北朝鮮が行った核実験は世界の発展の全体的趨勢に反している）

B. 異なる "以" の見分け方

① 前文を受け、その目的を示します。

☆「～して、そうして…する」「…するために～する」

东盟国家应扩大合作以适应世界潮流。
（ASEAN諸国は協力を広げて世界の潮流に沿うべきである）

② 後置された内容を受け、動詞につなげます。

☆第Ⅱ部「2. 様々な "为" の見分け方」B の "以～为…" もその例の1つです。

日本队以0：1负于克罗地亚队。
（日本チームは0：1でクロアチアチームに負けた）

③ 他の1音節動詞と結びついて複合動詞を構成します。

☆この複合語は、必ずその後ろに他の動詞が置かれます。

印度政府在税收上对软件产业予以扶植。
（インド政府は税の徴収面でソフトウエア産業をサポートしている）

[練習問題3]
1. 半个世纪是多么漫长而又悠久的路程呀！
2. 越南战争的爆发给世人以深刻警示。
3. 我们决心以恩来同志为学习的榜样。
4. 如果中国停止向美国出口，其他国家就会取而代之。
5. 民主从来是具体的而不是抽象的。
6. 一些企业提出顾客是"上帝"，以示敬重。
7. 无锡以太湖风光而闻名。
8. 胡主席首先向在美的华侨、华人致以亲切的问候。
9. 骨髓炎是细菌侵入骨髓而引起的炎症反应。
10. 地瓜是六七十年代赖以充饥的主食。
11. 叙利亚就经济实力而言，算不上地区大国。
12. 大城市中近些年应运而生许多健身场所。
13. 镇平县积极扶持群众发展以金鱼为主的观赏鱼养殖业。
14. 一些地方盲目搞水电开发而置生态保护于不顾。
15. 国有经济布局调整是一项重大而严肃的工作。
16. 巴基斯坦一贯坚持以和平方式解决克什米尔问题。
17. 济州岛的餐食，以海鲜和野味而出名。
18. 四川出了个邓小平，家乡人引以为荣。
19. 渔业是中国一个古老而又具有广阔发展前景的产业。
20. 尊重国家主权是人权得以存在和发展的基础。

語注　2. 越南战争：ベトナム戦争　6. 顾客是"上帝"：お客様は神様　7. 无锡：地名。無錫　8. 胡主席：胡錦濤国家主席　11. 叙利亚：シリア　14. 置～于不顾：～を顧みない　16. 巴基斯坦：パキスタン／克什米尔：カシミール　18. 四川：四川省

コラム　副詞を作る"以"

●その1："难以"
没有他们的努力，今天的成功是难以想像的。
「彼らの努力がなければ、今日の成功は想像しがたい」

●その2："足以"
两岸高层的政治智慧足以达到双赢结果。
「海峡両岸のトップレベルの政治的な智恵はウインウインの成果を充分に達成できる」

4. 文構造に関わる特徴

　第Ⅰ部の「構文23」や第Ⅱ部の「1. "于"の様々な用法」で紹介したように、論説体では、会話体とはまったく異なった形式が存在します。ここではこういった論説体独自の表現法をいくつか取り上げます。

A. 2つの動詞（助動詞、副詞、形容詞）が接続詞で並列される文

　論説体では2つの動詞（または助動詞、副詞）がよく接続詞"和""与""并""或"や"、"で並列されます。その場合、後ろに共通の目的語（あるいは動詞）が置かれることもしばしばです。
　この並列形式は、形容詞にも使われます。

中美两国没有理由<u>对抗或成为对手</u>。
（中米両国には対抗したりライバルになる理由がない）

国际社会迫切需要采取措施<u>防范和解决</u>金融危机。
（国際社会は措置を講じて、金融危機を防ぎかつ解決することが差し迫って必要である）

B. 4音節のリズムを作る道具立て "进行"／"得到"

　既述のように、動詞、形容詞、副詞などに"为""以""于"などを加えて複合語を作る方法は、その後に2音節の語を配することによって4音節のリズムを作り、文章の格調を高める働きに使われることもあります。
　ここでは4音節化に役立つ代表的な道具をさらに2つ紹介します。これらはごく一般に動詞として用いられる以外に、本来動詞になりうる2音節語を目的語にして4音節のリズムを作る機能を果たすこともあります（これに準じて、偶数音節のフレーズを配してリズムを整えることもよくあります）。

① "进行"
　　例）"研究"→"进行研究"

日本愿与中韩两国在广泛领域<u>进行合作</u>。
（日本は、中韓両国と幅広い領域で協力することを望んでいる）

② "得到"
　　例）"解决了"→"得到解决"

大多数国有企业的经营机制初步<u>得到转换</u>。
（大多数の国有企業の経営システムは一応転換された）

[練習問題4]

1. 人能够分辨和记忆约1万种不同的气味。
2. 我国每年约有320万癌症患者需要进行治疗。
3. 重庆大学法学院于日前恢复成立并挂牌。
4. 人们都希望国际关系能够普遍得到缓和。
5. 太原市把改善和提高城市环境质量作为重要工作。
6. 中国政府一贯主张全面禁止和彻底销毁核武器。
7. 最近，鞍山市集中力量，坚决取缔进行赌博的电子游戏厅。
8. 中国同意在平等的基础上就人权问题进行对话。
9. 我们要理解并珍视传统留给我们的宝贵财富。
10. 国家对外支付能力大大提高，调控经济的能力得到加强。
11. 多年来，范县法院重视、关心离退休老干部们的离岗生活。
12. 金融机构不得与身份不明的客户进行交易。
13. 中小企业的国际交流与合作越来越得到重视。
14. 如果医生不处理，她可能或肯定会死。
15. 在英国，小费的问题很麻烦和复杂。
16. 中国同东盟各国的友好合作关系一定能够得到继续发展。
17. 中国愿意继续加强和发展与新西兰的友好关系。
18. 各国首脑将就联合国面临的挑战进行讨论。
19. 中德两国在对方国内就业人员的有关社会保险问题将得到妥善处理。
20. 亚洲国家发生的禽流感疫情将会得到控制。

語注 1.气味：匂い　3.挂牌：正式に発足する　5.质量：質　6.彻底销毁：廃絶する　7.鞍山市：地名　11.范县：地名　12.不得~：~してはならない　14.肯定：きっと　17.继续：引き続き　18.就~：~について／联合国：国連　20.禽流感：鳥インフルエンザ

コラム　"进行"を見つけたら、まず"对"を探せ！

"进行"は"对~进行…"の形で大変よく使われます。長い文で"进行"を見つけたら、まず、"对"を探してみましょう。

昆明边防指挥学校的100多名官兵对两辆货车上的650袋、上千万颗芒果干逐一进行认真检查，从发现的藏毒芒果干中共取出毒品海洛因15272克。

「昆明国境防衛指揮学校の100名あまりの士卒は、2台のトラックに積まれた650袋、1000万個に上るドライマンゴーを1つ1つ丹念にチェックし、発見された、麻薬が隠してあったマンゴーから、合計15272グラムのヘロインを取り出した」

5. 論説体の小道具たち

① 動詞の前に置かれる"所"の用法
　"所"は動詞の前に置かれ、名詞句化したり、名詞の修飾語にしたりします。

我们对你们所取得的成就感到由衷的高兴。
（我々は、あなたたちが得た成果に対し、心からお喜び申し上げます）

朝鲜政府改变外交政策是形势所迫。
（北朝鮮が外交政策を変えたのは、状況に迫られてのことだ）

② 動詞の後ろに置かれる"自"
　"自"は動詞の後ろに置かれて、動作の起点を示します。

我国个人所得税主要来自城镇居民。
（わが国の個人所得税は主として都市部の住民によるものだ）

③ "A至B"の用法
　会話体の"从A到B"を論説体では"A至B"といいます。時間的距離、空間的距離どちらにも使えます。

9月12日至18日是全国推广普通话宣传周。
（9月12日から18日は全国共通語宣伝週間だ）

④ "与～相V"の用法
　介詞の"与"は"相V"とよく呼応するので、覚えておくと文の解読に役立ちます。

企业服务工作的各个方面都与企业信誉相关。
（企業の顧客サービスの各分野はいずれも企業の信用と関係する）

⑤ "V成""V成为"
　"为"のほかに"成"も動詞と複合語を構成し、動作の結果どうなったかを示します。多くは複合語として認識されています。2音節動詞には、4音節にするために"成为"がよく使われます。

迷信永远不可能变成科学。
（迷信は永久に科学に変わることはない）

我首先在作风上将国家足球队建设成为一流的运动队。
（私はサッカーナショナルチームを、まずマナーの点で一流にします）

[練習問題5]

1. 谋求和平与稳定是非洲人民最大的利益所在。
2. 电动汽车比汽油发动机汽车一般要贵2至4成。
3. 我已经把歌词拼音改成文字了。
4. 人类最早的祖先来自非洲。
5. 商标作为商品的标志，与市场经济紧密相连。
6. 加拿大的制成品在中国市场中所占地位越来越重要。
7. 孝襄高速公路是银川至武汉高速公路的重要一段。
8. 许多国家与美国在伊拉克问题上的立场相左。
9. 护村河的水引自奉化江支流东江。
10. 我们要把我军建设成为一支现代化正规化的革命军队。
11. 新舟60将投入天津至大连、烟台等航线运营。
12. 轻工业主要是消费品工业，与人民的生活息息相关。
13. 陕西队今天摘取了4枚田径金牌，有3枚出自竞走。
14. 我国改革开放和经济建设取得世所公认的成就。
15. 我们都把"假日经济"看成是前途无限的商机。
16. 南宁至百色的右江长廊已种植芒果33万亩，年产量达1万多吨。
17. 日本政府刺激经济复苏的作法与过去相近。
18. 时下，许多餐厅在卖来自日本的"神户牛肉"。
19. 西班牙能源资源不足，所需能源80%多要靠进口。
20. 新加坡把这个中新两国政府合作项目办成一流的工业园。

語注　1.非洲：アフリカ　6.加拿大：カナダ　7.孝襄、银川、武汉：地名　8.伊拉克：イラク　9.护村河、奉化江、东江：河の名　11.新舟60：中国国産機の名称／天津、大连、烟台：地名　13.陕西：陕西省　15.假日经济：休日ビジネス　19.西班牙：スペイン　20.新加坡：シンガポール

コラム　助詞の省略

　論説体では、語調が優先します。そこで、助詞はかなり思い切って省略されます。
　例えば、連体修飾語（限定語）を導く"的"は1つのフレーズ内では、まず一番重要な1つに限定するのが普通で、いくつもあると、読みづらい文になってしまいます。
　象徴的な例を1つ。

邓小平建设有中国特色社会主义理论
「中国的特色を持った社会主義を建設するという鄧小平の理論」
　連用修飾語（状況語）を導く"地"や、アスペクト助詞の"着""了""过"にも似た傾向があります。

6. 会話体と論説体：語彙・表現の対比（1）

　同じ現代中国語でも、会話体と論説体は語彙や表現が随分異なります（ただし会話体と論説体の境は曖昧で、また修辞的要請から、繰り返しを嫌って同一センテンス内では会話体も頻繁に併用されます）。

① 会話体で2音節の語が、論説体で1音節になる例
　　〈会話体〉〈論説体〉
　　　"大约" → "**约**"
　　　"一共" → "**共**"

目前入侵我国的外来生物<u>约</u>有400多种。
（目下、わが国に侵入した外来種はおよそ400種あまりある）

毕加索版画展<u>共</u>展出161幅毕加索版画原作。
（ピカソ版画展は合計161点のピカソの版画の原作を展示する）

② 介詞の例
　　"把" → "**将**"：動詞の目的語を動詞の前に引き出します。
　　"跟" → "**同**"：「〜と」。主に介詞として用います。
　　"和" → "**与**"：「〜と」。介詞にも連詞にもよく用います。
　　"在" → "**当**"：時を示す介詞に用います。
　　"从" → "**自**"：「〜から」。"自从"の形でも使います。

中国政府非常重视<u>同</u>罗马尼亚的关系。
（中国政府はルーマニアとの関係を大変重視している）

<u>当</u>温饱问题基本解决之后，农民的首要目标就是增加收入。
（衣食の問題がほぼ解決した後、農民の主な目標は収入の増加である）

③ 動詞の例
　　"到"　　→ "**至**"　　　：単独でも結果補語でも使います。
　　"是"　　→ "**为**"／"**系**"："为"は数量を示す場合に多用されます。
　　"说"　　→ "**称**"／"**道**"："说道"も使います。
　　"加快"　→ "**提速**"　　：「加速」とも。逆は"放慢"→"**减速**"。
　　"对〜来说" → "**对〜而言**"：「〜にとっては」

冬季将<u>至</u>，防火任务日渐加重。
（冬がまもなくやってくる。防火の任務は日増しに重要になる）

海洋被人们称之<u>为</u>蓝色国土。
（海は人々に青い国土と呼ばれている）

[練習問題6]

1. 诚实是人<u>与</u>人之间的心灵契约。
2. 一种新型电脑病毒<u>自</u>今年6月以来一直在迅速蔓延。
3. 沈仲文同志<u>系</u>福建省永定县人。
4. <u>当</u>我们庆贺自己生辰时，别忘了去安抚、报答给予我们生命的爹娘！
5. 他们持有的上市公司股份合计<u>约</u>687.29亿股。
6. 一个大学生每小时的平均培养成本大约<u>为</u>12.9元。
7. 希腊26日晚沉船事故中的遇难者人数已增<u>至</u>63人。
8. 马鞍山是一座<u>与</u>诗歌有缘的城市。
9. 湖南省政府<u>将</u>3月定为"减轻农民负担活动月"。
10. <u>对</u>你而言，爱是什么？
11. <u>当</u>人们还在梦乡时，北京几百名邮政职工已踏上夜班公共汽车。
12. 人类最早的祖先来自非洲，并逐渐迁移<u>至</u>欧亚大陆。
13. 去年在欧洲<u>共</u>缴获4700公斤海洛因。
14. 美国科学家<u>称</u>，全球气候变化已开始改变多种动物的基因。
15. <u>同</u>刑事犯罪作斗争是一项长期、艰巨的任务。
16. 京九线全线提速后，列车运行时速将<u>由</u>100公里提高到140公里。
17. 日本人<u>自</u>古以来就向中国学习。
18. 为了<u>将</u>生育率降下来，各地均采取了许多措施。
19. 常言道得好："饱暖思荣辱。"
20. 他从两年前开始<u>同</u>儿子一起搞起了甲鱼的养殖业。

語注　3.沈仲文：人名　6.培养成本：教育コスト　7.希腊：ギリシャ　12.欧亚大陆：ユーラシア大陸　17.自古以来：古くから　18.生育率：出生率　19.饱暖思荣辱：衣食足りて栄辱を知る　20.甲鱼：スッポン

コラム　1音節と2音節

"还是"の書き言葉"仍然"（依然として）は"仍"だけでも使います。同様の例はいくつかありますが、"然"のつく多くの副詞が自由に単音節化できるわけではありません。例えば、"依然"の意味で"依"を使うことはありません。また、2音節と1音節では働きが違うこともあります。例えば、"的确有"を"确有"とは言えても、"的确, 他有～"を"确, 他有～"とは言えません。

魯迅的作品是不朽的，至今仍闪烁着不灭的光辉。
「魯迅の作品は不朽だ。今でも不滅の輝きを放っている」

7. 会話体と論説体：語彙・表現の対比 (2)

④ 副詞の例

  "再" → **"重"**（chóng）：　"重新" "重建" など単語にも多用。

  "都" → **"均"** ：「平均して」と訳さないようにしましょう。

  "越" → **"愈"** ："越～越…" 同様、"愈～愈…" の形で多用。

  "还没" → **"尚未"** ：cf. "没能" → **"未能"**

  "快要" → **"即将"** ："将要" もよく使われます。

  "非常" → **"极其"** ："极为" もよく使われます。

  "渐渐" → **"逐渐"** ：類語に "逐次" "逐步" "逐年" など。

  "一起" → **"一道"** ："坐在一起" のような名詞用法はありません。

  "一天比一天"→ **"日益"** ："日渐" "日趋" "日臻" も使われます。

落叶无声飘落，寒冷的冬日<u>即将</u>来临。
（落ち葉が音もなく散り、寒い冬がまもなくやってくる）

⑤ 代詞の例

  代詞には、人称代詞と指示代詞と疑問代詞があります。"其" は論説体の代表的な代詞で、人称代詞にも指示代詞にも、また、主格、所有格、目的格いずれにも使用できます。

  "这里" → **"本地"**："当地" は「現地、地元」で、日本語の「当地」とイコールではありません。なお "本地" も「地元」の意味で使われます。

  "这样" → **"如此"**：会話体でも "原来如此!"「なーんだ、そうか」。

  "为什么" → **"为何"**："因何" "缘何" ということもあります。

  "怎么样" → **"如何"**：会話体でも "无论如何"「どのみち」。

  "怎么" → **"岂"** ：反語として使われます。

地震<u>为何</u>有<u>如此</u>巨大的破坏力？
（地震はどうしてかくも巨大な破壊力を持っているのだろう）

⑥ その他の例

  "很多" → **"众多"**：ただし、"众多" は人を数える場合に多用されます。

  "开始" → **"伊始"**："～年伊始" はよく見かける表現。

  "第一次" → **"首次"**：「第一期」は "首届"、「第一陣」は "首批"。

  "是不是" → **"是否"**：類語に "能否" "可否" "会否"。

  "特别" → **"尤其"**："～，尤其是…"「～、特に…は」。

  "一点儿也没有"→ **"毫无"**："一点儿也不～" は "毫不～"。

大多数中小学生<u>尤其</u>是小学生喜欢在学校里上网。
（大多数の小中高校生、特に小学生は、学校でネットにアクセスするのが好きだ）

[練習問題7]

1. 战争的悲剧绝不能重演。
2. 法国即将向卢旺达派遣"人道主义保护部队"。
3. 在许多商业场所，为何看不到高品位的作品？
4. 这样便捷的晚餐市场岂能不受欢迎。
5. 我国是在70年代开始逐渐推行计划生育的。
6. 6亿年前的地球表面很可能像现在的火星表面一样，毫无生机。
7. 太空中究竟能否看到长城？
8. 一些饮料企业积极开发国产饮料，充分利用本地资源、原料生产新产品。
9. 货物进出口均要经过海关实际查验。
10. 本周伊始，美国的企业兼并浪潮再起波澜。
11. 妇女受教育的权利未能得到充分保障。
12. 洗车业节水的现状如何呢？
13. 青海的有色金属生产规模日益壮大。
14. 以修庙造佛开展旅游，今年来大有愈演愈烈之势。
15. 2000年我国进行了首次国民体质监测。
16. 中日关系无论从哪个角度看，都极为重要。
17. 盗版书买卖之所以如此"兴旺"，是因为市场对其有需求。
18. 生态环境建设变化的趋势尚未根本扭转。
19. 中国众多的男女老幼正在努力学习英语。
20. 大学生陈果和年仅12岁的刘思影跟她们的妈妈一道在天安门广场自焚。

語注　2. 卢旺达：ルワンダ　5. 计划生育：計画出産　9. 进出口：輸出入／海关：税関　13. 青海：青海省　17. 盗版：海賊版

コラム　会話体でも使われる文語表現

"原来如此！""无论如何"のような慣用的表現や、複文など文の構造全体に関わる言い回しの場合、文語的な表現がよく使われます。これらは、表現によっては、会話体、論説体に関わらず使用されます。

"难道～吗？"「まさか～ではあるまい」
"任何～都…"「いかなる～も皆…だ」
"与其～不如…"「～より、むしろ…の方がましだ」
"A之所以B，是因为C"「AがBである理由は、Cだからだ」

第III部

論説体日訳講座

1. 注意すべき多義語

"不会"
　初学者は特に注意。「できない」のほかに「ありえない」も忘れずに。

"不能"
　初学者は特に注意。「できない」のほかに「してはならない」も忘れずに。

"要"
　比較による推定「だろう」や習慣的行為を示す"要"も忘れずに。

"学生"
　中国では小学生から大学生まで"学生"。日本は中学、高校は「生徒」、小学校は「児童」。

"下岗"
　「歩哨などの勤務を終える」から、現代はほぼ「レイオフ」の意味に。

"近日""近期"
　"近日"は日本語ではほぼ近未来ですが、中国語では過去の数日を指すほうが多いくらいで、同様に"近期"も過去、未来、どちらにも使えます。

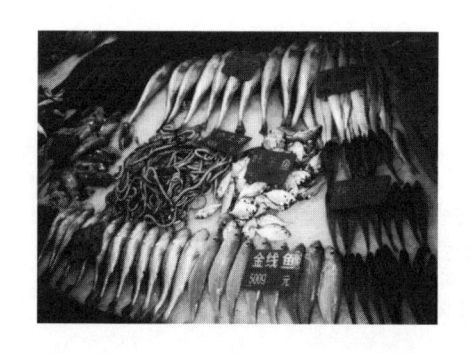

[練習問題1]

1. 数据和事实是<u>不会</u>骗人的。
2. 我们还有什么困难<u>不能</u>克服？
3. 为什么<u>不能</u>歧视乙肝患者？
4. 乞讨所得<u>要</u>比劳动所得还多。
5. 中小学<u>生</u>正值龋病发病的高峰期。
6. 南昌市共有近20万<u>下岗</u>失业人员。
7. 墨西哥湾的海滩<u>近日</u>发生赤潮，造成大批海鱼死亡。
8. 北京人民艺术剧院<u>近日</u>将陆续推出曹禺的4部经典话剧。

語注　3. 乙肝：B型肝炎　5. 龋病：虫歯　7. 墨西哥湾：メキシコ湾　8. 曹禺：劇作家

コラム　"经济" と "经营"

　日本語の「経済」「経営」とほぼ意味が重なるのでつい油断しがち。"经济"はよく「経済的な」「安い」という意味で使われます。"经济适用房"は「低所得者向け住宅」、"经济舱"は飛行機の「エコノミークラス」になるわけです。
　"经营"は、店が「こういった品物を取り扱っている」と言った意味でよく使われます。

在深圳，经营野生动物的餐厅、酒楼多达800多家。
「深圳では野生の動物を扱うレストランや酒場が800軒余りある」

2. 多機能語 (1)

"将"

機能1：会話体の"要"に相当。これから起こることを示します。

❖ 乱吐口香糖者将在古城西安受到处罚。
(やたらにガムをはき捨てる者は古都西安では罰せられることになる)

機能2：会話体の"把"に相当。目的語を動詞の前に引き出します。

❖ 1月10日，唐山警方将嫌犯徐某抓获。
(1月10日、唐山の警察は容疑者徐某を捕まえた)

"有关"

機能1：名詞の修飾語になる。

❖ 有关部门正在加强电子出版物立法工作。
(関係部門は、電子出版物の法整備を強化しているところだ)

機能2：動詞として用いる。多く、"有关～的N"の形をとります。

❖ 凡是有关群众切身利益的事，都让群众知道。
(およそ大衆の身近な利益に関わることは、大衆に知らせる)

"作为"

機能1：動詞として用いる。

❖ 中国把环境保护作为一项基本国策。
(中国は、環境保護を基本的な国策としている)

機能2：介詞として用いる。「～として」

❖ 作为世界文化遗产，布达拉宫是西藏的重要象征。
(世界文化遺産として、ポタラ宮はチベットの重要なシンボルである)

"组织"

機能1：動詞として用いる。

❖ 狼是国家保护动物，我们不能组织人捕杀。
(オオカミは国の保護動物で、人を使って捕殺してはならない)

機能2：組織・機関の名称に用いる。

❖ 国际货币基金组织必须适应"新世界"。
(IMFは新しい世界に適応しなければならない)

"加上"

機能1：動詞として用いる。

❖ 他喜欢在"观众朋友们"前面加上"电视机前的"几个字。
（彼は「視聴者の皆様」の前に「テレビの前の」という数語をつけたがる）

機能2：接続詞として用いる。「さらに」

❖ 山区地广人稀，加上当前农村人口流动性大。
（山間地域は広大で人は少なく、加えて今は農村人口の流動性が高い）

[練習問題2]

1. 中国服装协会今年将组织创建"中国服装名城"活动，重点支持那些有实力、有潜力的服装城市和区域发展。
2. 宁夏回族自治区惠农县有4800多个农户从事枸杞种植，今年雨水好，再加上当地农民种植枸杞的经验越来越丰富，全县枸杞长势极好。
3. 随着油价上涨，安徽省淮北市自行车销售大幅升温，许多市民更多地选择自行车作为代步工具。
4. 联合国粮农组织兽医专家认为越南及其他亚洲国家发生的禽流感疫情将会得到控制。
5. 我国有关法律规定："农村和城市郊区的土地，除法律规定属于国家所有外，属于农民集体所有。"
6. 甘地作为一个虔诚的印度教徒，创造了一种独特的争取印度民族独立解放的方式，叫"非暴力不合作运动"。
7. 近10年来，武汉机动车辆数增长4倍，加上数以万计的过境车辆，使武汉交通出现了多个瓶颈。
8. 世界卫生组织最近决定将本年度"无烟日"的主题定为鼓励医务人员带头戒烟和宣传戒烟。
9. 越来越多的美国高中毕业生正在借助因特网获得有关高校的信息并通过因特网向高校递交入学申请书。
10. 在东北大学80周年校庆之际，82岁高龄的老诗人徐放，将自己收藏的书画捐赠给了他的母校东北大学。

語注　4. 联合国粮农组织：国連食糧農業機関（FAO）　6. 甘地：ガンジー　7. 数以万计：万単位の　8. 世界卫生组织：世界保健機構（WHO）　9. 因特网：インターネット　10. 徐放：人名

コラム　2つの"将"

　2つの"将"は、間違い答案の常連です。まず、ともに述部の先頭におかれることが多い上に、"把"に相当する場合も、目的語が単独の名詞であればよいのですが、名詞句の場合だと、見た目では"将"のすぐ後ろに動詞が来る場合も少なくありません。それが間違いの元になるのです。

联合国安理会28日一致通过决议，将目前驻克罗地亚的1.2万名维和士兵减至8750名。
「国連安保理は28日、現在クロアチアに駐留している1万2000名のPKO部隊を8750名に減らすことを満場一致で可決した」

3. 多機能語（2）

"规定"
機能1：名詞として用いる。
- 对于家庭暴力，刑法等法律已经有相应规定。
  （家庭内暴力について、刑法などの法律にはすでに関連規定がある）

機能2：動詞として用いる。「～と規定している」
- 中国宪法规定公民有宗教信仰的自由。
  （中国憲法は、公民には宗教及び信仰の自由があることを規定している）

"丰富"
機能1：形容詞として用いる。
- 东北地区农业资源丰富，发展农业条件优越。
  （東北地区の農業資源は豊富で、農業を発展させる条件に恵まれている）

機能2：動詞として用いる。
- 古老的印加文明丰富了人类文化宝库。
  （歴史の古いインカ文明は人類の文化を豊かにした）

"就"
機能1：副詞として用いる。
- 美国学校下午两三点就放学。
  （アメリカの学校は午後2時か3時には授業が終わる）

機能2：介詞として用いる。「～について」
- 他同客人就当前重大的国际问题交换了看法。
  （彼は来客と、当面の重大な国際問題について意見を交わした）

"通过"
機能1：動詞。「通過する」「可決する」
- 联合国大会9日以压倒性多数票通过一项决议。
  （国連総会は9日、圧倒的多数である決議を採択した）

機能2：介詞として用いる。「～によって」
- 我通过比赛证明了中国台球的实力。
  （私は試合を通して中国のビリヤードの実力を証明した）

"所有"
機能1：形容詞として用いる。「あらゆる」

❖ 所有食品都含有食品添加剂。
（あらゆる食品には食品添加物が含まれている）

機能 2 ：名詞または名詞の一部に用いる。

❖ 国家是国有企业的所有者。
（国は国有企業の所有者である）

[練習問題3]

1. 企业要生存，要发展，就不能不重视提高服务质量，不能不重视加强职业道德建设。
2. 我国各地区、各民族的民间文化丰富多彩，千姿百态，种类繁多，需要保护的文化遗产浩如烟海，如果投入很少，难以有效保护。
3. 这家工厂规定，每天中午份饭只收5毛钱，加班超过晚10点的免费提供夜餐。
4. 古人通过对大自然的观察，发现鲸鱼的非正常死亡与太空的彗星活动存在着某种关系。
5. 中日双方就克服影响两国关系的政治障碍和促进两国友好合作关系的健康发展达成一致。
6. 宁波市白峰码头售票窗口在卖渡船票时强制搭售船票之外的保险，显然违反了国家有关规定。
7. 几乎所有的高中毕业生无不向往通过高等教育提高就业的竞争能力和在信息时代的生活质量。
8. 浙江省的教师为四川贫困地区教育带来了先进的管理方法和教育教学经验，丰富了教育科学理论，转变了教育观念。
9. 曾两次荣获全国"十佳"卫生城市称号的江苏省淮阴市，最近又通过了国家卫生城市的考核鉴定。
10. 保护南极环境的协议规定，今后50年内，禁止一切在南极大陆开采矿产资源和石油资源的活动。

語注　1. 不能不～：～せざるをえない　6. 白峰码头：白峰波止場　7. 无不：例外なく、すべて　9. "十佳"：ベスト10

コラム 「～的（てき）」と訳せる言葉

日本語の「～的（てき）」は中国語では"(帯)(有)～性的"とか"～地"という形を取りますが、こういった補助なしに直接他の名詞や動詞に係って「～的（てき）」の意味に使える語群があります。覚えておくと落とし穴にかかりにくくなります。
例）"长期""根本""基本""科学""积极"など。

人口众多、资源相对不足是我国的基本国情。
「人口が多いわりに、資源が相対的に不足しているのがわが国の基本的な国情である」

甜味食品是导致糖尿病等肥胖相关疾病的"元凶"，这是没有科学根据的。
「甘い食べ物が糖尿病など肥満と関係する疾病を惹き起こす元凶だ、というのは科学的根拠がない」

これが頭に入っていれば、"科学发展观"を「科学的発展観」と訳せます。

4. 注意すべき類似表現（1）──初学者に多い間違い

ここでは、特に日本人初学者が間違えやすい代表的な事例を取り上げます。会話体・論説体にかかわらず、基本的な間違いで論説体読解にも支障をきたす主要な例を挙げると、

"一个" と "一些"

"一个" は単数で "一些" は複数ですが、分かっていてもうっかり、"一些" を「ある～」と訳してしてしまう事例が後を絶ちません。「一部の」「若干の」などと訳します。

❖ 为什么一些用人单位不愿意招收女性？
　（なぜ一部の雇用側は女性を採用したがらないのか）

"有" と "有了"

"有了" はない状態からある状態へと変化したわけですから、「できた」などとも訳します。

❖ 有了电梯，上下楼轻松多了。
　（エレベーターができて、上り下りがずっと楽になった）

"不" と "没（有）"

"不" はそれ以後に起こることの否定「～しない」で、"没" はその時点で実現していない「～していない」ことを示します。

❖ 小王发现自己没被歧视。
　（王君は自分が差別視されていないことに気がついた）

"一部" と "（一）部分"

"一部" は小説や映画などの数量を示します。"部分" は「一部の」。

❖ 一部农业的发展史，就是一部科技的进步史。
　（農業の発展史は、即ち科学技術の進歩の歴史である）

さまざまな "一起"

"一起" は事件などの数量を示します。また、"一起" は一語として「一緒に」という副詞に使われ、また "坐在一起" などと、「同じ場所」という名詞にも使われます。

❖ 伊拉克北部 22 日发生一起汽车炸弹袭击事件。
　（イラク北部で22日、自動車爆弾襲撃事件が1件発生した）

"，" と "、"（これは記号ですが、特別に）

"，" は文の切れ目、"、" は事物や事項を並列する場合に用いますが、並列されるも

のがフレーズの場合、よくだまされます。また、上級者でも引っかかるのが、並列される個々のフレーズの中で既に"、"が使用されていると、フレーズ間の並列記号は"，"になってしまうことです。

❖ 近年，国内、国际重大活动相继在上海举行。
（近年、国内や国際間の重要なイベントが相継いで上海で開催される）

[練習問題4]
1. 全球金融危机造成的影响还没有完全消除。
2. 一名职工因及时制止一起汽油泄漏事故受到重奖。
3. 目前沿海部分地区正在成为全球IT产品制造基地。
4. 母亲因为身体不适没能前往上海。
5. 要不是改革开放，我哪能上大学、当老师？
6. 农民对物质和文化生活的需求都有了新的变化。
7. 部分经营者为牟取暴利，无视国家法律。
8. 节水与防污是紧密结合在一起的。
9. 历史本是城市不可分割的一部分。
10. 一部好书，就是读者的一位好老师。
11. 我们也知道一次考试不能代表全部。
12. 我们确实在有些方面落后。
13. 有个小偷偷了某居民区一楼的一台电视机。
14. 没有了工作，就失去了大部分生活来源。
15. 一些省市工业新增污染不容忽视。
16. 讲学习、讲政治、讲正气是紧密结合和相互统一的。
17. 台湾与福建近在咫尺，语言、生活习惯没什么两样。
18. 任何企业都是同社会连在一起的。
19. 人类一直没有停止制造更大、更好飞机的努力。
20. 三鹿牌婴幼儿奶粉事件是一起重大食品安全事件。

語注　17. 近在咫尺：すぐ近くにある　20. 三鹿牌：牛乳会社のブランド名

コラム　助動詞や副詞の位置

　練習問題20番の"一起"のように、数量詞は名詞本体から離れ、名詞の修飾語の先頭に置かれるので、見分けがつかなくなりやすいのですが、日本人が苦手とする似たような文構造があります。
　介詞構造がある場合、介詞自体が本来補助動詞のようなものであるため、助動詞や副詞は原則として介詞構造の前に置かれます。この点について、日本人は違和感を持ちやすく、誤読の原因にもなります。

中国没有从任何国家偷过核秘密。
「中国はいかなる国からも核に関する機密を盗んだことはない」

5. 注意すべき類似表現（2）

"计划"と"规划"
"规划"は長期的な計画で、大雑把な目標を提示。"计划"は具体的な計画で、明確な達成目標を提示。

"条约"と"公约"
"条约"は2国間以上の一般的条約に使い、"公约"は主として3国間以上の条約で、政治性、概念性の高いテーマの場合。

"双边"と"多边"
"双边"は「2国間」、"多边"は「多国間」。

"发达国家"と"发展中国家"
"发达国家"は「先進国」、"发展中国家"は「発展途上国」。
なお、"国家"は複数の場合、「諸国」「国々」と訳します。

"信息"と"情报"
"信息"は一般的な情報。"情报"は機密性を帯びた情報。

"和平"と"平和"
"和平"は「平和」「和平」。"平和"は「穏やかな」。日本語の「和平」は"和平"か"停火"で、"停火"は日本語では「停戦」とも。

"表示"と"表明"
"表示"は人が「表明する」、"表明"はデータや調査が「表す」。

"当地"と"本地"
"当地"は「現地」「地元」、"本地"は「当地」「地元」。日本語の「当地」は話し手が現地にいないと使えませんが、中国語の"当地"にはその制約がありません。

"形势"と"势头"
"形势"は「情勢」、"势头"は「趨勢」。

"象征"と"形象"
"象征"は「シンボル」、"形象"は「イメージ」。

"现在" と "如今"

"如今"は過去と比較した言い方。「今では」。

[練習問題5]

1. 广西连续多年超额完成人民日报发行计划。
2. 我们在制定长远规划的时候，要注意保障农民的基本收益。
3. 领土问题不解决，日俄双方就不可能缔结和平条约。
4. 《世界遗产公约》规定，对世界遗产要严格保护，持续利用。
5. 俄中两国签署了20多项双边合作文件。
6. 近几年来，东欧、中亚国家多边外交日益活跃。
7. 发达国家和发展中国家都有责任加强合作。
8. 亚洲是世界经济和信息通信发展最快的地区之一。
9. 伊朗情报机构最近逮捕了13名犹太人。
10. 中国人民是坚持正义、爱好和平的人民。
11. 生活在变化中的古巴人，生活态度仍然平和。
12. 他表示，伊朗将继续向全世界出售原油。
13. 日方最近的民意调查表明，将近80%的日本国民期待改善日中关系。
14. 内蒙古额济纳旗被当地人喻为沙漠里的绿洲。
15. 亚太地区的和平与发展，将造福于本地区的人民。
16. 当前世界形势发生了很大变化。
17. 近年来，我国财产保险一直保持快速发展势头。
18. 长城是向世界展示一个统一的中华民族的象征。
19. 毒品问题不仅有损缅甸的国家形象，而且还危及国际社会。
20. 如今，大兴安岭林区打猎的人少了。

語注　6. 中亚：中央アジア　9. 伊朗：イラン／犹太人：ユダヤ人　11. 古巴人：キューバ人　14. 旗：内蒙古自治区の行政単位　15. 亚太地区：アジア太平洋地区　19. 缅甸：ミャンマー

コラム　"生活"は「生活」に限らない

練習問題の11番に"生活在变化中"という表現がありますが、2音節語が［"在"＋場所］を結果補語に取った場合、2音節語（ここでは"生活"）を名詞にとりがちです。つまり"生活在～"を「変化の中で暮らしている」ではなく、「生活が変化の中にある」ととってしまうわけです。この文では意味的に大差ないように思っても、場合によっては重大なとり違いにつながるので、注意が肝心です。

我国草地主要分布在东北、西北及青藏高原地区。
「わが国の草原は主として東北、西北、チベット高原に分布している」

6. 注意すべき類似表現 (3)

"同比" と "环比"
"同比" は「前年同期比」、"环比" は「前期比」。

"构成" と "结构"
"构成" も "结构" も「構成」という日本語には重なりますが、"结构" は "构成" のように「構成する」という動詞にはなりえません。また、"结构" は機械や建築物などの構造にも使えます。

"结构" と "机制"
"结构" は「構造」、"机制" は「メカニズム」ですから、"经济结构" といえば産業別構成や地域別構成などを言うのに対し、"经济机制" は経済の仕組みを言います。

"机制" と "系统"
"机制" はそのものの仕組みに重点があるのに対し、"系统" はある目的のために具体的かつ系統的に組み立てられたシステムを言います。その意味から、"系统" は役所などの一定の部門系列を示す場合にも使われます。

"系统" と "体系"
"体系" は、システムや体系を概念的抽象的にまとめ、関連付ける場合が多く、思想、文学、政治などに多く使われます。

"城乡" "城镇" "乡镇" "乡村"
"乡" "镇" は行政単位でもありますが、そのほかに、"城乡" で「都市と農村」、"城镇" は大都市と町など「都市部」、"乡镇" は町も含めた農村部、"乡村" は町を除いた本来的な農村部といったニュアンスで使われます。

"需求" と "需要"
"需求" は「需要」で、"需要" は「〜を必要とする」という動詞。ただし、「需要」の意味で使うこともあります。「供給」には "供给" や "供应" が使われ、"供求"（"供需" とも）で「需要と供給」。

"小区" と "社区"
"小区" は附帯施設を備えた団地的な集合住宅。"社区" は一定の地域を包括し、"街道" など行政の末端の管轄下に置かれる地域コミュニティ。

"退休"と"离休"

"退休"は一般的な定年退職、"离休"は建国以前からの共産党員など一定以上の経歴の持ち主の退職で、優遇措置がある場合。あわせて"离退休"。

[練習問題6]

1. 6月份全国70个大中城市房屋销售价格同比上涨5.8%。
2. 环比分为日环比、周环比、月环比和年环比。
3. 任何伟大的事业都是由许许多多平凡的事情构成的。
4. 近年来，美国经济进行了结构性调整。
5. WTO的建立推动了全球统一市场及机制的形成。
6. 品质管理是一项复杂的系统工程。
7. 山东省枣庄市公安系统的3600多名干警走出机关，深入到社区。
8. 我国的法律体系正在逐渐完备起来。
9. 全国城乡之间、地区之间义务教育差距，正逐步缩小。
10. 我国正处于工业化和城镇化加快推进的阶段。
11. 大多数乡镇还没有建立新华书店网点。
12. 贫困乡村为何贫穷？
13. 成品油和石化产品的社会需求在不断增长。
14. 文物保护需要人才，需要资金，还需要技术和设备。
15. 消费政策通过消费需求的变动实现社会总需求与总供给的平衡。
16. 由于天降寒流，美国东北部家庭取暖用油供不应求。
17. 天通苑小区是北京市最大的居民住宅区之一。
18. 法律法规中对于社区责任的规定日渐增加。
19. 法院一批退休的老法官现在成了学校热心的指导员。
20. 一位离休老人十分关心下一代成长。

語注　13. 成品油：精製オイル

コラム　場所を示すもう1つの言い方

練習問題の10番に"处于"があります。"于"の用法については、第Ⅱ部の冒頭で詳しく説明しましたが、"处于"は"在于""位于"と同様、「～にある、位置する」といった意味で使われます。

場所を示す言い方として、別の構造を持った言い方があります。"地处～"「場所は～にある」がそれで、辞書では単語として扱われていませんが、そろそろ、熟した単語として扱われても良いでしょう。

芬兰地处北欧，是一个美丽的"千湖之国"。
「フィンランドは北欧にあり、美しい湖の国だ」

似た表現に"家住～"「～に住んでいる」、似た構造に"身穿"「～を着ている」があります。

7. 注意すべき類似表現 (4)

"夫妇" と "夫妻"
　"夫妇"は「夫妻」で丁寧な言い方、"夫妻"は「夫婦」で一般的な言い方。

"就业" と "就职"
　"就业"は「就職」で、"就职"は役職などへの「就任」。

"大众" "群众" "人群" "群集"
　"群众"は「大衆」、"人群"はある共通的特徴を持った「人々」。"大众"は"大众化""大众菜谱"など特定の言い回しに用いられ、"群集"は「群がる」という動詞で用いられます。

"深刻" と "严重"
　"深刻"は、"深刻意义""深刻印象"などプラスイメージの表現に多く用いられ、"严重"は「深刻な」「重大な」といったマイナスイメージにもっぱら用いられます。

"增加了一倍" と "增加到两倍"
　どちらも「2倍になった」。"增加了一倍"は増え幅を言い、"增加到两倍"は増えた結果を言っています。

"增加到两倍" と "翻了两番"
　"增加到两倍"は「2倍に増えた」、"翻了一番"は「2倍にした」。"翻了两番"は「4倍にした（倍して倍した）」。つまり"翻了〜番"は2の何乗か、ということになります。"翻了四番"なら「16倍」。

"专利" と "特许"
　"专利"は「特許」、"特许"は「フランチャイズ契約」。

"中学" と "高校"
　"中学"は"初级中学""高级中学"を合わせた「中学、高校」、"高校"は高等教育の学校、すなわち「大学」。

"1公斤" と "1斤"
　"1公斤"は1キログラム、"1斤"は500グラム。

"万万" と "万亿"

"万万" は千万の次だから「億」、"万亿" は千億の次だから「兆」。

[練習問題7]

1. 周恩来夫妇没有给后人留下一砖一瓦、一钱一物。
2. 农村不少人认为"夫妻性生活不洁"是普遍现象。
3. 乌鲁木齐市相继出台了一系列再就业优惠政策。
4. 1月20日中午12时左右，贝拉克·奥巴马发表就职演说。
5. 电视已成为对社会大众影响最为深刻的媒体之一。
6. 群众呼声代表着群众愿望。
7. 参与桥牌运动的人群有所减少。
8. 上海城市面貌日新月异给每一位到上海的人留下深刻印象。
9. 今年来，我国各种职业病危害日趋严重。
10. 印度现有人口9.5亿，比1947年独立时增加了近两倍。
11. 在未来30年内，非洲人口将翻一番，从1995年的7.28亿增加到14亿。
12. 有关"高考状元"的新闻又出现在报刊上。
13. 哪些行为属于冒充专利行为？
14. "狗不理"在全国有70多家分店，绝大多数属于特许加盟。
15. 在有的大城市，超过一半的中学生血压偏高。
16. 大学是精英的殿堂，尤其是名牌高校，竞争相当激烈。
17. 我国有城市人口2.6亿，每人每天产生生活垃圾1公斤左右。
18. 今年，我家的小麦亩产能达到1100斤，比去年提高300斤。
19. 美一男子消费5.6美元信用卡误扣两万万美元。
20. 意大利正在流通的里拉硬币有7万亿里拉。

語注　3. 乌鲁木齐市：ウルムチ市　4. 贝拉克·奥巴马：バラク・オバマ　7. 桥牌：ブリッジ　12. 高考：大学入試
　　　16. 精英：エリート　20. 意大利：イタリア／里拉：リラ

コラム　一体、何倍が正しい？

"增加了一倍" が「2倍になった」、"增加了两倍" が「3倍になった」だと、よく見かける "增加了一百倍" は「101倍になった」でしょうか？「100倍になった」は "增加了九十九倍" と言わなくてはいけないのでしょうか、と几帳面な日本人は悩みます。

いいえ、「100倍になった」は "增加了一百倍" でいいのです。3桁の数字に対し、1倍は誤差の範囲、ほぼ100倍なのですから。

ただ、契約書などではしっかり確認が必要、巨額の契約だと1倍もバカになりません。

8. 注意すべき類似表現（5）

"人"と"人次"と"人均"

"人次"は延べ人数。"人均"は平均1人当たり。

"却"と"倒"と"竟"

いずれも予想に反した意外な気持ちを示しますが、"却"は推測をはずされたちょっと意外な「えっ？」という気持ちを示し、"倒"は「易しいと思ったら難しかった」とか、予想外の結果が出た場合の強い意外性を伝える場合によく用い、"竟"は予想をはるかに上回る程度によく使います。

"協定"と"协议"

名詞として比較した場合、"协定"はきちんと文章になった協定に用い、"协议"は双方の合意に用います。→ "签订协定"「協定に調印する」／"达成协议"「合意に達する」

"协商"と"谈判"

「協議する」は普通"协商"、緊迫度の強い交渉は"谈判"。

"协力"と"配合"

"协力"は「一般的に力を合わせること」を言い、"配合"は「各方面、部門、役所などがチームワークを組んで協調行動を取ること」を言います。

コラム "如"のいろいろ

"不如你"「君にはかなわない」とか"如潮水般"「潮のように」といった"如"は問題ないのですが、"如～,"には「もしも～ならば」と「例えば～」の2つの可能性があり、この2つの用法が頭に入っていないと間違えることがあります。次の文を訳してみましょう。

1. 涉嫌逃税的人<u>如</u>在10月15日之前坦白交代其密账户，大都可以免予刑事处罚。
2. 殡葬业之所以存在"暴利"，并不能仅仅用"民政部门垄断"来解释，还有许多客观原因，<u>如</u>由于行业的特殊性，不太可能形成成熟的竞争体系。

✽答えはp.076下部を見てください。

[練習問題8]

1. 每年到井冈山参观的人数达100多万人次。
2. 在旧西藏，人均寿命只有35.5岁。
3. 新疆年均降水量不足200毫米。
4. 父母对孩子既充满爱，却也总是挑剔的。
5. 与其立起宝贵的墓碑倒不如平平淡淡地活下去。
6. 广州一天的蛇肉交易量竟平均高达10吨。
7. 日本和泰国年内签署协定的计划严重受阻。
8. 法德两国已就欧盟机构改革达成原则协议。
9. APEC接纳新成员需全部成员的协商一致。
10. 土耳其国防部长说，土耳其不会与恐怖分子进行谈判。
11. 我们要齐心协力，争取比上一届政府工作做得更好，不辜负人民的期望。
12. 只要各个部门密切配合，国有企业是一定能搞好的。

語注　1. 井冈山：井岡山。中国革命の聖地　2. 西藏：チベット　8. 欧盟：EU　10. 土耳其：トルコ

コラム　多音字

発音でも多音字があります。論説文に頻出する例を拾うと、

"标识"（biāoshí　ではなくて　biāozhì　）
"参与"（cānyǔ　ではなくて　cānyù　）
"朝鲜"（Cháoxiān　ではなくて　Cháoxiǎn）
"供给"（gōnggěi　ではなくて　gōngjǐ　）
"要求"（yàoqiú　ではなくて　yāoqiú　）
"整个"（zhěngge　ではなくて　zhěnggè　）

9. 単語＆語句の誤訳主要事例（1）

"（老）百姓"
〈誤〉〈年老いた〉百姓 → 〈正〉庶民

"人间"
〈誤〉人間 → 〈正〉この世、世間

"质量"
〈誤〉質量 → 〈正〉品質（"品质"を使うこともあります）

"油气"
〈誤〉天然ガス → 〈正〉石油と天然ガス
✿古い辞書は多く「天然ガス」と説明。実際は「石油と天然ガス」。

"造成"
〈誤〉造成する → 〈正〉（悪い結果を）もたらす
✿悪い結果をもたらす動詞としては"导致"もよく使われます。

"落幕"
〈誤〉開幕する → 〈正〉閉幕する

"一片"
〈誤〉一片の → 〈正〉見渡す限りの、一面の

"肯定"
〈誤〉肯定的に → 〈正〉きっぱりと

"〜则"
〈誤〉すなわち → 〈正〉〜はというと
✿個別の事例を取り出して説明するときに使います。

[練習問題9]
1. 中国围棋的后备力量雄厚，以后肯定能压倒韩国。
2. 浙江省临海市发生特大雷击事件造成 17 人死亡的惨剧。
3. 太空是一片广阔寂寥的世界。
4. 小型果冻易导致儿童窒息死亡。
5. 只有保持一定速度的增长，百姓才有收入提高生活水平。
6. 渔民出海捕鱼，短则三五天，长则几十天。
7. 一年一度的高考终于落幕了。
8. 各种媒体都将太平洋岛国描绘成人间天堂。
9. 儿童用化妆品质量要求比成人用化妆品要高。
10. 对欧洲老百姓来说，最关心的莫过于经济状况了。
11. 最近 5 年来，柴达木油田生产的原油和天然气不断增长，满足了青海的油气需求，保证了青藏铁路建设的油气用量。
12. 中国有句俗语说：和则两利，斗则两伤。
13. 湖泊的萎缩不仅造成水产下降，也使生态环境日趋恶化。
14. 三星北京国际马拉松赛今天落幕，中国名将孙英杰以 2 小时 19 分 39 秒卫冕女子组冠军。
15. 对某些国家在南海争议海域单方面进行油气资源招标的做法，中国政府表示严重关注。
16. 只要人人都献出一点爱，世界将变成美好的人间。

語注　4. 果冻：フルーツゼリー　7. 高考：大学入試　10. 莫过于～：～に勝るものはない　11. 柴达木油田：ツァイダム油田　14. 卫冕：トップの座を守る、防衛する　15. 单方面：一方的に／招标：入札する

コラム　"甲、乙、丙"はA、B、C

"意甲"「セリエA」　／　"甲级战犯"「A級戦犯」
"乙肝"「B型肝炎」　／　"丙肝"「C型肝炎」

参考）"甲"にはトップの意味も。

"前三甲"「トップスリー」　／　"甲天下"「天下第一」

その他）
"花甲"「還暦」

10. 単語＆語句の誤訳主要事例（2）

"部署"
　〈誤〉名詞だと思い込む　→　〈正〉実は動詞用法「配置する」も

"代表"
　〈誤〉名詞だと思い込む　→　〈正〉実は動詞用法も

"計划"
　〈誤〉名詞だと思い込む　→　〈正〉実は動詞用法も

"〜化"
　〈誤〉名詞だと思い込む　→　〈正〉実は動詞用法も

[V＋"好"＋O]
　〈誤〉["好"＋O] だと思う　→　〈正〉[V＋"好"] の結果補語が多い

参考：決まった言い回しの落とし穴

"包括〜在内"
　「〜を含めて」。"在内"を別に訳さない。

"为了〜起见"
　「〜のために」。"起见"を別に訳さない。

"把〜关"
　「〜を厳しくチェックする」。"把关"で1語としても使います。

"建立健全〜"
　「健全な〜を打ち立てる」ではなく、「〜を打ちたて、健全にする」。
　✽セットで使われる決まった表現。

[練習問題10]

1. 佛教最初来自国外，后来成了中国化了的佛教。
2. 中国国家质检总局副局长魏传忠说，我们首先要把好质量关。
3. 我国建立健全了一系列海洋环境保护法规。
4. 广阔的中国市场对包括美国在内的外国投资者有着巨大吸引力。
5. 突然发现小偷在行窃，为了安全起见，她立即用英语向110报了警。
6. 他们计划在欧洲部署导弹防御系统所针对的目标是俄罗斯，目的是削弱俄的核威慑能力。
7. 我们在部署一项任务时，如果明确要求由谁来具体做这件事，由谁来具体完成那件事，最后落实的情况常常就大不一样。
8. 传统的东西并不代表保守。
9. 日本电信电话——多科莫公司12日宣布，该公司计划在本年度内向市场推出一款以植物为原料的手机。
10. 强化企业内部改革整顿是企业发展的基础。
11. 瓦房店市建立健全无偿献血制度。
12. 日本政府不赞成美国政府关于建立包括全亚洲在内的国际安全保障机构的方针。
13. 皇马透露C罗脚伤好转为安全起见将再休息一周。
14. 中国排球协会今晚在北京丽都饭店为载誉凯旋的中国女排举行欢迎会，包括几任中国女排主教练在内的排球界人士汇聚于此，分享胜利的喜悦。
15. 房屋装修量力而行，安全设备要自己把关。

語注　3. 一系列：一連の　6. 导弹防御系统：ミサイル防衛システム　9. 多科莫：ドコモ　13. 皇马：レアルマドリッド／C罗：ロナウド　15. 量力而行：分相応にやる

コラム　女性に関する誤訳

"保姆"を「保母」と訳している人はいませんか。"保姆"は中国語では「家政婦」「ホームヘルパー」のことを指します。字面で考えると日本人は漢字を使っているだけにかえって間違えます。よく日本語で使う字ほどうっかりするもの。代表的な例が"娘"で、"娘"は「お母さん」、"娘娘"は「女神」「皇后」になります。年配の女性には"大娘"と言いますし、"娘家"と言えば「実家」を指します。もう1つ、"妻子"はqīzǐなら「妻と子」ですが、qīziなら「妻」です。

11.「訳にもう一工夫」主要事例（1）

　訳の工夫にはおしまいがありません。そのときだけの個別の訳し方もあります。品詞にもよりますし、漢字に引きずられずにカタカナにしてみる手もあります。そこでこういう選択肢も持っておくと便利ですよ、という事例を列挙してみます。
　〈よくある訳〉の中には、日本語になっていないもの、誤訳に近いものも含まれています。以下はよく見られる例です。

"居民"
　　〈よくある訳〉居民　　→（もっと日本語に）住民

"比重"
　　〈よくある訳〉比重　　→（場合によっては）割合

"挑战"
　　〈よくある訳〉挑戦　　→（目的語をとらない場合）「試練」とも。

"产品"
　　〈よくある訳〉産品　　→（時によって訳し分け）生産物／製品

"职工"
　　〈よくある訳〉職工　　→（もう少しすんなりと）従業員／勤務者

"承诺"
　　〈よくある訳〉承諾　　→（意味がずれてる）約束／公約

"力量"
　　〈よくある訳〉力　　　→（文脈によっては）パワー

"压力"
　　〈よくある訳〉圧力　　→（文脈によっては）プレッシャー

"沟通"
　　〈よくある訳〉意思疎通→（文脈によっては）コミュニケーション

[練習問題11]

1. 伟大的精神产生战无不胜的力量。
2. 家电产品专业技术性较高。
3. 城市人口占总人口的比重不断上升。
4. 我们兑现了加入世贸组织时的承诺。
5. 一些双职工家庭3岁以下孩子无人照看。
6. 文化交流是心灵的对话、感情的沟通和友谊的纽带。
7. 古代居民都以家中绿化优美为荣。
8. 我们始终认为对话比施加压力更有效。
9. 良好地进行交流沟通是一个双向的过程。
10. 职工月均收入比去年同期净增90多元。
11. 不顾国际社会保护环境的普遍愿望，美国随意违背自己的庄严承诺，拒履《京都协议书》。
12. 中国足球队主教练的责任重、压力大。
13. 科学的力量越来越有力地改善着世界的面貌。
14. 公共汽车是城乡居民最常用的交通工具。
15. 贫困是人类现今面临的最严峻挑战。
16. 我国卫生工作面临前所未有的困难和挑战。
17. 浙江民企不仅在全省经济中的比重已接近甚至超过半壁江山，一些产品甚至在全球都形成"垄断地位"。

語注　4.世贸组织：WTO　5.双职工：共稼ぎ　10.净增：純増する　11.《京都协议书》：京都議定書　16.前所未有：未曾有　17.半壁江山：その地域の半分

コラム　滑らかな訳にするためには

「訳に一工夫」は何も訳語の問題だけではありません。中国語は「意合法」といって、フレーズとフレーズの関係をなるべく接続詞を使わずに言います。そのまま日本語に訳すと（中国人はさらに日本語の助詞を省略する）「私、腹へった。あんた、金ある。一緒食べ行く。私、しあわせ」となってしまいます。中国語を日訳するときは、つなぐ言葉を補って滑らかにしましょう。

12.「訳にもう一工夫」主要事例（2）

"认同"
　　〈よくある訳〉同意　　→（文脈によっては）アイデンティティ

"考察"
　　〈よくある訳〉考察　　→（時によっては）調査

"试验"
　　〈よくある訳〉試験　　→（時によっては）実験

"文明"
　　〈よくある訳〉文明　　→（用途が進化中）モラル／エチケット

"志愿者"
　　〈よくある訳〉志願者　　→（オリンピックで一気に）ボランティア

"联合国"
　　〈よくある訳〉連合国　　→（戦中ならOK）（戦後なら）国連

"一把手"
　　〈よくある訳〉やり手　　→（時によっては）トップ

"国际事务"
　　〈よくある訳〉国際業務　　→（こんなときにも使います）国際関係

"项目"
　　〈よくある訳〉項目　　→（計画なら）プロジェクト、（スポーツなら）種目

"粮食"
　　〈よくある訳〉食料　　→（意味がずれる。正しくは）食糧

"文化程度"
　　〈よくある訳〉文化程度　　→（戸籍、履歴では）学歴

"边境"
　　〈よくある訳〉辺境　　→（そのまま訳さずに）国境沿い

"未来"
〈よくある訳〉未来、将来 →(天気予報なら)この先

[練習問題12]
1. 搞好文明服务，必须制定切实可行的措施。
2. 关于"文化认同"，他所回答的是"我们是谁？"
3. 联合国成立之初只有50个成员国。
4. 粮食安全始终是治国安邦的头等大事。
5. 新型武器试验、训练，必须经历极端环境的考验。
6. 中国在亚洲和国际事务中有很大的发言权和很大的影响力。
7. 中国有13亿人，是人口最多的奥运会东道主，开展多种运动项目的条件和人才也优于一些中小国家。
8. 目前，全国2/3以上的县建立了志愿者组织。
9. 10月25日，执行南极科学考察任务的中国"雪龙"号考察船缓缓驶离码头。
10. 在战争时期，边境地区可能会成为紧张地区。
11. 各级计划生育部门的"一把手"要加强计划生育政策法规工作的领导。
12. 未来几天内长江上中游没有大规模降水。
13. 不文明行为总会受到人们不同方式的谴责。
14. 在每一个需要帮助的地方，到处都有志愿者在行动。
15. 生态学家经过实地考察发现，长有珊瑚礁的水域的水温正在逐年升高，导致珊瑚礁的数量迅速减少。
16. 从严格的意义上说，古代中国从来不曾出现过民族主义的观念，仅有的只是对一家一姓之王朝或华夏文化的认同。
17. 面向全省农村人均年收入800元以下的贫困家庭和享受城镇居民最低生活保障家庭的具有初中以上文化程度的子女，山东正在实施一项由政府资助上学的"技能扶贫计划"。
18. 侵华日军第七三一部队遗址，曾是世界战争史上规模最大的细菌战研究试验基地。

語注　1.治国安邦：国の安泰。成語　7.东道主：ホスト役。ここでは主催国　15.发现：発見する　16.华夏文化：中華文化

コラム　肩書きの位置

「訳にもう一工夫」の1例として、役職名と人名の語順があります。日本では肩書きを人名の後に書くのが普通ですが、中国ではその逆が一般的です。面倒くさがらずに、ちょっと直すだけで、ずっと日本語らしくなります（ただし船名は逆で、日本語は「輸送船〜号」と言いますが、中国語はその逆になります）。

中国国务院总理温家宝即将对日本进行正式访问。
「中国の温家宝首相はまもなく日本を正式訪問する」

13.「訳にもう一工夫」主要事例（3）

"义务劳动"
　　〈よくある訳〉義務労働　　→（もう少しスマートに）ボランティア活動

"第一时间"
　　〈よくある訳〉最初の時間　　→（災害救助の描写では）初動時間

"不完全统计"
　　〈よくある訳〉不完全な統計　　→（では誰も信じない）大まかな統計

"治理"
　　〈よくある訳〉整備　　→（時には）対策

"看好"
　　〈よくある訳〉よく見る　　→（経済などで使うと）見通しが明るい

"演出"
　　〈よくある訳〉演出する　　→（字面で判断しない）公演する

"增长"
　　〈よくある訳〉増長　　→（経済なら）成長、（人口なら）増大

"培养"
　　〈よくある訳〉培養する　　→（人間だったら）育成する

"进城"
　　〈よくある訳〉都会に入る　　→（日本語は）都会に出る

"服务"
　　〈よくある訳〉サービスする　　→（場合によって）奉仕する／サポートする

"做文章"
　　〈よくある訳〉文章をつくる　　→（意味が転じて）工夫をこらす

[練習問題13]

1. 台湾自产甲流疫苗 16 日开打，马英九拟第一时间带头施打。
2. 教育的目的是为社会主义现代化建设服务。
3. 据不完全统计，东北地区近年水稻种植面积已达 1800 万亩。
4. 山西这块土壤，培养过无数艺术家。
5. 美国农业的增长必须更多地依靠海外市场。
6. 民工进城成为市民不再是梦。
7. 家长应该鼓励孩子参加学校或社区组织的义务劳动等。
8. 几年来竞争得厉害的家电市场，价格战尚未见平息，不少厂家又在产品的科技含量上大做文章，层出不穷的"革命"令消费者们眼花缭乱。
9. 四川潜力巨大的旅游市场被众多商家看好。
10. 柳州市农民年均纯收入增长 200 元以上。
11. 要学好英语，关键在于培养良好的语感和表达能力。
12. 中国云南省民族艺术团圆满结束了在越南为期 12 天的访问演出。
13. 山西云冈石窟经过治理，环境得到明显改善。
14. 儒学研究应当为当前中国社会发展服务。
15. 使我们在第一时间了解突如其来的灾难和事故，这是救灾的需要。
16. 据不完全统计，1992 年，北京的各体育场馆举办各类群众体育、文化活动 1 万余场次。

語注　1. 甲流疫苗：A 型インフルエンザワクチン　8. 眼花缭乱：目が眩む　13. 云冈石窟：雲崗の石窟

コラム　覚えておきたい造語法

中国語は字が一定間隔で並んでいるだけですから、どれが単語か見分けるのが大変。いくつかの造語法は覚えておくと役に立ちます。例えば、
① 形容詞に"加"を加えて動詞を作る。
　例）"加快""加强""加大""加深"
② 動詞に"有"を加えて動補構造を作る。
　例）"具有""位有""怀有""持有"
また、中国語では、形容詞が副詞にもなって動詞を修飾します。その訳し方に慣れることも大事です。

重庆地处四川盆地，容易造成水土流失的坡耕地很多。
「重慶は四川盆地に位置し、水分や土壌の流出を招きやすい斜面の耕地が多い」

14.「訳にもう一工夫」主要事例（4）

"平台"
　　〈よくある訳〉プラットフォーム　→（最近多用されて）～の場

"正确"
　　〈よくある訳〉正確な　　　　　→（原則は）正しい。「正確な」は"准确"

"传统"
　　〈よくある訳〉伝統的な　　　　→（ややマイナスイメージで使うと）従来の

"始终"
　　〈よくある訳〉始終　　　　　　→（中国語の意味は）終始

"先后"
　　〈よくある訳〉前後して　　　　→（多くの場合）相継いで

"进一步"
　　〈よくある訳〉一歩進んで　　　→（直訳を避けて）さらに

"偏低"
　　〈よくある訳〉特に低い　　　　→（こなれた訳は）低すぎる

"今年以来"
　　〈よくある訳〉今年以来　　　　→（今を含むとき日本語は）今年になってから

"整个（社会）"
　　〈よくある訳〉全（社会）　　　→（複数と勘違いしやすい）（社会）全体

"成功地～"
　　〈よくある訳〉成功して～した　→（もう一息）無事～した、～に成功した

"既～也…""既～又…"
　　〈よくある訳〉すでに～して　　→（ややずれる）～であり、また…だ

"只有～才能…"

〈よくある訳〉～でこそ　　→（滑らかに）…するには～でないとダメだ

[練習問題14]

1. 我国既是个陆地大国也是个海洋大国。
2. 非洲正朝着正确的方向发展。
3. 确保粮食安全始终是人类生存发展面临的首要问题。
4. 民歌保护工作亟待进一步迅速展开。
5. 孙孔文在任县委书记期间，利用职务之便，先后收受贿赂折合人民币38万元。
6. 我们既要有危机感，又要充满信心。
7. 博客作为网民表达思想和感情的平台，在网民的工作和生活中发挥着重要的作用。
8. 今年以来伊拉克已经运出了价值10亿美元的石油。
9. 据预报，5月下旬河南大部分地区气温仍将偏高，降雨偏少，极有可能出现大范围的严重干旱。
10. 只有以高新技术拉动传统产业，才能真正把资源优势转化为经济优势。
11. 今年上海先后向社会公开拍卖48家小店。
12. 树林是整个大自然的"调度室"。
13. 我国将进一步加强重要矿产资源的勘查开发。
14. 整个社会都有专利观念，才能做到自觉尊重他人的专利。
15. 不论人生怎样变幻无穷，对共产党人来说，确立正确的价值观永远是首要的。
16. 在联合国的帮助下，阿富汗成功地举行了大选。
17. 煤炭市场看，国内煤炭价格仍然偏低。
18. 今年以来，不少日本内阁成员和知名人士相继访华，增进了相互的了解和合作。
19. 只有不断学习，才能跟上飞速发展的时代。

語注　4. 亟待：速やかに～することを要する　5. 折合～：～相当　7. 博客：ブログ　11. 拍卖：競売する　12. 调度室：割り振りや調節をするところ。調整室　14. 专利：特許　16. 阿富汗：アフガニスタン　18. 内阁成员：閣僚

> **コラム** どこで切るかが難しい
>
> 学生を連れて中国へ行ったときのこと。ある2年生がレストランの前で、「先生、中国って面白いですね。あそこに『気をつけてこけろ！』って書いてある」と言いました。見るとなるほど、"小心地滑"という立て札があります。学生は"xiǎoxīn de huá"と読んだのです。

[p.062コラムの日訳]
1. 脱税容疑者は、もし10月15日前にその秘密口座を白状すれば、ほぼ刑事罰を免れることができる。
   ✤ "坦白交代" はよくセットで使われます。
2. 葬式ビジネスが暴利を貪るのは民政部門が独占しているからだとのみ解釈してはならない。業界の特殊性で、成熟した競争システムができにくいといったような多くの客観的原因もある。

第IV部 ステップ別 実践トレーニング講座

第一ステップ 1

第一ステップはレベル式論説体読解力養成システムのレベル1〜2の問題文で構成されています。

1センテンス20文字前後の短い文です。文の構成や語順、併せて中国語の基本文法を確認して下さい。

互いに絡み合って長い複雑な文を作り上げる様々な構成要素、この短文には往々にしてその1つが含まれています。

最初はとっつきにくくても、一定量をこなすことでこれらの要素や論説体用の語彙にもすぐ慣れてきます。

中国語の初級をかじった人はすぐ始めましょう。発音ができる、できないとは相関性はありません。

辞書やインターネットを存分に駆使しましょう！　後ろについている解答解説も活用して下さい。

問題は分かち書きをしてありません。発音もついていません。語注もありません。新聞と同じ条件です。

実はこれが上達する最大の近道。どれが単語か、どれが目的語か、といった判断力を早く養いましょう。

[S1-1]

問題　1：孩子横切苹果，发现了里面的五角星。

問題　2：黄河源区有不少的湖泊已经干涸。

問題　3：目前全世界的双峰野骆驼大约不到1000只。

問題　4：实践证明，读者是认真负责的。

問題　5：中国是世界上儿童最多的国家。

問題　6：许多亚洲国家视中国为竞争威胁。

問題　7：喝牛奶是一种简易有效的补钙方法。

問題　8：公历是以太阳的运动规律为依据。

問題　9：现在很多发达国家采取了垃圾焚烧处理法。

問題　10：大蒜，既是常用的食品，又是中医的常用药。

問題　11：今年仲夏，韩国先是暴雨倾盆，接着是酷暑闷热。

問題　12：父母应该让孩子懂得，任何人都会犯错误。

問題　13：科学家的使命在于探索未知。

問題　14：一些地方重经济、轻生态的思想依然存在。

[S 1-2]

問題　15：实现男女平等是长期和艰巨的任务。

問題　16：美国纽约将农历春节纳入了法定假日。

問題　17：办好事需要钱。

問題　18：与美国其他的总统墓地相比，林肯的墓要大得多。

問題　19：我国政府十分重视艾兹病防治工作。

問題　20：我最大的愿望是让乡亲们早日致富。

問題　21：我们都要提倡节约粮食、爱惜粮食。

問題　22：爱迪生的发明对人类的文明和进步贡献巨大。

問題　23：信息产业是地道的朝阳产业。

問題　24：酿造白葡萄酒需先滤皮后发酵。

問題　25：中国目前正着力建设社会主义市场经济。

問題　26：经济越发展，越需要建立现代企业制度。

問題　27：眼下摆在农民面前一个难题是，玉米皮不好处理。

問題　28：中国人向西方学得很不少。

[S1-3]

問題　29：康世恩同志于1978年担任国务院副总理。

問題　30：目前，网上信息已呈铺天盖地之势。

問題　31：台湾同胞的利益是中华民族整体利益的一部分。

問題　32：这次活动由北京音乐台主办。

問題　33：日本是世界上数一数二的地震之国。

問題　34：入夏以来，京城的气温一天比一天高。

問題　35：我国是世界头号稀土资源国。

問題　36：现在娃儿再不用点煤油灯写作业了！

問題　37：花1万多块钱买台电脑光用来打字，这不新鲜。

問題　38：中国的发展为世界各地企业家带来更多机会。

問題　39：目前，全国上下都认识到人口问题的严重性。

問題　40：李敖一直对大陆实施改革开放表示认同。

問題　41：我国煤矿死亡率是美国的100多倍。

問題　42：中国女篮今晚无惊无险地以107：65击败日本队。

[S1-4]

問題 43：写文章总要有点学问。

問題 44：在一些地方，中央制定的农村政策常常被"打折"。

問題 45：孙中山是站在时代前列的伟大人物。

問題 46：北京市每年从国外进口花卉上百种。

問題 47：中国是遵守国际承诺的。

問題 48：我国每年因工程质量问题造成的损失达一千个亿。

問題 49：我俩结婚整60年，也就是人们常说的钻石婚。

問題 50：戛纳国际电影节在法国南部海滨城市戛纳拉开帷幕。

問題 51：俄空军将陆续配备新式攻击型战斗机。

問題 52：互联网日益普及，上网的人越来越多。

問題 53：电网节能减排压力似乎要小于发电企业。

問題 54：老年痴呆的患者女性多于男性。

問題 55：近期以来，广州市刑事案件发案率有所下降。

問題 56：一个人如果得了白血病，大家都会同情他。

[S1-5]

問題　57：中方反对任何导致东北亚形势紧张的行动。

問題　58：原始的自然生态要保护好。

問題　59：移动通信实在是一门专业性太强的高新技术。

問題　60：心脏的功能主要是把血液打到全身。

問題　61：一位61岁的老人心脏病突发，生命垂危。

問題　62：有的图书看得懂用得上，就是买不起。

問題　63：我们今天面对的是父辈难以想象的物欲世界。

問題　64：良好的投资环境来自良好的管理。

問題　65：报纸是人们生活中不可缺少的精神食粮。

問題　66：我们一定要振奋精神，为科技兴国努力奋斗。

問題　67：世界上妇女参政水平最高的国家是新西兰。

問題　68：缅甸宝石的制成品在国际市场上还缺乏竞争力。

問題　69：上海纺织行业曾经非常辉煌。

問題　70：第一颗东方红三号卫星于1994年11月30日发射成功。

[S 1-6]

問題　71：香港旅游业起步于50年代中后期。

問題　72：手语是聋人之间、聋人与健全人之间交流的语言。

問題　73：I型糖尿病患者需要经常接受胰岛素注射。

問題　74：近年来狗咬伤人的事件就屡屡见诸报端。

問題　75：4月4日，华尔街股市经历了剧烈震荡的一天。

問題　76：每一代人都被他的上代人所不满。

問題　77：近几年来，中俄边境民间贸易日益繁荣火爆。

問題　78：美方怀疑朝鲜向某些中东国家出售导弹。

問題　79：古巴人爱棒球，卡斯特罗就是一个棒球球迷。

問題　80：目前在非洲，每30秒就有一个孩子因疟疾而夭折。

問題　81：不同历史时期的典籍反映着不同社会历史的成就。

問題　82：任何时候、任何情况下都决不放松粮食生产。

問題　83：以前，嘉峪关城没有城楼，城墙多处损坏。

問題　84：农村信用社十有八九是亏损的。

[S 1-7]

問題　85：“近代国画名家作品展”今日落下帷幕。

問題　86：不管国际风云如何变幻，中国将始终奉行和平外交政策。

問題　87：我国电信事业的发展面临巨大的挑战。

問題　88：两头耕牛被人暗中投毒，其中一头被毒死。

問題　89：荷兰是目前世界上最喜欢垂钓的一个国家。

問題　90：新疆的冰雪资源绝不逊于东北。

問題　91：没有从军的经历，是人生的一大缺憾。

問題　92：四人制足球于1994年在德国兴起。

問題　93：爱好文学的人比较不容易犯罪。

問題　94：目前，我国绿色饭店以银杏叶作为标识。

問題　95：地价变化是高速公路带来的最直观变化。

問題　96：威尼斯以其独一无二的景观使世界各地的游人难以忘怀。

問題　97：人均农业资源在减少。

問題　98：每个人都有自己的性格，脾气当然也因人而异。

[S1-8]

问题 99：上海是中国最大的轿车生产基地。

问题 100：防汛工作是一件事关经济发展、社会稳定的大事。

问题 101：我国经济正在走出低谷。

问题 102：现代社会没有地方是到不了的那么远。

问题 103：墨西哥湾蕴藏丰富的石油。

问题 104：到陌生的地方，若没有准确详细的路标，只能到处询问。

问题 105：WTO 的建立推动了全球统一市场及机制的形成。

问题 106：如果要让别人理解你，你必须先理解别人。

问题 107：没有爱就没有教育，没有责任就办不好教育。

问题 108：李小姐毕业于北京一所比较有名的大学。

问题 109：我父亲是山东一名退休干部。

问题 110：有病人去医院做手术，大夫将纱布留在病人的腹中。

问题 111：今年以来，全国工业经济形势很好。

问题 112：美国政府正在对一些劫机嫌疑犯展开取证工作。

[S1-9]

問題 113：新加坡股市两个星期来持续攀升。

問題 114：美国宪法对人权的保护远远低于国际标准。

問題 115：国防是国家大事，需要全民一起关心它，建设它。

問題 116：与朱伟欣相比，伍岳的家庭状况要优越得多。

問題 117：至今国有企业未能自负盈亏。

問題 118：越来越多的蒙古牧民涌向城市定居。

問題 119：全国女检察官法庭辩论赛正式拉开帷幕。

問題 120：90年代末期，黑龙江人从冰雪中看到了商机。

問題 121：湖南岳阳县有些学校仍在巧立名目乱收学费。

問題 122：多年来，亚洲的经济一直以两位数的速度发展。

問題 123：今年64岁的阿丹老人记忆犹新。

問題 124：如何开发出真正适合不同地域农民需求的新产品？

問題 125：安全是奔驰产品一直着重强调的特性。

問題 126：巩固和发展同阿曼的友好关系是中国的既定政策。

[S1-10]

问题 127：江西省信丰县遭遇了百年不遇的特大洪涝灾害。

问题 128：北京市将对外来务工经商人员实施总量调控。

问题 129：国内首座水下兵马俑陈列馆在江苏徐州建成。

问题 130："《论语》热"是近年来学术界与文化界一种值得分析的现象。

问题 131：燃料电池汽车技术已进入国际先进行列。

问题 132：主要靠渔猎为生的古埃及人崇拜尼罗河。

问题 133：水是我们最熟悉的物质。

问题 134：很多农技人员连起码的办公条件都没有。

问题 135：西班牙是西方拥有水库最多的国家之一。

问题 136：现在，我先谈一些初步想法，同各位商量。

问题 137：现在一年四季，鲜菜不断。

问题 138：我在国外看病时，无论大病小病，病历都由医院保管。

问题 139：有的家装市场购物满一定金额，赠送郊区赛马券。

问题 140：病人选医生是医疗改革中出现的新举措。

第二ステップ 2

第二ステップはレベル式論説体読解力養成システムのレベル3〜4の問題文で構成されています。

1センテンス40文字前後の文は論説体のもっとも標準的な長さの文です。

第二ステップの特徴は、複文がふんだんに出てくることです。40文字がそれを可能にします。

また、第二ステップのもう1つの特徴は、翻訳上重要な要素が平均して2つは含まれていることです。

以上から、このレベルの文を読みこなせるようになれば、論説体読解の基礎力が身についたことになります。

辞書を片手にすれば、何を言っているのか大まかな意味が読み取れるようになり、新しい世界が開けます。

ここまで来ると政治、経済、外交、環境、教育、医療、文化など様々な方面の単語にもだんだん慣れてきます。

最初は、時事関係が苦手でうんざりの人も、何度も目にすることで、中国を取り巻く動きに関心が出てくるでしょう。

論説体読解の基礎段階の総仕上げ。次のステップ目指して頑張ってください。

[S2-1]

问题 141：云南省计生委的有关调查显示，云南省农村子女一年给父母的赡养费平均是630元。

问题 142：西南地区蕴藏有丰富的水电、天然气、矿产等自然资源，特别是还有着众多独具特色的旅游资源。

问题 143：外汇储备的大幅度增加，意味着国家对外支付能力大大提高，调控经济的能力得到加强。

问题 144：笔者接触的几乎所有波兰人都强调"我们非常讨厌别人将我们称为'东欧人'"，这是冷战思维在作怪。

问题 145：计算机网络在我国高校中的应用日益深入与发展，给高校师生的教学、生活相应带来了许多变化。

问题 146：过去十年泰国服装出口以每年百分之十至百分之十五的速度增长，使泰国跻身世界十大服装出口国之列。

问题 147：用现代技术制造的普通印刷纸和书写纸因含酸而极易发黄变脆，保存期一般不足百年。

问题 148：工作干得好不好，廉政与否，不能仅由上级领导拍板，还应该让群众说话。

问题 149：中国的两位选手王斯华和王薇分别摘走男子二百米蝶泳和女子二百米蛙泳的金牌。

问题 150：翻开新中国任何一套中小学教材，都能找到与长征有关的诗词或文章。

问题 151：近年来，内蒙古的粮食生产平均每年以6.5亿公斤的速度递增，已实现自给有余。

问题 152：企业家精神是一成不变的，随着企业战略的不断调整，企业家精神必然面临新的发展，甚至是再造。

[S2-2]

問題 153：不久前，世界第三大黄金储备国瑞士已暗示：它将出售其一半的黄金贮备—1300 吨。

問題 154：坚持以人为本，既有着中华文明的深厚根基，又体现了时代发展的进步精神。

問題 155：改革开放 15 年来，农村经济迅速发展，富裕起来的农民迫切要求改善住房条件，掀起了建房热潮。

問題 156：4 月 4 日，来自大连圣亚海洋世界的 10 只南极企鹅在中国科技馆 C 馆首次与我国观众见面。

問題 157：诞生于 1947 年 5 月 1 日解放战争炮火声中的内蒙古自治区，是我国第一个省级少数民族自治区。

問題 158：因农村水利工程设施年久失修、受毁坏严重等，导致不少地方灌溉面积逐年减少、用水纠纷不断发生。

問題 159：从社会学的角度来看，生活在社会中的公民都是平等的，只有职业的不同，没有贵贱之分。

問題 160：我军自诞生之日起，就把自己肩负的使命与人民的利益紧密地联系在一起。

問題 161：学校是教育人的地方，但又不可否认，学校的成绩（升学率）与入校新生的成绩有很大关系。

問題 162：80 年代我国农业、消费品工业的高速增长，对整个经济的发展起到了重要的支撑和带动作用。

問題 163：王乃忠从一份资料中了解到，中国饲养业的发展严重受制于饲料蛋白质资源的短缺。

問題 164：如何进一步拓宽服务领域，最大限度地满足读者需求，是我们近年来一直在认真探索的课题。

[S2-3]

问题 165：电子出版物可以存储大量信息，软件拷贝、光盘复制迅速方便，因而生产成本低，利润丰厚。

问题 166：武汉市坚持依法管理文化市场，既抓整顿又重视繁荣，文化市场呈现勃勃生机。

问题 167：今年我国承接的6艘4万吨至9.5万吨大型出口油轮，全部选用中国自己设计的图纸建造。

问题 168：仅今年前三个月杭州就已发生202起暴力抗法案件，造成1名民警牺牲、95人受伤。

问题 169：我去年回家乡湖北大冶县曙光乡度暑假，发现那里滥收费，乱摊派，农民负担沉重。

问题 170：多年来，彩电业的竞争不仅体现在国内企业之间，还体现在与洋品牌之间。

问题 171：浦东新区这次公开招聘干部，报考者共有1814位，40位入选者中，一半来自兄弟省市。

问题 172：公元前405年，斯巴达在伯罗奔尼撒战争中，以其训练有素的军队战败了雅典。

问题 173：香港是世界上三大"天然良港"之一，是世界金融、贸易、交通运输、旅游、信息中心。

问题 174：他认为，中国、日本、东盟国家等都应是多极世界中的一极，而不仅仅是欧洲和美国。

问题 175：据美国农业部提供的材料，美国农业专家正在试验一种用微生物灭杀农作物害虫的方法。

问题 176：不久前，有位农民朋友对我说："前些年我们无钱购买国库券，现在是有钱买不到国库券。"

[S 2-4]

問題 177：大多数时候，不同观点之间的交锋并不涉及绝对的是与非，只是立场与角度的不同而已。

問題 178：不管什么时候下雪，只要雪一停村民们都主动把路上的雪清扫得一干二净。

問題 179：经国务院和中国人民银行批准，中国人民建设银行从今日起正式启用新行名和新行徽。

問題 180：的确，由于历史与现实的原因，美国人对中国及中国文化的了解还不多，存在着误解、曲解。

問題 181：鲁迅的敌人不只是帝国主义、北洋军阀和国民党反动派，更有我们民族传统文化中的糟粕和国民的劣根性。

問題 182：平山郁夫对我国发生的严重水灾表示衷心慰问，并以个人名义向我灾区捐款100万日元。

問題 183：众多的人口在生产和生活中排放的废物、废水和废气，早已远远超过了环境容量。

問題 184：5月14日母亲节，华盛顿和美国其他65个城市的母亲参加游行，要求国会就枪支管理进行立法。

問題 185：我国春秋时期的伟大思想家、哲学家老子所著的《道德经》千古流芳，世代相传，世界闻名。

問題 186：我今年九十有五，健康状况和同年龄段的人相比，还算不错，但也步履维艰，起坐已需相扶将。

問題 187：大相扑是日本的"国技"，早在公元7世纪就已在日本产生，经过长期磨练，形成强烈的日本独特风俗。

問題 188：市场人士认为，只要国际经济形势不出现大的变化，亚洲的股市和汇市行情还会进一步看好。

[S 2-5]

问题 189：今天的中国和世界，来自昨天的中国和世界，又通向明天的中国和世界。

问题 190：一位本可留在北京工作的女大学生，却自愿到山区工作，成了备受山区欢迎的女医生。

问题 191：青年时代，任弼时同志受五四运动的影响，满怀激情地投身于爱国民主运动。

问题 192：我们在取得成绩的同时，也清醒地认识到，我国的航天事业同世界先进水平相比还有不小差距。

问题 193：随着"咣当咣当"的电车撞击路轨声响起，哈尔滨市民久违的有轨电车今天在果戈里大街正式上路。

问题 194：我那副花500多元配的眼镜，只戴了一年多便适应不了近视加重的"新形势"了。

问题 195：福建积极发挥闽台经济区的优势，引进台资达100亿美元，创办台资企业7000多家。

问题 196：重建改建竣工的宁张公路（西宁至张掖），把青海的海北藏族自治州与河西走廊连接在一起。

问题 197：今天日元继续升值的主要原因是受上周末欧美外汇市场日元大幅度升值的影响。

问题 198：党和政府有决心让老百姓既过上富裕的日子，也过上太平的日子，让改革和建设有个安定的环境。

问题 199：在我国七大古都中，洛阳建都最早、时间最长、朝代最多，历史上长期是全国乃至亚洲的经济、文化中心。

问题 200：为整顿劳动纪律，上海一家工厂的厂长亲自在厂门口把关，检查出勤情况。

[S 2-6]

問題 201：有的人对学业、工作、事业专心致志、不懈努力，不受外界诱惑的干扰。

問題 202：美国已下令驻中东地区的部队及其他设施处于高度警戒状态，并禁止美国舰船通过苏伊士运河。

問題 203：我国青少年最喜爱的20个动漫形象中，有19个来自海外，本土形象只有"孙悟空"一个。

問題 204：从中央台到省台甚至县级台的各类新闻节目，被各类大小会议占去了一半的时间。

問題 205：兰州住房资金管理中心原主任陈其明涉嫌挪用1.17亿元资金案今天在兰州市中级人民法院开庭审理。

問題 206：金庸武侠小说之所以受欢迎，因为它是"好看"的通俗读物，而不是有多高的艺术品位。

問題 207：在我国改革开放的发展道路上，民营经济和民营企业家作出了不可磨灭的贡献。

問題 208：少数民族习惯的节日，由各少数民族聚居地区的地方人民政府，按照各个民族习惯，规定放假日期。

問題 209：马来西亚抓住亚太地区经济环境变化带来的机遇，致力于国家的经济发展，其成就令人瞩目。

問題 210：在大连市第二人民医院，医护人员为患者精打细算、想方设法省钱，已形成习惯。

問題 211：据港府保安科提供的最新数据显示，去年发生的两千多宗少女失踪案中，有一千零四十三宗发生在新界北区。

問題 212：香港要实行"一国两制"，中国不会把内地的办法强加于香港，香港的办法也不能搬到内地。

[S2-7]

问题 213：早在 1988 年我国就成立了西藏珠穆朗玛峰自然保护区，总面积达 3.4 万平方公里，相当于台湾省的面积。

问题 214：自上世纪 40 年代电视开始普及以来，电视对社会进步和经济发展起到了巨大的推动作用。

问题 215：今天在东京国立代代木竞技场举行了巴西对古巴、中国对韩国和日本对泰国三场女排比赛。

问题 216：在全球经济、科技竞争水平日益提高的时代，人们如果不努力学习进取，就有可能落伍。

问题 217：辽宁绥中县路段简直成了苹果专业市场，一堆堆、一车车苹果在国道上摆起了长龙。

问题 218：我得承认，在台湾最南端的农村里采访，比在广东、福建的乡镇采访还要容易，交流更方便。

问题 219：砚山县公安局缉毒侦查员陈建军先后 24 次乔装打扮，深入贩毒集团内部搞侦查，抓获多名贩毒分子。

问题 220：有的地方计划生育"春松夏闲秋不管，到了年底喊一喊"，等人家快临盆了，赶去强行罚款。

问题 221：多少年来，在底特律、法兰克福、巴黎、东京四大国际车展上，担任主角的都是跨国公司。

问题 222：王府井纳入城建一部分，当追溯 700 年前元大都时代，成为商业活动集散地则是在明代中后期。

问题 223：素有"电子货币"之称的信用卡，近年来发卡量增加，用卡环境也在逐步改善。

问题 224：衣服上的拉链只能算个小东西，它不坏的时候毫不显眼，可一旦坏了，往往又是最显眼不过了。

[S2-8]

問題 225：令人遗憾的是，我国农村卫生事业的发展比较缓慢，农民看病难的问题日益突出地呈现出来。

問題 226：在市场经济条件下，最重要的是必须把农民和市场结合起来，让农民成为农产品流通的主体。

問題 227：在巴西，大男子主义依然盛行，妇女常常受到不公正的待遇，针对妇女的犯罪行为和暴力活动时有发生。

問題 228：陈锡文认为：尽管我们的粮食生产和国外相比缺乏竞争力，但劳动密集型产品我们占有优势。

問題 229：最近，日本三重县的一位育种家培育出世界最小的玫瑰，只有小拇指的指甲大小。

問題 230：氮氧化物、碳氢化物在太阳光紫外线强烈照射下可形成光化学烟雾，使人和动植物受到危害。

問題 231：在许多国人的眼里，遗产的概念一般都局限于比较古老的文物，其实这样的观念是狭隘的。

問題 232：在相当一部分地区尤其是贫困地区，传宗接代、多子多福等观念仍根深蒂固。

問題 233：不同的民族文化和谐共融，孕育了博大精深的中华文化，少数民族文化是其中一个重要组成部分。

問題 234：《马可波罗游记》（又称《东方见闻录》）为意大利乃至整个西方世界撩开了神秘中国的面纱。

問題 235：山东即墨市楼子疃镇政府搞起了农业综合开发项目，两年前的抛荒地如今已是葱绿一片。

問題 236：新版图书在市场上的"保鲜期"已从以往的1至3年缩短到现在的3至6个月。

[S2-9]

问题 237：去年9月一家娱乐公司出资在大连繁华地段设立了6个无人售报点，但货币回收率只有50%左右。

问题 238：消费者需要什么，我就生产什么！这才是市场经济体制下企业经营者的应有态度。

问题 239：长江三峡西陵峡两岸疯狂的采石活动严重破坏了这里的生态环境和自然风光，令人痛惜和忧虑。

问题 240：一些不法商户经营假冒伪劣商品，怕顾客索赔或诉诸法律，不敢给顾客开发票。

问题 241：当地时间4日晚7时许，莫斯科红场上发生了一起严重的汽车爆炸事件，肇事者和三名军人受伤。

问题 242：不言而喻，对一个拥有12亿人口的大国，关系国计民生的粮食、棉花是具有战略意义的特殊商品。

问题 243：钱正英强调，生态环境保护是一项十分艰巨、非常伟大的事业，不能指望一蹴而就。

问题 244：历史的步伐有时候比人们的愿望缓慢迟滞得多，但生活的脚步有时候却比人们的想象力更快、更神奇。

问题 245：40多岁的刘传文，全家4口人年年吃救济粮，住的两间草房因年久失修，下雨时常常满屋是水。

问题 246：世界男排锦标赛或其他世界性大赛上，有没有受贿、受指使而有意偏袒一方的黑哨？

问题 247：深圳特区的历史，是一部改革开放的历史，也是一部努力实现和谐发展的历史。

问题 248：继不久前一举推出三款手机，西门子移动电话又一款新型手机1118亮相。

[S 2-10]

問題 249：东京秋叶原电器街是观察日本经济的晴雨表，也是中国旅客常往的购物之地。

問題 250：西方有句谚语，"自助者天助"，这是人类数千年中历经磨难而得出的重要生存经验。

問題 251：不言而喻，人类需要利用自然资源来生活，通过大自然的力量净化产生的废弃物，还原于自然。

問題 252：北京开始推行对废纸、废塑料、废电池等的分类收集，以便对"垃圾"进行更有效的循环利用。

問題 253：中国具有劳动力、市场和资源等优势，投资环境越来越好，欢迎外国来华直接投资。

問題 254：公司经理感慨地说，只有掌握了新税法这个有力武器，才能保护企业的权益不受损失。

問題 255：西方国家的会议和演出都是准时开始的，在活动开始前就坐才符合礼节。

問題 256：每天以猪、牛、羊等畜肉为主食的女性患肠癌的比例比那些每月只吃几次肉者高出 2.5 倍。

問題 257：我感到当代儿童的生活很苦，不到 10 岁的孩子早上 6 点就起床，做作业要到晚上 10 点、11 点。

問題 258：奥迪 A6 自 1997 年正式面世以来，以其独特造型和卓越性能，赢得了一系列国际大奖。

問題 259：浙江省计算机教育发展较快，已建成一批现代教育技术的窗口学校，少数市县建立了县域教科网。

問題 260：无论对于美国还是对于古巴来说，解决古巴人大量移居美国的问题都不容易。

第三ステップ

第三ステップはレベル式論説体読解力養成システムのレベル5～6の問題文で構成されています。

1センテンス60文字前後の文は40文字前後の文と共に論説体のもっとも標準的な長さになります。

第三ステップの特徴は、様々な要素や構文に複文も絡み合い、かなりの読みこなす力を要求されることです。

言い換えれば、論説体読解力養成において、初級から中級に上がる関門と言えましょう。

多くの人にとっては最初の大きな壁です。専攻の中国語学科卒ならば最低限クリアしていないといけないステップです。

この段階に来ると、普段からどれくらいニュースを追っているか、も重要なポイントになってきます。

また、翻訳する上で、自分の日本語能力がどれくらいあるか、が真剣に問われ始めます。

このステップをクリアすると、各種中国語検定試験での読解に対する苦手意識も徐々に薄れてくるでしょう。

いよいよ中国語を読むのが楽しくなり始めます。「読める人」になる一歩手前です。

[S3-1]

問題 261：我们不能把长城只了解为阻挡外侵者的壁垒，它同时又是一条河流，是团结多民族的河流，并且向他们提供一个共同交流和聚集的场所。

問題 262：从自卫队的建立和发展历程来看,不论从哪个意义上说,它都是一支地地道道的军队,已故日本首相吉田茂认为是日本的"新国军"。

問題 263：空客A380是欧洲空中客车公司设计生产的运输力超大的民用飞机，投入使用后，A380将成为世界上最大客机，航程超过10400公里。

問題 264：中美双方最近在北京就知识产权保护问题进行了磋商，中方代表向美方详细通报了中国在保护知识产权立法、司法及行政保护方面的进展情况。

問題 265：世界卫生组织驻非洲代表处日前提供了一组最新数字：全球每年有300万人死于吸烟引起的疾病，占全世界每年死亡总人数的6%。

問題 266：近年来的研究表明,耳朵和眼睛之间还存在着微妙而复杂的内在关系，噪音可间接地影响视力，从而使眼睛对运动物体的对称平衡反应失灵。

問題 267：福建在全国率先出台海洋环境保护条例，对涉海建设项目实施严格的海洋影响评价制度，加强海洋生态保护和海洋环境污染治理。

問題 268：由于美国刚宣布的经济统计数字减缓了投资者对美国再次提高利率的担忧，欧洲股市今天纷纷上涨，美元也趋于稳定。

問題 269：美国波士顿大学遥感中心的科学家借助于1990年以来卫星拍摄的阿拉伯半岛照片，发现了穿过沙特阿拉伯的一条古河道。

問題 270：目前在宣传品、出版物及商品上滥用人民币和国家债券图样的行为时有发生，给一些犯罪分子进行诈骗活动以可乘之机并扰乱了金融秩序。

[S 3-2]

问题 271：东莞福安纺织印染有限公司在长达 3 年的时间里，私设暗管，每天偷排污水 2 万多吨，从中获利数千万元，并做了一本用水量假帐欺骗环保部门。

问题 272：针对当前财税纪律松弛的情况，经国务院批准，今年的税收、财务大检查将提前到 8 月份开始，大检查将集中力量检查财政收入流失问题。

问题 273：中国女篮以 6 战全胜的绝对优势夺回了亚洲女篮锦标赛冠军，但明年的苏州世界女篮锦标赛上，中国队还能不能击败韩国队，目前还很难作出判断。

问题 274：在此关键时刻，吴明廉说，所有国家，包括发达国家和发展中国家，应协调一致，密切合作，承担实质性义务，为保护人类环境作出积极贡献。

问题 275：沧州化肥厂一方面吸收消化国外最新技术，一方面针对本厂能源不足、原料紧张的实际情况，不断进行技术改造和技术开发。

问题 276：《书坛画苑》以电视语汇向观众传播有关美术欣赏的知识和信息，介绍画坛名人名作，帮助观众提高对美术作品的欣赏水平。

问题 277：《21 世纪学科发展丛书》全套共 1400 万字，介绍了自然科学近 70 个主要学科的起源、发展历程、有杰出贡献的科学家、重大科技成就。

问题 278：英国伦敦研究者曾对世界 52 个地区的 1 万多人开展了食盐与血压关系的专题研究，结果找不到二者之间有任何"因果关系"。

问题 279：作为一个比较落后的大国，中国的残疾人有 5000 多万，约占全国总人口的 5%，像福利国家那样全由国家养起来是十分不现实的。

问题 280：他们呼吁国家有关部门对养虾业进行宏观管理，发展集约化经营，增加技术投入，从根本上改善海洋环境，改善养虾条件。

[S3-3]

問題 281：9月8日，第二届青藏高原国际公路自行车赛自青海省西宁发枪，翻过日月山文成公主当年回望中原处，开始了艰难跋涉，目标是5000里外的阳光之城——拉萨。

問題 282：前门大街是北京迄今剩留的古都风貌最浓郁、人文意蕴最深厚的保护区，因有两座巍峨的城楼的依托，使她更加价值无限，绝不能"铲掉重来"。

問題 283：麻风病，作为一种有着3000多年历史的慢性传染病，长期以来，由于没有特效药，病人患病后手脚畸形，鼻塌眼瞎，面目狰狞。

問題 284：在南非发现的一副南方古猿骨骼化石，可能在岩洞中埋藏了400万年之久，年代早于原先的估计，有可能为研究人类起源提供新的线索。

問題 285：普陀山的佛教文化开创于唐代，是我国佛教四大名山之一，首批国家级重点风景名胜区，以悠久的佛教文化历史和独特的海岛风光而驰名。

問題 286：过去八九年来，联合国成员国一直呼吁对安理会进行改革，许多国家认为安理会没有公平地代表联合国成员国，特别是发展中国家代表性不足。

問題 287：食用小麦的顺利出口，为河南小麦生产区庞大的库存找到了市场突破口，对优化河南省小麦品种结构、促进农民增收将产生积极影响。

問題 288：陈履生的作品，是典型的文人画，在轻松悠游的状态下，将自己的情感、趣味、修养、思想等等，借助于笔墨，表现于山水梅花。

問題 289：8月的欧洲是闲适的欧洲，因为此时许许多多的欧洲人正在休假，他们带领家人纷纷外出，或"上山下乡"，或漂洋过海，享受一个月的带薪假期。

問題 290：最近，纪女士有些郁闷，因为从医疗岗位退休的母亲竟迷上一种保健茶，不仅对其"疗效"深信不疑，常年饮用，而且积极向周围人推荐。

[S 3-4]

问题 291：河南湖雪面粉有限公司所在的许昌市盛产小麦，其小麦的产量和品质等都在全国处于前列，但是，从事小麦种植的农民收入增长却比较缓慢。

问题 292：近年来，从清华学生用硫酸泼熊、成都学生把小狗放进微波炉，到美貌少妇虐杀小猫，诸如此类的新闻频频见诸于报纸和网络。

问题 293：世界花样滑冰锦标赛上，中国选手申雪／赵宏博在双人滑自由滑比赛中再次获得第一名，从而夺得这次世界花样滑冰锦标赛双人滑金牌。

问题 294：白天，老人在养老日托中心由专业人员指导读书、娱乐，或与志愿者聊天解闷，排遣寂寞；晚上，老人们回到各自家中与子女共享天伦。

问题 295：现在很多地方，国外的教授来看了以后，说我们实验室的设备比他们的还好，说我们缺乏的不是条件，是脑袋，是思想，是一种执着追求的精神。

问题 296：我的导师让我做的第一件事，就是针对我想要研究的领域，去搜索当时国际上最新的进展，然后从中分析在这个领域里还有哪些目前尚未解决的问题。

问题 297：为纪念东晋著名书法家王羲之创作《兰亭集序》1650周年，4月6日，中日百名6－15岁的少年在绍兴兰亭参加了"天下第一书"书法大赛。

问题 298：为还原和保护著名风景区九寨沟的原始、自然风貌，从3月起，有关部门开始在景区内大规模拆除过去遗留下的经营性房屋。

问题 299：以香港大学为例，45％的师资来自国外，学生来自世界50多个国家，每年有不少于10％的学生，以交换生的身份到世界各地的名校学习。

问题 300：在新闻报道中，时常传递着空巢老人的悲哀:病在家中无人救，死在家中无人知……难怪老人们总是念到以前的老街坊，怀念曾经的四合院。

[S3-5]

問題 301：4月1日，日本东京城里的樱花已经开了一个多星期了，听说在城郊的多摩湖畔却正是樱花盛开的时节，于是我们几个同学约好一起去湖畔赏樱。

問題 302：我在北京地铁公厕曾看到一青年在大便后将冲水的水龙头拧开后便扬长而去，等我过去关上时水已放了一两分钟，不知白白流走了多少。

問題 303：陕西西安市青年路111号的居民，做梦也没有想到，7月28日，风雨声中，四楼走廊护栏突然部分坍塌；10天后（8月8日），护栏全部塌陷，楼房随之倾斜。

問題 304：由于泥沙淤积，河床抬升，黄河的堤坝越筑越高，一到汛期，人们就捏着一把汗，担心这条地上悬河会出槽漫堤，造成灭顶之灾。

問題 305：如今，童鞋追求运动化，鞋底底部多是弹性较强的橡胶底，有些童鞋的鞋面也采用帆布缝合，使童鞋轻便、耐磨、舒适。

問題 306：从客观上说，同世界强队相比中国花样游泳在技术水平和艺术表现力等方面的确还有不小的差距，这是我们必须清醒认识并要全力提高的。

問題 307：劳务派遣中出现的侵害劳动者合法权益的情况，很多并不属于劳务派遣机制本身的问题，而是现实中的有些做法与劳务派遣理论设计和政策规范相背离。

問題 308：中国要成为"世界工厂"，提高企业竞争力，打造"中国制造"品牌，必须加快培养和储备一支技术娴熟、手艺高超的技能人才队伍。

問題 309：本世纪以来，长江发生过3次严重的洪灾，共淹地1.2亿亩，淹死31.7万人，仅1954年水灾直接损失就达100亿元以上，间接经济损失无法估算。

問題 310：今后50年，仅按现在年均资源消耗量3.7亿立方米计，我国森林资源消耗量至少需要185亿立方米，为我国现有森林资源总量的1.6倍。

[S 3-6]

問題 311：成都是我国西部地区的经济中心城市，起着科技、商贸、金融中心和交通、通信枢纽的重要作用，与重庆一起构成一个成渝经济圈和城市群。

問題 312：在被视为信息高速公路雏形的国际互联网络（INTERNET）中，人们不仅能获取信息，也能发布和交流信息，"交互"和"自由"成了INTERNET的基本特征。

問題 313：在日本，小型车并不等于是低挡车，汽车厂商会花大力气研究提高发动机的性能、不断推出创造时尚轻便的新款式、制作精美新颖的广告大力宣传小型车。

問題 314：快餐作为解决人民群众一日三餐基本生活需要的大众化餐饮项目，近几年发展很快，已成为广大上班族午餐不可缺少的特殊服务项目。

問題 315：现在，越来越多国家的城市规划者已经意识到城市飞速扩张所带来的种种弊病，人们越来越关心在城市中如何保持人与自然的和谐共处。

問題 316：前不久，笔者村子里有位农民为使秧田不生杂草，去一家商店购回两袋"除草王"，和稻种芽同时下泥，结果草虽未生，秧也没出。

問題 317：仙鸟湖中有个甫庄岛，面积不足10亩，岛上有一所一至三年级的小学，20多名学生配一个教师，周围7个岛上的孩子都在这儿读书。

問題 318：诸葛亮的故乡在山东，这没有什么可争的，于是人们便在他的隐居地上做文章，襄阳人说隆中在襄阳，南阳人说卧龙岗在南阳，争得不亦乐乎。

問題 319：华人现在加拿大社会中的作用越来越大，这也预示加中经济联系将更趋活跃，加拿大的大学也希望参与这一互利合作的发展进程。

問題 320：普利司通轮胎公司，近日在北京展开了一次大规模的免费轮胎安全检测活动，帮助车主掌握有关轮胎的正确使用常识，提高安全防范意识。

[S 3-7]

問題 321：山东日照市近年来先后改造了 3 个大采石坑，蓄集地下水和周围雨水，建设湖滨生态公园，把昔日的城市"疮疤"，变成了一道道美丽的风景。

問題 322：人类的进化造就了文明的差异性即多样化，而地球进化的历史也证明：差异性和多样性比单一性、纯粹性有利于人类的生存和发展。

問題 323：山西襄垣县是个只有 23 万多人口的小县，很多企业效益不佳，财政也不宽裕，党政机关挤占企业生产资金购买小汽车，实在是错上加错。

問題 324：人民日报之所以能有一支高素质的记者编辑队伍，是因为有一个要求严格、力求上进的工作氛围，有一茬一茬人的传帮带。

問題 325：现藏于英国国家图书馆和法国国家图书馆的敦煌藏文文献是流失海外最大宗、最重要的民族古文字文献，具有重要史料价值。

問題 326：有的培训学校要求报名者事先交纳一笔价格不菲的学费，然后却以报名人数不足为由，拖延开班甚至不开班，但是拒绝退还已交纳的学费。

問題 327：以前是少数疑难重症、高难手术请北京专家，如今，大小手术都爱请北京医生，'北京专家'已成了地方医院招揽病人的幌子。

問題 328：为防止村干部当选后工作流于形式，使其真正成为群众致富的"领头雁"，河南浚县新镇镇在全县率先推行"村干部任前实习试用制"。

問題 329：春节前夕，山西省长治市郊区西白兔乡霍家沟村"欧式别墅小区"首期工程竣工，首批 32 户农家告别古旧老宅，喜迁新居。

問題 330：如今人们的生活是越来越好了，可是如果你注意观察，就会发现一些孩子变得越来越娇气，戴眼镜的"小大人"也越来越多……

[S 3-8]

问题 331:中国选手邓亚萍和乔红今天在这里进行的第三届全日空杯日本乒乓球公开赛中,以 2:1 战胜队友高军和乔云萍,获得女子双打冠军。

问题 332:贯穿亚欧大陆、绵延数千公里的古丝绸之路事实上并不仅是一条商贸道路,而是一条连接欧亚大陆的文化、经济、外交和社会的交流网络。

问题 333:我国科学家最近开发成功一种高性能服务器及中文操作系统,利用它可以进一步保障我国的信息安全,减少黑客袭击。

问题 334:据调查,我国 15-19 岁年龄组中,男性吸烟者因为好奇和追求时髦而开始吸烟的超过 80%;女性吸烟者仅因为追求时尚而开始吸烟者高达 50%。

问题 335:据了解,驻澳门部队有 20 多名女兵,分别来自北京、黑龙江、湖南、湖北等十几个省市,在部队主要从事医疗卫生和通讯保障方面的工作。

问题 336:有一种蛇,老百姓叫"五步蛇",按民间的说法,被蛇咬后走五步就死,很多村民被咬伤后,就让其他人用斧头把指头砍掉,命是保住了,但人也残废了。

问题 337:无论是德高望重的老专家老学者,还是年轻有为的中青年理论工作者,一致认为,十一届三中全会,开辟了我国社会主义事业发展的新时期。

问题 338:河北内丘县常丰村的大白菜滞销,23 日,突如其来的今冬第一场雪,让该村没有及时收割的数十万棵白菜困在雪地,菜农损失惨重。

问题 339:新疆特产哈密瓜经过科学家多年辛勤培育,如今已克服种种"水土不服"症状,走出故乡"南移东进",在珠海、合肥、厦门甚至海南等地"安家落户"。

问题 340:我的一位朋友每到用饭前总习惯地先将电视关闭,免得吃饭时电视里冷不防又冒出一个泄痢停"拉肚子"的广告而弄得大倒胃口。

[S3-9]

問題 341：卢森堡大公国大公储亨利7日正式宣誓即位，成为卢森堡大公国第六任大公，他是欧洲君主制国家中最年轻的在位君王。

問題 342：美国本周对汇市的干预虽然暂时抑制了日元贬值的趋势，但市场信心的恢复，还有赖于日本自身采取更有力的措施，来制止经济进一步恶化。

問題 343：3月26日《扬子晚报》报道，湖南省汉寿县某些中、小学强制使用私印的"校币"取代人民币，严禁学生校外购物，学校食堂、商店只认"校币"。

問題 344：欧洲的一些不法商人无视欧盟的决定，为牟取暴利，将一批英国牛肉重新包装并打上伪造的法文卫生合格标签，偷运到比利时，然后再从那里转口到其他国家。

問題 345：改革开放以来，我国邮政持续、健康、快速发展，邮政网络四通八达，覆盖全国，联通世界，通信能力明显增强，对外合作日益广泛。

問題 346：大约两三千名来自美国各地的黑人17日在华盛顿举行游行，要求美国政府对南北战争以前的奴隶制度以及此后的歧视政策向黑人提供赔偿。

問題 347：中日友好医院的疼痛门诊，积极引进日本等国家疼痛诊疗技术体系，为长期饱受疼痛折磨的病人提供了一套较为有效的治疗方案。

問題 348：在采访中，笔者发现，大多数消费者都有这样的看法：价格不是首位的，他们开始更多地考虑：降价的机型是否库存积压品，一两年后是否即遭淘汰？

問題 349：为了减少库存积压，北京大中电器城决定从6月14日至30日，对海尔、LG、科龙等品牌的空调实行降价销售，每台降价幅度在几百元左右。

問題 350：中国与阿富汗友谊源远流长，从张骞出使西域到玄奘西行取经，举世闻名的"丝绸之路"曾留下无数中阿友好使者的足迹。

[S3-10]

問題 351： 据媒体报道，4月8日，福建漳州龙海一出租房发生火灾，造成了9人当场死亡，多人受伤的恶性火灾事故，引起了公安部高层及各方的广泛关注。

問題 352： 如果尼泊尔能够充当起在亚洲两个大国之间的贸易桥梁作用，将不仅能够降低印中两国的双边贸易运输成本，而且会给尼泊尔带来新的贸易和投资机会。

問題 353： 连日来，浙江省温岭市的广大蔗农抓住近期雨后土壤湿润的有利时机，追施农肥、防治病虫害，以确保甘蔗快速生长，早日上市。

問題 354： 经过对咸阳西汉平陵陪葬坑出土动物骨骼的鉴定，可确认骆驼和驴这两种动物在公元前74年已经由西亚引入西安地区。

問題 355： 周建在北京打工18年了，现在是北京西城区金融街保洁队队长，负责西城区部分地区垃圾清洁，清理城市"牛皮癣"及白色污染等保洁管理工作。

問題 356： 武汉大学在校生朱某和胡某为购买考研试题，曾被网上诈骗者骗去4000元，发现自己被骗后便在网上实施相同的诈骗，获利5000元。

問題 357： "黑乌鸦"是东南沿海对一种"三无"铁壳船的称呼，这种船一般都涂成黑灰色，无船名船号，无船舶证书，无船籍港，专事走私活动。

問題 358： 创新可以说已成为一种英国文化，对于这一点，最好的注释便是英国教育的事实——仅剑桥这一所大学，就培养了60多位诺贝尔奖获得者。

問題 359： 日本淡路岛的一个小城镇，已有1/4以上的老年人加入了"在家保健医疗中心"，可坐在家里通过双向有线电视，直接与医生对话，按照医生的指示量体温、服药。

問題 360： 小说《红岩》的作者杨益言和罗广斌的夫人胡蜀兴今天在京将40余万字的手稿捐赠给中国现代文学馆，《红岩》各种文字版本的展览同时展出。

第四ステップ

第四ステップはレベル式論説体読解力養成システムのレベル7～8の問題文で構成されています。

論説体で一定の割合を占める、この1センテンス80文字前後の文では、難易度も一層高くなります。

まさに本当に実力がついたかを試されるレベルで、それ故に誰もがぶつかる厚い壁でもあります。

論説体読解力養成においては、中級から上級に上がるプロセスに相当、旧HSKなら8級以上の読解力に相当します。

このレベルをクリアすると、いよいよインターネットで中国語を使って情報が取れるようになります。

中国ビジネスに携わる人がこのレベルをクリアすれば、会社にとって欠かせない人材になるでしょう。

大学院などで中国関係のテーマを研究する人も、このレベルを突破して初めて中国研究者のスタート台に立ちます。

一方、このレベルの問題になると、その長さから、1つ1つのテーマが中国事情を知る個別情報にもなっています。

過去10年間の記事を中心に構成されているこれらの文章を大いに活用して、中国に対する理解も深めてください。

[S 4-1]

問題 361：这次纳斯达克指数大幅回落，使许多投资者遭受了巨大损失，但并没跌破他们对技术类股的信心，这是因为高新技术公司将继续推动美国新经济增长这一基本要素没有改变。

問題 362：医学研究表明，当人耳听到的音量较长时间达到一百分贝时，会造成不可恢复的听力损失，当音量高达一百一十分贝时，足以使人内耳的毛细胞损坏并且最终死亡。

問題 363：医学研究发现，经常饮用高温（80摄氏度以上）茶水有可能烫伤食管，而茶中的鞣质可在损伤部位沉积，不断刺激食管上皮细胞，使之发生突变，突变细胞大量增值后即可变成癌组织。

問題 364：有一次在课堂讨论中，学生谈到现在诚实的人总是上当吃亏，什么在某公司工作不久的一个大学生由于在商务洽谈中说了本公司产品成本的实话而被经理辞退等等。

問題 365：一些发达国家，用不长的时间就完成了本国标准用语的普及工作，而我们这个文明古国，普通话作为国家标准用语的法定地位确定已经快半个世纪了，但普及普通话的任务还相当繁重。

問題 366：宋如华无疑是一个成功的企业家，同时也是一个优秀的管理人才，1995年4月，他引进源于日本的事业部管理体制，在企业内部形成既竞争又合作的生动活泼的局面，使企业的效率得以较大提高。

問題 367：青藏高原有着极厚的地壳和复杂而独特的地质结构，记录了地球发展演化的历史和大陆裂解、漂移和拼合的丰富信息，成为产生地球科学新理论、新模式的关键地区。

問題 368：当前，从消费需求来看，我国人民生活正从温饱向小康过渡，城镇居民的食品、衣着、耐用消费品的消费已超过中等收入国家的平均水平，但是，交通、通讯的人均消费却属于最落后国家之列。

[S 4-2]

問題 369：贵阳曾是全国 3 个酸雨最严重的城市之一，空气中二氧化硫含量一度超过国家 2 级标准两倍多，一条全长 118 公里穿城而过的南明河，每天吸收 45 万吨污水和工业废水。

問題 370：我通过支援中国艺术家成立展览馆、向中国各地赠送樱花树苗等一系列文化交流活动，一方面表达了日本人民对中国文化的尊崇，另一方面也使这种精神融合渗透于日中经济交流之中。

問題 371：在巴西，本田已经投放了使用 100% 酒精的乙醇汽车，不过，目前制作乙醇的原料多是玉米、甘蔗等农作物，本田日前发布了全新的乙醇制造工艺，只用玉米秆等秸秆制作乙醇。

問題 372：由于波兰政府近几年来忽视本国农业，缺乏保护农业发展的措施，致使某些外国农产品大量涌入波兰，并以低于本国农产品的价格出售，严重冲击了波兰农产品市场，农民蒙受了巨大的经济损失。

問題 373：据介绍，目前一些调查公司所作的收视率调查，抽取的样本少的在 500 个左右，多的也不过 1000 个，而且分布地域极不平均，用这么少的样本怎么能获得准确的统计数字呢？

問題 374：1938 年 11 月 9 日夜间，德国法西斯分子对居住德国的犹太人发动突然袭击，一夜之间有上千座犹太人教堂被毁，数千家犹太人商店被枪砸，数万名犹太人被驱赶和杀害。

問題 375：北海既是我国 14 个沿海开放城市之一，又是列入西部大开发的 12 个省区中唯一同时拥有机场、铁路、高速公路和现代港口的城市，也是大西南最便捷的出海口之一。

問題 376：丁春雷强调说，许多人喜欢结伴边聊边锻炼，在健身器上一呆就是两三个小时，一不留神就将有助于健身的有氧运动做成了剧烈的无氧运动，不但健身效果不好，还容易造成运动损伤。

[S4-3]

問題 377：全国药品生产企业绝大多数为中小企业，整体管理水平不高，厂家设备闲置现象较为严重，如片剂只有30%左右生产能力被利用，低水平的重复生产在市场上的表现必然是恶性无序竞争。

問題 378：雅典奥运会后，鉴于对体操裁判打分的争议不断，国际体操运动联合会决心从规则上根除裁判人为因素对选手分数的影响，并拟订了改革方案，从2006年起施行。

問題 379：今年1月2日晚，在广州火车站东站巡逻的几名民警发现一个胸部、腿部异常发达的残疾人，经盘查发现，这个残疾人的胸部两侧、大腿内侧以及左上臂假肢内，塞满了一沓沓新版假人民币。

問題 380："死者入土为安"的陈旧观念在一些人的头脑里根深蒂固，让死者风风光光下葬，迄今仍被认为是后人尽孝的一项重要内容，即使有人不堪其重、其苦、其累，也无力或不敢去改变，否则乡邻耻笑，族人也不答应。

問題 381：江源县松树镇有一个以于占君为首的带有黑社会性质的犯罪团伙，这个犯罪团伙成员在当地持枪殴斗，枪杀无辜群众，偷税漏税，抢占井口，盗抢国有煤粉2000多吨，民愤极大。

問題 382：湖南境内的衡阳火车站，始建于1933年，站房设施陈旧，近年来超负荷的客流量，曾一度使衡阳火车站的混乱出了名，"火车好坐，衡阳难过"，即是这种状况的写照。

問題 383："文求堂"是本世纪初坐落在日本东京的一家汉籍专营书店，主人田中庆太郎先生（1880－1951年）是一位汉学者、版本学家，对日中文化交流作出重大贡献的日本文化人。

問題 384：电影市场的整体滑坡，使电影院的"老板们"清醒地看到：靠电影为本养活自己已是痴心妄想，必须顺应市场潮流，搞多种经营，以副为本，才是电影院自救的方法。

[S 4-4]

問題 385：浙江上虞市担山村聘请专业技术人员，改造过去挖泥烧砖遗留的废窑坑发展立体水产养殖，水面种蚌育珠，水中养殖鱼虾，既有效地利用了土地资源，又帮助农民增收，实现了小康。

問題 386：国内的例子，如上海星火农场所属农业公司，实行大米产加销一体化经营，把大米加工和销售环节的利润留在农业，使种水稻的农工年人均收入达到万元，超过了农场从事二、三产业人员的人均收入。

問題 387：在"行、住、游、食、购、娱"旅游六要素中，"购"是绝大多数旅游者皆有的花费现象，他们希望能在游程中买到有特色、有纪念意义的商品，或实用，或收藏，或馈赠亲友。

問題 388：伊朗群众 13 日在首都德黑兰等 11 个城市举行全国性反德游行，抗议德国柏林最高法院日前作出的关于伊朗最高领导人 5 年前下令在柏林暗杀 4 名伊朗库尔德反对派成员的判决。

問題 389：8 月 19 日，当延安市市长郑重地合上延安市下坪乡三志沟村的电源刀闸时，经久不息的掌声顿时在黄土高原上回荡，这标志着革命圣地延安市结束了无电村的历史，从此实现了村村通电。

問題 390：只有当体育成为一项大有可为的产业时，才会有更多的人才和物力投入体育，体育部门才有能力为全民健身创造条件，从而形成"社会体育社会办"的良性循环。

問題 391：如今，各种电器已进入千家万户，由于绝大多数电器产品的操作键用的是英文说明，这对有些英文基础的人来说，当然算不了什么，但对不懂英文的人来说，则无疑是个障碍。

問題 392：东南亚国家有坚实的经济基础、庞大的国内储蓄、高教育水准和充足的人力资源，宏观经济增长因素基本上没有被破坏，有处在最具经济活力的亚太地区的地缘优势。

[S 4-5]

问题 393：当前，企业普遍面临资金不足、人员负担过重等问题的困扰，有些企业更是困难重重，可是，它们还要承受名目繁多的收费、罚款、集资、基金和各种摊派，往往不堪重负。

问题 394：社会生活中我们并不缺乏这样的经验，即使是真有其事，经过甲传乙，乙传丙，丙传丁地这么一传，故事内容是越来越丰富，但离事情的原貌却越来越远，甚至面目全非。

问题 395：在一次意外事故中双腿被砸断、造成终生残废的农民李志远，15年来凭着一腔热血，拄着拐杖，挪一步爬两步，在荒山秃岭上种植桃、杏、杨等20多种果木，使荒山变得郁郁葱葱。

问题 396：共产党依靠人民群众的支持，在兵家视为死地、无山少水的冀中平原，依靠广大人民，用"地道战"、"地雷战"把不可一世的日本侵略军打得晕头转向，狼狈不堪，创造了中外战争史上的奇迹。

问题 397：促进国民经济持续、快速、健康发展，关键是实行两个具有全局意义的根本性转变，一是经济体制从传统的计划经济体制向社会主义市场经济体制转变，二是经济增长方式从粗放型向集约型转变。

问题 398：如果各地教育部门和学校能组织学生把用过的课本收集起来，捐献给家庭经济条件较差的新生和贫困山区的学校，不仅可以缓解目前中小学课本供应紧张的状况，而且也可以节约一笔相当可观的费用。

问题 399：墨西哥全国渔业协会二十日强烈要求美国取消禁捕金枪鱼法，自美国一九九一年实施禁捕金枪鱼法以来，墨西哥已蒙受高达七亿美元的经济损失，并造成三万人失业。

问题 400：李长和说，中国自拥有核武器的第一天起，就庄严宣布在任何时候和任何情况下不首先使用核武器，并与此相应，承诺无条件不对无核国家和无核地区使用或威胁使用核武器。

[S 4-6]

問題 401：7月1日，我看到，在东直门长途汽车站附近一个东北人正在烤制羊肉串，肉的颜色不对，放到炉火上略烤一会儿，一股令人作呕的臭味散发出来，但撒上调料后，难闻的气味便被掩盖了。

問題 402：在香港绑架杀害儿童、勒索巨款的重大逃犯王永悦，潜逃入境在重庆被我警方抓获后，今天上午，由国际刑警中国国家中心局在深圳皇岗口岸，向香港警方移交。

問題 403：我国最大的铜工业基地江西铜业公司的产品电解铜4月10日在世界最具权威的金属交易所——伦敦金属交易所一次注册成功，标志着中国电解铜质量经过几代人的艰辛努力，已达到世界级水平。

問題 404：黄河今年的1号、2号洪峰在向下游推进过程中合二为一，于8月20日23时到达入海口附近的山东利津水文站，洪峰流量为4100立方米每秒，今天6时利津洪水流量减小到3780立方米每秒，表明洪峰已安全入海。

問題 405：法国警方去年在对恐怖主义事件进行的调查中，发现被侦查的恐怖主义组织已经建立了一套完整的信息联络通讯系统，用精密的电脑程式传递情报，制订恐怖活动计划。

問題 406：作为社会主义现代化建设的组织者和领导者，领导干部无疑应该善于宣传发动群众，能够把道理讲得深入浅出，通俗易懂，形象生动，让大家易于并乐于接受，也就是要善说。

問題 407：北京市提出，要围绕新的经济增长点开发就业岗位，围绕发展奥运经济和重点工程建设推动就业岗位开发，通过深化城市社会管理体制改革，满足群众对公共服务的需要，拓展就业岗位。

問題 408：几天来，由于一些犹太定居者占据了靠近耶路撒冷定居点附近的山头，并计划在那里修建新的定居点，以政府派出警察和治安部队前去驱散这些定居者，双方发生了冲突。

[S4-7]

問題 409：鼻烟是何物，许多人并不知道，但今天在北京保利艺术博物馆开展的"中国鼻烟壶艺术展"，却让观众流连忘返：450件清代鼻烟壶精品玲珑剔透、精美华贵、色彩缤纷。

問題 410：梅崎春生的《樱岛》，以日本投降前夕的九州南端的海军基地樱岛为舞台，用几名通信兵面对军事失利、内外交困的惶恐不安，戳穿了战前官方编造的神话，还历史以本来面目。

問題 411：在刚刚结束的宁波国际羽毛球大奖赛上，中国羽毛球队获得全部五项冠军，尤其长期以来被称为中国羽毛球"软肋"的男双竟然勇挫众多世界顶尖高手，包揽了冠亚军，让国人振奋不已。

問題 412：在今年高考录取中，南京理工大学确定300多名自主招生入围者后，随即在网上公布了这些考生的名字和学校，有几名考生被举报，其所在中学出具虚假证明，将其平时成绩提高、名次前移。

問題 413：现代意义的母亲节源于美国，1907年，一位女士在母亲的追悼会上献上一束康乃馨花，她认为应选定一天为纪念母亲，并为之奔走呼吁，写了几千封信给国会议员等人士，终于1909年在美国确定了母亲节的规定。

問題 414：近些年，各地电视台的少儿节目有所增加，内容也从过去单调的动画片、少儿歌舞、趣味游戏等栏目向多元化发展，如幼儿戏迷、小记者采访团等新颖别致的栏目都让小观众们耳目一新。

問題 415：每年冬天，到野马放归地越冬的家畜多达20多万头（只），与野马争夺草料和水源的矛盾十分突出；另一方面，家马中的公马常常争夺野马中的母马，与野马中头马进行激烈争斗。

問題 416：一提九谷，记者的心中一沉，近年来，九谷已成为一个较大的毒品集散地，一些国际贩毒集团正是通过九谷向我国境内不断渗透，毒品的魔爪正日益狰狞地危害着包括中国在内的当今人类社会。

[S 4-8]

問題 417：青岛大学学位评定委员会第三次会议通过投票表决，对学校479名硕士及博士研究生导师资格进行了重新认定，有13人被取消了硕士研究生导师的资格，这意味着导师聘任终身制被打破。

問題 418：黄帝陵不仅被评为国家4A级景区，由西安通往黄帝陵的高等级公路也于去年全线贯通，使千沟万壑的黄土高原化为坦途，退耕还林还草工程的实施也使素面朝天的黄土高原正在变绿。

問題 419：首次载人航天飞行成功，使我国成为继前苏联和美国之后第三个独立自主地完整掌握载人航天技术的国家，为我国在激烈的国际竞争中赢得战略主动奠定了基础。

問題 420：韩国"不义之财"特别调查小组将配合司法机关，以财产登记是否属实为突破口，深入对非法致富高级公职人员进行实查，尤其是把个人财产转移到妻子子女处问题列为紧急查处对象。

問題 421：我国京沪两个重要城区——北京市海淀区和上海市浦东新区，9月24日在钓鱼台国宾馆签定有关科技、教育、人才、旅游等方面的交流与合作协议，以达到"强强联合，共谋发展"的目的。

問題 422：不久前，一个偶然的机会，我在北京朝阳公园的金台艺术馆结识了雕塑家袁熙坤先生，但更让我受到视觉冲击和心灵震撼的是来自世界各地的艺术家为北京奥运会创作的两千多件雕塑作品。

問題 423：瓜农不进城，城市少了一些垃圾，但是农民的瓜卖不出去，变成了垃圾，一季的辛劳和经济投入化为乌有；而市民购买西瓜不方便也不便宜，结果农民市民都不满意。

問題 424：人民币汇率形成机制改革以来，人民币对美元汇率有贬有升，双向波动，弹性明显增强，反映了国际主要货币之间汇率的变化，体现了以市场供求为基础和参考一篮子货币进行调节的规律。

[S4-9]

问题 425：日前，乌鲁木齐出台了一项市政管理的新规定：凡新建、改建、扩建的城市巷道，在交付使用5年内不得再挖掘；因特殊情况确需挖掘的，须经乌鲁木齐市人民政府批准，并加收1至3倍的挖掘修复费。

问题 426：回顾科学史上的许多重大发现，可以看到，科学家们几十年如一日、如痴如醉地潜心研究，很多人生前潦倒一世，身后才被追认，像伽利略更是为了真理献出了生命。

问题 427：中国气象局中央气象台今天下午发布暴雨警报和高温警报，提醒有关单位做好防汛工作并注意防范局地可能出现的泥石流或山体滑坡等地质灾害，同时注意高温天气带来的不利影响。

问题 428：在城市，城镇社区自治如雨后春笋般地发展起来，居民直接选举社区委员会，不仅做到自己管理自己，而且还评议有关政府公务员和职能部门的工作，使城市基层民主的内容进一步丰富。

问题 429：房价上涨与投机性购房相互推动：房价上涨带来了大家对房价不断上涨的期望值，投机和投资的人更多地进入，又进一步造成房地产的供不应求和房价的进一步攀升。

问题 430：农民深知自己缺信息、缺技术、缺市场意识，但又苦于无处求购各种养殖、种植类的技术资料和光盘，所以农民迫切需要一种集农药、化肥、农膜、种子、饲料和各类技术资料、光盘于一体的"农技超市"。

问题 431：俄罗斯人从小就受爱国主义、英雄主义的熏陶，一代一代传承不息，珍惜荣誉、争当英雄、随时为捍卫祖国而献身的理念，已经渗透到他们的民族历史文化中，融化在他们的民族性格里。

问题 432：在河南、山西等地举办的特价书市上，一些定价昂贵、包装精美并冠之以"精品"、"宝库"、"经典"、"全书"之类名目的大砖头书动辄便以一折或二折的低价销售。

[S 4-10]

問題 433：多年来，外界对天皇停止参拜靖国神社的原因有着种种猜测，7月20日日本公开的一些珍贵史料证实：昭和天皇不再参拜靖国神社的原因是不满合祭二战甲级战犯。

問題 434：石岩镇坐落在广东省深圳市西北一隅的羊台山脚下，机荷高速公路从镇中央穿越而过，它承载着石岩人的希望与寄托，将经济相对落后的石岩人艰苦奋斗，依托教育致富的良好愿望延伸向远方。

問題 435：几十年来，我国的自来水处理大都采用"絮凝－沉淀－过滤－消毒"的老工艺，其主要作用是去除水中的泥沙，降低浊度，提高清洁度；同时，也可少量去除有害有机物和无机物。

問題 436：为了将传统藏药和现代科技完美结合，以藏药更适合规模化生产，奇正藏药集团先后建立了"藏药与天然药物联合实验室"，并在林芝、甘南等地建立了3座GMP药厂。

問題 437：在电子信息百强企业发明和实用新型专利申请量排名前10位的企业中，华为以5043件高居榜首，基本相当于后9家企业申请量之和，而且，其专利申请以发明专利为主，占93.10%。

問題 438：密云县密云镇的刘某，几年前因犯罪被判有期徒刑8年，剥夺政治权利1年，今年从监狱服刑期满回来，面对破落的家心灰意冷：妻子与他离婚后另嫁，儿子也跟着妻子走了。

問題 439：在洋快餐中，虽然肯德基以急先锋的姿态在中国市场先声夺人，然而，随着竞争日益激烈的展开，随着消费者营养保健意识的增强，肯德基面临着如何保持品牌地位的挑战！

問題 440：为做大做强孔子文化品牌项目，山东省把国际孔子文化节办成融纪念、文化、旅游、学术等活动于一体的大型国际性节庆活动，被国家旅游局确定为国家级"中国旅游节庆精选"活动。

第五ステップ 5

第五ステップはレベル式論説体読解力養成システムのレベル9〜10の問題文で構成されています。

この1センテンス100文字前後の文は、論説体の中でも、そう多くはありません。もちろん難易度は更に高くなります。

このレベルは自分の実力の最終チェックです。これがクリアできれば、大学院を中国語受験しても、読解力は太鼓判です。

更に、インターネットから楽々情報が取れるようになり、自他共に認める中国情報通への路が開かれます。

翻訳のプロを目指す人は、ここからが勉強になります。日本語の語彙力や文章力の向上、幅広い知識の養成が不可欠です。

また、様々な翻訳を手がけるなら、論説体に限らず、異なる文体や、更には専門別、時代別の文にも挑戦して下さい。

中国語はきわめて造語能力の高い言語で、日々、新語が洪水のように生産されています。

また、外来語など全ての語を漢字で表現する中国語では、音訳と意訳をミックスさせた翻訳語がたくさんあります。

中国語を解読する、汲めども尽きぬその魅力を今後も末永く楽しんでください。ご健闘を祈ります。

[S5-1]

問題 441：对改革以来经济生活中出现的一些混乱现象，有的人认为这些混乱现象的出现是因为市场作用的结果，市场调节搞多了，所以，解决的对策就是要强化指令性计划，强调大中型企业必须以实行指令性计划为主。

問題 442：为避免和减少能源开发和利用引起的环境污染，促进能源、经济与环境的协调发展，"十五"期间我国将采取措施调整能源结构，提高清洁能源在能源消费中的比重，包括鼓励发展风能、太阳能、地热、生物质能等可再生能源。

問題 443：7月15日起，辽宁省270万女职工，包括进城务工的"打工妹"，都可以享受到与她们身心密切相关的女职工特殊权益保护，她们在经期、孕期、产期、哺乳期期间应该享有的工作安排、工资、福利待遇等权益，都将得到保障。

問題 444：上海申花队坐镇主场，但显然仍未摆脱上轮1∶6失利的阴影，尽管首发出场的谢晖在开场5分钟便破门得分，但不久以后深圳平安队抓住忻峰与守门员区楚良的一次配合失误扳平比分，双方最终战成1∶1。

問題 445：我国农作物秸秆产量每年有6亿－7亿吨，如果能够充分发挥它们的作用，通过秸秆入沼气池发酵产沼气，不仅沼气发酵原料不足的问题迎刃而解，充分提供农户所需的日常生活燃料，还可以消纳大量的秸秆，从源头上解决令人头疼的秸秆焚烧问题。

問題 446：黄河、恒河、尼罗河孕育了世界文明，而水患也像光与影一样紧随着人类，挪亚方舟这在西方家喻户晓的传说，我想是史前洪水在人类早期记忆留下的印记，而我们民族的女娲补天、精卫填海的故事也是人与洪水争斗的写照。

[S 5-2]

問題 447：在我国，硕士是作为一个完整的独立培养阶段，硕士生入学后，第一学年的很多时间会花在英语和政治的学习上，同时毕业论文也要花费半年到一年的时间，学生真正用来深入专门课程的学习的时间不多，两年或者两年半时间完成学业非常困难。

問題 448：普通老百姓对于政府的工作，理应本着"知无不言，言无不尽"的原则，多提批评意见和合理化建议，但如果言者谆谆，没有人听，或者听着一个耳朵进一个耳朵出，恐怕久而久之就没有人再仗义执言了。

問題 449：本报堪培拉8月20日电 记者李景卫报道：澳大利亚目前正在南极的冰天雪地里修建一条机场跑道，准备开通澳大利亚至南极的空中客运，从而改写人类乘船只、运输机前往南极进行科学考察和旅游的历史。

問題 450：上海长宁区虹桥街道虹储小区居委会开设了一个"时间银行"，小区内志愿者为别人提供服务的时间都"存"到这个"银行"中，在志愿者本人或家属需要帮助的时候，就能从"银行"连本带息把自己"积蓄"下来的"时间"取出来用。

問題 451：广州是一座常住人口加流动人口达千万的特大型城市，让人民群众安居乐业是各级党委、政府的重大责任，给市民安全感是建设适宜工作创业、适宜居住生活"两个适宜"城市的重要基准线，人民群众对治安状况的满意度是检验领导干部政绩的重要标准。

問題 452：我们研究两千五百年前的孔子学说以及传统儒学精华，这绝不是要复古，也不仅仅是要发一点思古之幽情，而是由于中国文化，特别是儒家文化，在解决当今世界的和平、发展、环境、人际关系等问题上，有许多理念可以提供给人们富有智慧性的启迪。

[S5-3]

問題 453：“反美主义”并非是反对普世的民主自由价值观，而是反对美国的错误外交政策和霸权主义行径；近年来美国有意利用"9·11"事件追逐全球战略利益，不惜破坏国际准则并造成人道主义灾难，因而激起全球"反美主义"盛行。

問題 454：六月八日下午，北京市西城公安分局与市局打拐办联合行动，经过十余小时的连续奋战，成功地将四名从贵州省被人以到宾馆当服务员为名拐骗至北京，并以收还车费为由，强迫进行卖淫活动的少女解救，四名犯罪嫌疑人全部被抓获。

問題 455：治淮的标志性工程和淮河防洪关键性工程——临淮岗洪水控制工程6日正式建成，这标志着淮河干流从此结束无控制性枢纽的历史，使淮河中下游防洪标准从不足50年一遇提高到100年一遇，沿淮人民的安澜梦想正变成现实。

問題 456：故事片《刮痧》讲述的是，赴美创业并小有成就的许大同将老父从北京接到美国，老爷子为治病给小孙子刮痧，却被美国医生误以为是身体伤害，政府机构以虐待儿童为由将许大同家人与孩子强行隔离，由此引发出东西方文化的强烈碰撞以及一段感人的亲情故事。

問題 457：北京市人口计生委有关人士表示，109∶100的比例是按照具有北京市户籍的婴儿计算的，而流动人口中出生性别比更是严重失衡，主要还是"重男轻女"的传统观念在作怪，"现在只有生一个孩子了，所以很多人都愿意要男孩。"

問題 458：一到过年，最想吃的就是我们壮族的大粽子，那种大粽子跟北京市面上卖的小三角粽子不同，形状如同鼓鼓囊囊的枕头，两三斤或四五斤一只，用绿豆猪肉作馅，还有十几斤重的，里面卧的是一整条猪腿，那可是绝对的"巨无霸"了！

[S5-4]

问题 459：毋庸讳言，目前，"办事难"已成为影响重庆发展环境的一大"顽症"，已成为市内外投资者和人民群众深恶痛绝的一大"毒瘤"，严重制约了重庆加快发展的步伐，各种各样的"办事难"问题已经到了痛下决心非抓不可的时候了。

问题 460：带薪休假不仅给个人以充裕的闲暇时间，同时还给予人们自由安排的权利，变公共假日的硬约束为个人休闲时间的软约束，在保证个人消费时间的前提下调剂开大众消费的峰值，造成"假日随人走"，好日子分着过。

问题 461：非洲的文化季风已吹遍世界的各个角落：艺术大师毕加索正是在非洲传统木雕面具的启迪下开创了"立体主义"现代绘画流派；当代西方的时装设计、流行音乐（特别是爵士乐、摇滚乐）、舞蹈戏剧等也都吸收糅合了活力四射、动感十足的非洲文化元素。

问题 462：各保险公司在订立人身保险合同时，应就保险合同的责任免除事项和退保处理等争议较多的事项，逐项向投保人解释清楚，退保金的数额或计算方法应在保险单或保险条款中列明，并要得到投保人或被保险人的书面认可。

问题 463：草地，尤其是草原土壤腐殖质层是北方主要的碳库，在碳循环中有巨大作用，保育草地是减缓全球变暖的关键对策之一；草地是有巨大价值的野生有蹄类草食性哺乳动物的家园，在生物多样性保育与合理开发方面有很大潜力。

问题 464：把过去的100多年称为"石油时代"似乎并不过分，因为人类的衣食住行，已经越来越依赖于石油；但石油也像传说中的那把达摩克利斯之剑，它在造福人类的同时，也在破坏着环境，其造成的污染正在使全球变暖、让海平面升高……。

[S5-5]

問題 465：专项整治开展后军车闯红灯、挤占公交车道、走应急车道和非机动车道、不按标志标线行使等违反交通法规次数大幅下降；从北京市公安交通管理局军车交通违法抄告的统计结果看，军车有意违反交通法规的已经十分少见。

問題 466：胡茂东，一个质朴、平凡的手艺人，当熊熊烈火吞噬了商厦、数百群众被困火场的那一刻，他连续6次冲进火场，从死神手中抢救出了11条生命，救火之后悄悄离开，甚至没有留下自己的姓名，但终因吸入了过多毒气，落下了一身的疾病……

問題 467：目前位于新疆东郊的较强冷空气将自西向东移动并将先后影响我国北方大部地区，受其影响，未来三天，新疆东部、西北地区东部、华北、东北地区、黄淮等地将先后出现4－6级偏北风，冷空气前锋过后，上述地区的气温将下降4－8℃。

問題 468：每到周末，不少大学生要做的第一件事是跑到校园的橱窗前，搜寻和选择由各个学生社团迭次推出的应接不暇的讲座、沙龙、晚会、报告会……大学生既在高校精深淳厚的文化薪传的涵育中成长，又以其蓬蓬勃勃的朝气和锐气在社团中酿出一个个异彩纷呈的校园文化亮点。

問題 469：低廉的劳动力成本是支撑我国经济20多年高速增长的一个重要因素，但目前这种比较优势格局正在发生变化：即大部分具备条件的农村富余劳动力已经转向城市非农产业就业，这改变了我国经济中劳动力无限供给的状况。

問題 470：我国科学家在安徽繁昌发现了一批距今大约200多万年的石制品，经专家鉴定后认为，这不仅是我国境内迄今发现的第一把"石刀"，也是已知欧亚大陆最古老的文化遗物，从而把人类在我国境内生活的历史向前延伸了30多万年。

[S5-6]

問題 471：专家指出，青少年性教育的好与坏，微观上可能影响一个人的一生，宏观上关系到我国人口、经济社会的可持续发展，因此应当动员全社会的力量，从学校、家庭到社会全方位共同构建一个良性的青少年性教育体系。

問題 472：普制金币是世界黄金非货币化后专门用于黄金投资的法定货币，一般采用固定图案，每年只更换年号，售价只是在金价的基础上加较低的升水，其经销机构在销售的同时也依据当时的金价收取较低的手续费进行挂牌回购，方便收藏和投资者变现。

問題 473：长江水利委员会近日宣布：对长江沿线329个监测点常年连续监测的最新数据表明，长江江水泥沙含量近年已出现全线下降趋势，初步扭转了20世纪后半叶泥沙含量逐渐增加的局面，我国治理长江水土流失目前已初见成效。

問題 474：许多小城镇不仅规划水准低，还乐于贪大求洋，一些小城镇本来面积就不大，可是，街道却要模仿北京的长安街；一些地方，基层政府互相攀比，盖办公楼成风，为了追求气派，修广场、建公园，全然不从居民的实际需求出发。

問題 475：东京三菱银行等4大银行集团去年一年个人存款增加6.1万亿日元，但存款增加的城市银行并不高兴，已经制定了"防止存款激增对策"，原因是眼下景气低迷，缺少优良贷款对象，存款一味增加导致管理成本上扬，经营业绩反而恶化。

問題 476：作为老师，首先要认识到，孩子毕竟是孩子，其天性中都有调皮的一面，教师应该以宽容之心循循善诱，对他们进行教育和引导，而不是打骂和体罚；其次，要理智对待孩子们的缺点，给他们改正的机会。

[S 5-7]

問題 477：虽然中国摩托车产量已连续几年居世界首位，摩托车行业的竞争已日趋白热化，但是，如果真正执行加入世贸后中国政府在保护知识产权问题上的承诺，严厉打击仿冒，中国摩托车产业产品开发的"软肋"将暴露无遗。

問題 478：冯其庸在70以后，为寻找玄奘"西天取经"的踪迹，曾十赴新疆，七登帕米尔高原昆仑之巅，复历古楼兰、罗布泊、塔克拉玛干大沙漠，渡弱水探黑水城，更直造祁连深处，到人之所未到，见人之所未见。

問題 479：为了培养更具有世界竞争力的人才，近年来，我国顺应世界教育改革趋势，将竞争机制引入中小学课程改革和教材编写过程，教育部主要负责课程标准和教材的审定，实现在国家基本要求指导下的教材多样化。

問題 480：假帐，最大的受害者是国家，虚假信息是造成国家宏观决策失误的重要原因，通过数字游戏，税收和国有资产非法流入了某些小团体或个人的腰包；另一个直接的受害者是股民，编造的可观的业绩和分红承诺，使投资人的满怀希望化为泡影。

問題 481：一般而言，65岁以上的男人有4／5死于心脏病，男人比女人更易于患心脏病，且患病的年龄偏低；如果家族中有人是心脏病患者，你患病的机率就会加大；吸烟者患心脏病的概率比不吸烟者高出两倍，被动吸烟也存在患心脏病的极大危险。

問題 482：鸦片战争后，尽管外国传教士来中国的动机确有出于传教热忱，也有为中国人民做了些好事的，但在西方列强侵略中国的大背景中，在其政治利益和经济利益与中国人民发生冲突时，一些传教士自觉或不自觉地站在侵略者的立场上，为本国政府效力。

[S5-8]

問題 483：名为《永远的邻居》的纪念文选是从1972年中日邦交正常化到今年为止的30年间在人民日报上发表过的文章和新闻报道中选编的，生动记录了中日两国的领导人以及广大的民间人士为推动中日关系的发展做出的巨大贡献。

問題 484：专家提醒，在手机拨号发射时不要急于靠近耳部，当与对话方接通后再靠近耳旁，以减少手机在上网发射瞬间所产生的高强度电磁波辐射；要尽可能减少手机的使用频率，在有座机的情况下，尽量使用座式电话。

問題 485：凡持有太平人寿急难救助卡的被保险人，在非居住地公出、旅游或探亲时发生意外伤害事故或突发疾病，只需拨打太平人寿SOS二十四小时救援热线，国际SOS救援组织就能根据规定的服务内容，迅速提供及时救助、特约医疗等综合服务。

問題 486：湖北人实在聪明，不知什么时候把魏、蜀、吴三国大战场的赤壁，同东坡先生谪居黄州写前后《赤壁赋》的地方，分为"武赤壁"与"文赤壁"，这样一来，把多年对赤壁在何处的许多争议都平息了，也使曾经的诸多误会变得有趣，变成一种文化景观。

問題 487：党的十一届三中全会以前，选拔任用干部基本上是单一的委任制或变相委任制，党的十一届三中全会以后，干部选拔任用工作中的"公平、公正、公开"日益受到重视，群众对于领导干部选拔任用的知情权、参与权、选择权和监督权在逐步扩大。

問題 488：白春礼在题为"21世纪中国科技发展与青年学者的历史使命"的讲话中说，历代革命先辈和科技人员从未放弃努力，从辛亥革命，经五四运动和新中国的建立，直至改革开放，中国已找到了一条以科教兴国为基础的兴邦之路。

[S5-9]

問題 489：由作曲家赵季平作曲、宁远作词的极富民族特色的《龙凤呈祥》——中华婚礼庆典主题曲正式诞生，这是我国第一次有组织地面向社会征集产生的第一首婚礼庆典主题曲，从今以后，新婚青年在举行婚礼时可以无偿使用。

問題 490：50年来，台湾同胞与祖国大陆同胞生活在不同的社会制度之下，双方对一些政治问题的看法不尽相同，但并不妨碍两岸同胞对统一的追求和对一个中国原则的认同，并不妨碍两岸对中国主权与领土完整是不可分割的默契和共识。

問題 491：今天下午，北京市政府食品安全办与海南省农业厅在海口签署了农副产品产销区域合作备忘录，北京市承诺所有农副产品批发市场及超市将安全向海南省优质农副产品敞开，不设置任何市场壁垒及地方保护政策。

問題 492：民间出现各种窃听器虽然质量不同，但危害都是一样的，它形成了人与人之间的不信任，使相互间产生隔膜和不安全感，进而造成人与人之间关系的危机，给国家带来了不稳定，同时也侵犯了公民的隐私权，我们将予以坚决打击。

問題 493：由来自公安部、北京市公安局等单位人员组成的专家小组经检查后认为，飞机有燃烧的痕迹是飞机坠落时发生爆炸留下的，遇难者遗体上的损伤多为机械撞击、油箱燃烧造成的，飞机没有认为爆炸和枪击的痕迹，空难初步排除人为破坏的可能。

問題 494：从社会发展的角度讲，社会文明发展到今天，人死后的尸体或者器官已成为社会的重要资源，如果尸体的拥有权和处置权归属于死者或者亲属，不仅不利于社会资源的开发应用，而且也不利于推动社会文明发展的进程。

[S 5-10]

问题 495：填补了我国电信史空白、世界第三代移动通信（3G）三大标准之一的 TD-SCDMA 标准，经过我国企业和科技人员数年的艰苦努力，目前已经具备大规模独立组网能力，系统设备基本实现了所有的功能和业务，且运行稳定。

问题 496：以于贵银和朱章波为首的 12 人犯罪团伙，从 1996 年 10 月以来，以个体煤矿为目标，在火车站、长途汽车站寻找同乡为"点子"，诱骗其下井挖煤挣钱，在一至三天内，便制造"冒顶"、"塌方"等事故，然后，犯罪团伙成员假冒"亲属"悲痛欲绝，向个体矿主索要高额抚恤金。

问题 497：《霸王别姬》在日本爱知世博会中心剧场上演时，拥有 3000 个坐席的剧场每晚爆满，最后一场还临时增加 200 多张站票；在日本东京涩谷果园大剧院，企业界、文化界、传媒界名流闻讯赶来，2400 个座位的剧场连续 8 场一票难求。

问题 498：为呼吁社会关注中华民族的母亲河，树立保护生态、珍惜水资源的意识，贵阳晚报社具有地理专业知识的记者罗万雄，于今年 4 月至 6 月徒步考察了黄河断流区，从黄河入海口到青海省的龙羊峡水库，进行了全流域的采访。

问题 499：百步亭社区一位负责人告诉记者，当社区把"无烟头、纸屑、果皮"文明创建的承诺告知居民后，社区居民纷纷响应，几年坚持下来，居民慢慢养成了不乱扔垃圾的习惯，即使别人扔了，马上就有人捡起来。

问题 500：1993 年温州提出"质量兴，温州兴；质量衰，则温州衰"的口号，如今，温州经济的壮大令人刮目相看，那个小小的柳市镇也成为中国低压电器之都，去年全国电网改造所选用的低压电器，有 50% 来自这个小镇。

語注

●第一ステップ

問題 3
　双峰野骆驼　　　野生のフタコブラクダ
問題 7
　补钙　　　　　カルシウムの補充
問題 8
　公历　　　　　西暦
問題 9
　发达国家　　　先進国
問題 11
　仲夏　　　　　陰暦5月
問題 16
　纽约　　　　　ニューヨーク
問題 18
　林肯　　　　　リンカーン
問題 19
　艾兹病　　　　エイズ
問題 22
　爱迪生　　　　エジソン
問題 23
　信息产业　　　情報産業
　朝阳产业　　　新興産業
問題 30
　铺天盖地　　　天下を覆う
問題 33
　数一数二　　　一、二を争う
問題 35
　头号　　　　　最大の、トップの
　稀土　　　　　レアアース
問題 40
　认同　　　　　同意、賛同
問題 42
　无惊无险　　　危なげない
問題 44
　打折　　　　　割り引く
問題 45
　孙中山　　　　孫文
問題 47
　国际承诺　　　国際的公約
問題 48
　质量　　　　　質、クオリティ
問題 49
　钻石婚　　　　ダイヤモンド婚

問題 50
　戛纳国际电影节　カンヌ国際映画祭
問題 52
　互联网　　　　インターネット
問題 55
　发案率　　　　事件発生率
問題 59
　高新技术　　　ハイテク
問題 66
　科技兴国　　　科学技術立国
問題 67
　新西兰　　　　ニュージーランド
問題 68
　缅甸　　　　　ミャンマー
問題 73
　胰岛素　　　　インシュリン
問題 74
　见诸报端　　　新聞に見られる
問題 75
　华尔街　　　　ウォール街
問題 78
　导弹　　　　　ミサイル
問題 79
　古巴　　　　　キューバ
　卡斯特罗　　　カストロ
問題 80
　非洲　　　　　アフリカ
問題 89
　荷兰　　　　　オランダ
問題 90
　逊于～　　　　～に劣る
問題 94
　绿色饭店　　　エコホテル
問題 95
　高速公路　　　高速道路
問題 96
　威尼斯　　　　ヴェネツィア
　独一无二　　　唯一無二
問題 98
　因人而异　　　人によって異なる
問題 99
　轿车　　　　　乗用車
問題 100
　防汛工作　　　洪水対策
問題 101
　低谷　　　　　（経済の）低迷
問題 103
　墨西哥湾　　　メキシコ湾

問題 105
　　机制　　　　　　メカニズム
問題 109
　　退休　　　　　　定年退職
問題 110
　　纱布　　　　　　ガーゼ
問題 112
　　劫机　　　　　　ハイジャック
　　嫌疑犯　　　　　容疑者
問題 113
　　新加坡　　　　　シンガポール
問題 117
　　自负盈亏　　　　損益を自ら負担する
問題 122
　　两位数　　　　　二桁
問題 124
　　需求　　　　　　需要、ニーズ
問題 125
　　奔驰　　　　　　ベンツ
問題 126
　　阿曼　　　　　　オマーン
問題 128
　　总量调控　　　　総量規制
問題 130
　　值得　　　　　　〜に値する
問題 132
　　古埃及人　　　　古代エジプト人
　　尼罗河　　　　　ナイル河
問題 134
　　起码　　　　　　最低限の
問題 135
　　西班牙　　　　　スペイン
　　水库　　　　　　ダム
問題 138
　　病历　　　　　　カルテ
問題 139
　　家装　　　　　　内装、インテリア
　　赛马券　　　　　馬券

● 第二ステップ

問題 141
　　计生委　　　　　計画出産委員会
　　赡养费　　　　　扶養費
問題 142
　　天然气　　　　　天然ガス
問題 143
　　外汇储备　　　　外貨準備

問題 144
　　波兰人　　　　　ポーランド人
　　冷战思维　　　　冷戦思考
問題 145
　　计算机　　　　　コンピュータ
　　网络　　　　　　ネットワーク
　　高校　　　　　　大学
問題 146
　　泰国　　　　　　タイ
問題 148
　　拍板　　　　　　決定を下す
問題 149
　　蝶泳　　　　　　バタフライ
　　蛙泳　　　　　　平泳ぎ
問題 153
　　瑞士　　　　　　スイス
問題 156
　　南极企鹅　　　　南極ペンギン
問題 162
　　整个经济　　　　経済全体
問題 165
　　软件　　　　　　ソフトウエア
　　拷贝　　　　　　コピー
　　光盘　　　　　　CD-ROM
問題 167
　　油轮　　　　　　タンカー
　　图纸　　　　　　設計図
問題 169
　　摊派　　　　　　（分担の）割り当て、費用分担
問題 170
　　彩电　　　　　　カラーテレビ
　　洋品牌　　　　　舶来ブランド、海外ブランド
問題 172
　　公元前　　　　　紀元前
　　斯巴达　　　　　スパルタ
　　伯罗奔尼撒战争　ペロポネソス戦争
　　雅典　　　　　　アテネ
問題 174
　　东盟国家　　　　ASEAN 諸国
問題 176
　　国库券　　　　　国債
問題 177
　　只是〜而已　　　〜でしかない
問題 178
　　一干二净　　　　きれいに、すっかり
問題 182
　　捐款　　　　　　寄付する
問題 184
　　母亲节　　　　　母の日

华盛顿	ワシントン		問題 215	
枪支	銃器		巴西	ブラジル
問題 186			女排	女子バレー
步履维艰	足元がおぼつかない		問題 219	
問題 188			缉毒侦查员	麻薬捜査官
股市	株式市場		乔装打扮	変装する
汇市行情	為替相場		問題 220	
看好	見通しが明るい		临盆	出産する
問題 192			問題 221	
航天事业	宇宙開発事業		底特律	デトロイト
問題 193			法兰克福	フランクフルト
果戈里大街	ゴーゴリ通り		巴黎	パリ
問題 195			跨国公司	多国籍企業
闽台	福建省と台湾		問題 222	
問題 196			元大都	元の都の大都
河西走廊	河西回廊		問題 223	
問題 197			电子货币	電子マネー
日元升值	円高		信用卡	クレジットカード
問題 198			問題 224	
老百姓	庶民		拉链	ファスナー
問題 200			問題 225	
把关	チェックする		看病难	医者になかなか診てもらえない
問題 202			問題 227	
苏伊士运河	スエズ運河		大男子主义	男性中心主義、亭主関白
問題 203			問題 228	
动漫形象	アニメキャラクター		劳动密集型	労働集約型
問題 204			問題 230	
新闻节目	ニュース番組		氮氧化物	窒素酸化物
問題 205			碳氢化物	炭化水素
原主任	元主任		光化学烟雾	光化学スモッグ
涉嫌～	～の容疑		問題 232	
挪用	流用、横領		根深蒂固	根強い
問題 206			問題 234	
金庸	人名。武俠小説の作者		马可波罗	マルコ・ポーロ
問題 207			意大利	イタリア
不可磨灭	不滅		問題 236	
問題 209			保鲜期	賞味期限
马来西亚	マレーシア		問題 240	
亚太地区	アジア太平洋地区		假冒伪劣商品	偽物粗悪品
問題 210			诉诸法律	法律に訴える
精打细算	綿密に計算する		問題 241	
想方设法	様々な方法を考える		莫斯科红场	モスクワ赤の広場
問題 211			肇事者	事件を起こした本人、張本人
港府	香港政府		問題 242	
数据	データ		不言而喻	言うまでもない
問題 212			問題 243	
一国两制	一国二制度		一蹴而就	一気に達成できる
問題 213			問題 246	
珠穆朗玛峰	チョモランマ		锦标赛	選手権大会

黑哨	八百長審判

問題 248
西门子	シーメンス

問題 249
晴雨表	バロメーター

問題 258
奥迪	アウディ
一系列	一連の

●第三ステップ

問題 263
空中客车公司	エアバス社

問題 264
知识产权	知的財産権

問題 265
世界卫生组织	世界保健機構（WHO）

問題 268
美元	米ドル

問題 269
波士顿	ボストン
遥感中心	リモートセンシングセンター
阿拉伯半岛	アラビア半島
沙特阿拉伯	サウジアラビア

問題 270
可乘之机	乗ずる隙

問題 271
假帐	ニセ帳簿

問題 273
女篮	女子バスケット

問題 274
关键时刻	大事な時期
发展中国家	発展途上国

問題 275
能源	エネルギー

問題 278
伦敦	ロンドン

問題 279
残疾人	身障者
福利国家	福祉国家

問題 280
宏观管理	マクロ管理

問題 281
公路自行车赛	自転車ロードレース
文成公主	人名。チベットに嫁いだ唐の皇女

問題 283
麻风病	ハンセン病

問題 286
联合国	国連
成员国	加盟国
安理会	安全保障理事会

問題 287
库存	在庫

問題 289
带薪假期	有給休暇

問題 290
岗位	ポスト、職場

問題 292
微波炉	電子レンジ
诸如此类	こういった類

問題 293
花样滑冰	フィギュアスケート
双人滑	ペア

問題 294
日托中心	デイケアセンター
天伦	家族の団欒

問題 300
空巢老人	子供に巣立たれた一人暮らしの老人
老街坊	ご近所
四合院	中国の伝統建築様式の名

問題 302
扬长而去	堂々と立ち去る

問題 303
护栏	防護柵、手すり
坍塌	崩壊する

問題 304
堤坝	堤防
汛期	増水期
地上悬河	天井川
灭顶之灾	壊滅的災害

問題 311
成渝	成都と重慶

問題 312
信息高速公路	情報ハイウェイ

問題 313
低挡车	低級車
汽车厂商会	自動車工業会
款式	デザイン、タイプ

問題 314
快餐	ファーストフード
餐饮项目	飲食アイテム
上班族	勤務労働者、通勤者

問題 315
和谐共处	調和し共存する、共生する

問題 318
做文章	工夫を凝らす、思案を巡らす

~得不亦乐乎	非常に~だ		源远流长	はるかな歴史がある
問題 319			西行取経	インドへ経典を求める
华人	現地国籍の中国系住民		問題 352	
加拿大	カナダ		尼泊尔	ネパール
互利合作	互恵協力		桥梁作用	架け橋の役割
問題 320			双边贸易	二国間貿易
普利司通轮胎	ブリジストンタイヤ		成本	コスト
問題 324			問題 353	
传帮带	伝授し、援助し、導く		蔗农	サトウキビ農家
問題 325			上市	市場へ出荷する
大宗	大量の		問題 355	
問題 326			牛皮癣	(貼ってある) ビラ
价格不菲	値段が高い、高額だ		白色污染	プラスチック汚染
問題 327			問題 357	
疑难重症	診断が難しい重症、難病		走私	密輸
幌子	看板		問題 358	
問題 328			剑桥	ケンブリッジ
领头雁	先導者		诺贝尔奖	ノーベル賞
問題 329				
别墅小区	別荘地区		●第四ステップ	
問題 332				
亚欧大陆	ユーラシア大陸		問題 361	
丝绸之路	シルクロード		纳斯达克指数	ナスダック指数
問題 333			問題 362	
服务器	サーバー		分贝	デシベル
操作系统	オペレーティングシステム、OS		問題 363	
黑客	ハッカー		鞣质	タンニン
問題 337			問題 364	
十一届三中全会	1978年の11期3中全会。改革開放の開始を告げた会議		商务洽谈	商談
			問題 368	
問題 339			温饱	衣食に不自由しない
哈密瓜	ハミ瓜		小康	ゆとりある生活
水土不服	気候風土に合わない		問題 369	
問題 340			二氧化硫	二酸化硫黄
冷不防	突然		問題 371	
倒胃口	食欲がなくなる		乙醇汽车	エタノール車
問題 341			問題 373	
卢森堡	ルクセンブルク		收视率	視聴率
大公储亨利	アンリ大公子		問題 374	
問題 342			法西斯分子	ファシスト分子
日元贬值	円安		犹太人	ユダヤ人
問題 344			問題 376	
欧盟	EU		健身器	健康器具
合格标签	合格ラベル		有氧运动	有酸素運動
比利时	ベルギー		問題 378	
問題 348			雅典奥运会	アテネオリンピック
库存积压品	過剰在庫品		裁判	審判員、審判
問題 350			人为因素	人為的要因
阿富汗	アフガニスタン			

問題379
　盘查　　　　取り調べ
　假肢　　　　義肢
問題380
　风风光光　　賑々しく、派手に
　尽孝　　　　孝の道を全うする
問題381
　黑社会　　　裏社会、マフィア
問題384
　痴心妄想　　妄想、夢物語
問題388
　伊朗　　　　イラン
　德黑兰　　　テヘラン
　柏林　　　　ベルリン
　库尔德　　　クルド
問題389
　刀闸　　　　ナイフ型スイッチ
問題390
　大有可为　　大いに将来性がある
問題394
　面目全非　　全く様変わりする
問題395
　郁郁葱葱　　青々と茂る
問題396
　地道战　　　坑道戦
問題399
　墨西哥　　　メキシコ
　金枪鱼　　　マグロ
問題400
　核武器　　　核兵器
問題401
　长途汽车站　長距離バス乗り場
　羊肉串　　　シシカバブ
問題402
　绑架　　　　誘拐する
　勒索　　　　ゆする
問題403
　注册　　　　登録する、登記する
　质量　　　　品質
問題404
　洪峰　　　　河の増水ピーク
　合二为一　　2つが1つに合体する
　水文站　　　水流観測所
問題405
　恐怖主义　　テロリズム
問題406
　深入浅出　　内容は深いが分かりやすい
　形象　　　　イメージ

問題408
　耶路撒冷　　エルサレム
問題409
　鼻烟　　　　嗅ぎタバコ
　流连忘返　　立ち去りがたい
問題411
　羽毛球　　　バドミントン
　软肋　　　　アキレス腱、弱点
　顶尖高手　　トッププレーヤー
　包揽　　　　そっくりさらう、独占する
問題412
　高考　　　　大学入試
　入围者　　　枠内決定者、合格者
　随即　　　　すぐに
　出具　　　　作成する
問題413
　康乃馨　　　カーネーション
問題414
　少儿节目　　児童番組
　动画片　　　アニメーション
　新颖别致　　ユニーク
問題415
　公马　　　　牡馬
　头马　　　　ボス馬
問題416
　九谷　　　　ミャンマーの地名。キュコク
　毒品　　　　麻薬
問題417
　硕士　　　　修士
問題418
　千沟万壑　　山や谷が縦横に走る
　退耕还林还草　耕地を森や草原に戻す
問題419
　载人航天飞行　有人宇宙飛行
　前苏联　　　旧ソ連
問題420
　配合～　　　～に協力する、～と連携する
　属实　　　　事実だ
問題421
　京沪　　　　北京と上海
問題423
　化为乌有　　水の泡になる
問題424
　形成机制　　形成メカニズム
　供求　　　　供給と需要、需給
　一篮子货币　通貨バスケット
問題425
　不得～　　　～してはならない、～を禁止する

問題426
　如痴如醉地　　一心不乱に
　伽利略　　　　ガリレオ
問題427
　山体滑坡　　　地滑り
問題428
　城镇　　　　　都市部
　社区　　　　　地域社会
　雨后春笋　　　雨後の筍
問題429
　房价　　　　　住宅価格
　房地产　　　　不動産
　供不应求　　　供給不足
問題430
　光盘　　　　　CD-ROM
　农膜　　　　　農業用フィルム
問題431
　俄罗斯　　　　ロシア
問題432
　大砖头书　　　分厚い本、大部な本
　动辄　　　　　ともすると
問題433
　甲级战犯　　　A級戦犯
問題435
　老工艺　　　　従来の技術、昔ながらの方法
問題436
　GMP　　　　　国際生産品質管理規範
問題437
　专利　　　　　特許
問題438
　心灰意冷　　　意気消沈する、肩を落とす
問題439
　肯德基　　　　ケンタッキー
　品牌　　　　　ブランド

◉第五ステップ

問題441
　指令性计划　　指令的計画、強制的計画
問題442
　"十五"　　　第10次5ヶ年計画
　能源结构　　　エネルギー構造
問題443
　进城务工　　　都会への出稼ぎ
　打工妹　　　　出稼ぎの若い女性、出稼ぎ女工
問題444
　主场　　　　　ホームグラウンド
　上轮　　　　　前回のラウンド、前節

　守门员　　　　ゴールキーパー
　扳平比分　　　同点に挽回する、タイに戻す
問題445
　沼气池　　　　メタンガス製造タンク
　迎刃而解　　　一挙に解決する
問題446
　恒河　　　　　ガンジス河
　挪亚方舟　　　ノアの方舟
　家喻户晓　　　誰でも知っている
　女娲补天　　　女媧、天を補う（神話）
　精卫填海　　　精衛、海を埋める（神話）
問題449
　堪培拉　　　　キャンベラ
　澳大利亚　　　オーストラリア
　机场跑道　　　滑走路
問題450
　连本带息　　　元利併せて
問題451
　安居乐业　　　安心して暮らし、働く
問題454
　打拐办　　　　誘拐対策室
　犯罪嫌疑人　　容疑者
問題455
　治淮　　　　　淮河の治水
　标志性工程　　象徴的工事、モデル工事
　控制性枢纽　　制御中枢
問題456
　故事片　　　　劇映画
　刮痧　　　　　民間療法の名称
問題457
　计生委　　　　計画出産委員会
　重男轻女　　　男尊女卑
問題458
　巨无霸　　　　ビッグマック
問題459
　毋庸讳言　　　ずばり言って
　深恶痛绝　　　ひどく憎む
　毒瘤　　　　　悪性腫瘍、ガン
問題460
　峰值　　　　　ピーク
問題461
　季风　　　　　季節風、モンスーン
　毕加索　　　　ピカソ
　立体主义　　　キュービズム
　爵士乐　　　　ジャズ
　摇滚乐　　　　ロックンロール
問題462
　人身保险　　　生命・傷害保険
　合同　　　　　契約

退保	保険の解約	
投保人	保険加入者	
保险单	保険証書	

問題463
碳库	炭素貯蔵庫
全球变暖	地球温暖化

問題464
达摩克利斯之剑	ダモクレスの剣

問題465
专项整治	特別一斉取締り
闯红灯	赤信号無視
公交车	公共バス
抄告	記録し、本人に通告すること

問題466
手艺人	職人
被困	立ち往生する

問題467
前锋	前線

問題468
橱窗	展示ケース
应接不暇	次々と応対しきれない
沙龙	サロン
异彩纷呈	それぞれが独自に輝く

問題471
可持续发展	持続可能な発展

問題472
普制金币	地金型金貨
升水	プレミアム
变现	現金化する

問題474
贪大求洋	大規模かつ洋風を好む
攀比	張り合う

問題475
贷款	貸付

問題477
世贸	WTO

問題478
帕米尔高原	パミール高原
罗布泊	ロプノール
塔克拉玛干大沙漠	タクラマカン砂漠
造	到達する
祁连	祁連山脈

問題480
分红	配当

問題482
鸦片战争	アヘン戦争
传教士	宣教師

問題484
手机拨号发射	携帯で発信する

問題485
公出	公務出張
探亲	里帰り、帰省
热线	ホットライン

問題486
东坡先生	蘇東坡、つまり蘇軾のこと

問題487
变相	形を変えた
知情权	知る権利

問題488
科教兴国	科学教育立国

問題490
两岸	中国本土と台湾
领土完整	領土保全

問題491
市场壁垒	市場障壁

問題492
窃听器	盗聴器
隐私权	プライバシー

問題493
油箱	燃料タンク

問題496
个体煤矿	個人経営の炭鉱
点子	的（まと）、ターゲット
冒顶	落盤
塌方	崩壊
抚恤金	補償金

問題497
果园大剧院	オーチャードホール

問題500
电网	電力ネット

練習問題訳例と解説

第Ⅰ部

[練習問題1]
1. 福建省は全国第2の華僑のふるさとである。
2. 不動産業は国民経済を支える産業である。
3. 人型ロボットは世界のロボット研究の目玉になっている。
4. 中国はサッカー先進国ではない。
5. 3月のツァイダム盆地はまだ一面の枯れ野原である。
   ○"一片"の使い方に要注意。広い範囲を示す「一面」といった意味に用います。
6. これからの競争はサービスの競争である。
7. イノベーションと実証性は科学的精神の両翼である。
   ○"与"は連詞（接続詞）にも介詞（前置詞）にも使います。
   ○"科学"はそのままで名詞や動詞を修飾できます。
   例）"科学研究"で「科学的研究」「科学的に研究する」
8. エイズとは道徳に関わる病ではなく、患者は何よりもまず被害者である。

[練習問題2、3]
1. 中国の耕地面積は18億2574万ムーである。
2. アメリカの武器輸出総額は113億ドルである。
3. 全世界の農作物貿易額は毎年1兆2000億ドルになる。
4. 日本の冷蔵庫、洗濯機のリサイクル率は50％以上である。
5. 割り箸は1膳1分余りである。
6. 高母村の昨年の1人当たり平均収入は1850元であった。
7. 現在、全世界の肺結核患者数は17億2200万人である。
8. 義務教育段階の児童、生徒は合計約1億9300万人いる。

[練習問題4]
1. 公民道徳を確立することは複雑な社会システムプロジェクトである。
   ○"系統"は組織だと「部門」といった意味に使われます。
2. 知的財産権戦略の実施は壮大なプロジェクトである。
3. バリアフリーの整備は都市のモラルが進歩した表れである。
   ○主語が長いとき、際立たせたいとき、よく、その後ろに","を加えることがあります。
4. 監督を強化することは司法の公正さを実現する重要な保障である。
   ○"是"があることで、その前の［動詞＋目的語］が主部になってしまいます。
5. 華榕スーパーグループはかつて著名な民間企業だった。
6. 今年はかんきつ類が豊作の年だ。
7. 障碍を持つ受験生の大学進学はもはや困難なことではない。
8. 民族精神は民族がその生存と発展を託す精神的支えである。

[練習問題5]
1. 中国のスポーツ市場は大変明るいと思う。
2. 海河、遼河の汚染はかなり深刻だ。
   ○"、"は並列を示します。
3. ロシアと中国の政治、経済関係はともに大変良好である。
   ○日本語の「みんな」は3つ以上に、中国語の"都"は2つ以上に使います。この場合、「みんな」とは訳せません。
4. アルゼンチンの自動車保有台数はかなり多い。
5. 大学院生は職探しをするものは減って、要求は高くなった。
   ○［形容詞＋"了"］は性質や状況の変化を示しますから、「少ない」ではダメです。
6. アフリカは発展途上国が最も集中している大陸である。
7. 生徒の授業負担が重過ぎることは基礎教育の大きな問題点である。
   ○"是"があることで、その前の形容詞述語文全体が主部になってしまいます。
8. アメリカは現在世界で情報技術が最も発達している国だ。
9. 日本の金融市場では規制が多すぎることが最も主要な弊害である。

[練習問題6]
1. 人というものは自分なりの信念を持っているものだ。
2. 中国とベトナムには伝統的な友好関係がある。
   ○"有"は状態動詞なので、話し言葉では"着"と併用されることはまれです。
3. 論文のブラックマーケットはすでに相当な規

模になっている。
4. 火星のたくさんの岩石にはすべて2種類の色がある。
5. 我が国の広告業の体質は大幅に向上した。
6. どの時代にも必ず相対的に苦しい産業があるはずだ。
7. 大連の西部はかねてから「リゾート地」と謳われている。
8. 北京の故宮には宮殿はあっても宝物がなく、台湾の故宮博物院には宝物があって宮殿がない。

[練習問題7]
1. 気候の温暖化は病虫害の流行と雑草の蔓延を激化させるだろう。
   ○"変"は様々な形容詞と結びついて動詞を作ります。例)"変大""変小""変长"
2. アメリカの対外的イメージは近年急激にダウンしている。
3. 北極の気候変動の足取りはたぶん加速している。
4. 1997年5月、北京で最初の馬蘭ラーメン店が正式に開店した。
5. 自動車修理市場は発展する潜在力を大いに備えている。
6. 日記を書くことは子供の作文レベルを高めることができる。
   ○"可以"は論説体ではよく"可"と1音節化します。
7. クローン技術はすでにクローン人間の段階に入った。
8. 1944年8月25日、ナチスドイツの蹂躙を受けたパリは解放された。
   ○"遭"は被害に遭う、よくない仕打ちを受ける場合に使います。

[練習問題8]
1. インディアンは一部の医学分野で独自の技術を持っている。
2. 中国は北京−上海間に初の高速鉄道を建設する。
3. 発展途上国は男女平等促進の面で著しい進歩を遂げた。
   ○論説体はリズムを尊ぶので、"的"は極力省略します。"显著的进步"より"显著进步"の方が4文字でリズムがよくなります。
4. 国連安全保障理事会は国際的危機を解決するために役割を発揮するべきだ。
5. 我が国に暮らす56の民族の中で、人口が比較的少ない民族が22ある。
   ○上記3と同様で、"人口较少"と"民族"の間の"的"が省略されています。
6. 近年、質屋が再び都市や農村で静かなブームになっている。
7. 4月22日、全国女子バレーオールスターゲームが蕭山体育館で開催された。
8. バングラデシュは世界でもっとも発展が遅れている国の1つだ。

[練習問題9]
1. アメリカは1929年の大恐慌を再現するのか？
2. トイレを1ヶ所リフォームするのにいくらかかるのか？
3. 中国の自動車産業には独自ブランドが必要だろうか？
   ○助動詞を使った反復疑問文です。
4. 高等学校で文系と理系のコース分けをなくすと、負担は重くなるのかそれとも軽くなるのか？
5. 外来診察の薬剤室を小売薬局が委託されて経営することは実現可能だろうか？
6. 人類の活動は現在と未来の気候をどのように変化させるのか？
7. 中国企業は西側諸国の「まず汚染してそれから対策を講じる」という従来のやり方を越えられるだろうか？
8. 日本は「美しい国」になるのか、それとも「危険な国」になるのか？

[練習問題10]
1. 一部の企業の赤字額は大きい。
2. ハイテク企業の成長性は高い。
3. 去年夏の包頭市の降水量は比較的多かった。
4. ここ数年、我が国の対外貿易の成長は著しい。
5. 我が国の主要な鉱物資源の確認埋蔵量は減少している。
6. チベットの水力発電の資源は豊富で、開発潜在力も大きい。
7. APECの参加国は発展水準の差が大きい。
8. 西部の一部地域では農村の貧困人口が多く、その程度も深刻である。

[練習問題11]
1. あなたはいかにして幸運をしっかり捕まえるのか？
   ○結果補語の"住"は、動作の結果、そこにとどまることを示します。
2. 政府はどのようにお金をちゃんと管理、使用するだろうか？
3. 洗剤を使わなくても服をきれいに洗えますか？

4. 我が国の都市人口の5分の1は大気汚染が深刻な環境に住んでいる。
   ○[動詞＋"在"＋場所]は、動作の結果、そこに定着することを示します。
   ○"有"については構文24（☞ p.024）を参照して下さい。
5. 彼は「幻想を捨て去り、闘いの準備をしよう」と呼びかけた。
   ○結果補語の"掉"は、動作の結果、なくなってしまうことを示します。
6. 地震は結局、北川中学を打ち壊し、たくさんの生徒の命を奪っていった。
   ○結果補語の"走"は、動作の結果、その場から消え去ることを示します。
   ○中国語では小中学生でも"学生"。日本語では中高生は生徒、小学生は児童になります。
7. 農村の多くで、牛の鳴き声や馬のいななきが聞こえるような景色はすでに目にしにくくなった。
   ○"见"は感覚器官でキャッチしたことを示します。例）"听见"（聴覚）、"闻见"（嗅覚）。
   ○"难"は動詞の前に使われると、「〜しにくい」という意味になります。
   ○文末の"了"は文全体が説明しているような状況に変化したことを示します。
8. 信用は企業のいのちであり、商品の質は商店の信用に直接関わる。
   ○[動詞＋"到"＋場所]は、動作の結果、動作の対象に届いたことを示します。

[練習問題12]
1. 3月10日、ベルリンに大雪が降り始めた。
   ○"起"は動作が開始されることを示します。
   ○自然現象文ですので、日本語では主語に当たる語が目的語の位置に置かれます。
2. 以下の文を書き直して、余分な細かい箇所を削除しなさい。
3. 上海の6名の陳情者が公安の追跡を逃れ、香港にやってきた。
   ○"开"は離れる方向を示します。
4. 言うのは簡単だが、やってみると難しい（言うは易し、行うは難し）。
   ○"起来"はある動作に取り掛かるときによく使います。
5. 私は正々堂々と生きていきたい。
   ○"地"は状況語（連用修飾語）を導く構造助詞です。
   ○"下去"はある時点以降も動作を継続していくことを示します。
6. この刀は祖父のそのまた祖父から伝わるものだ。
   ○"下来"はその時点まで動作が続いてきたことを示します。
   ○"这刀"は間の量詞が省略されています。
7. インドが追いついてきたら、我々はどうするのか？
   ○"上来"はくっつく方向を示します。
8. たくさんの白菜が都会に運び込まれ、またゴミとなって運び出されていく。

[練習問題13]
1. お金で愛は買えない。
2. 問題がある企業は東莞市では生き残れない。
3. 彼はスポーツマンの手本とは言えない。
4. 半数の大学生が古琴と古箏をはっきり区別できない。
5. どのようなシャッターを買えば安全と言えるのか？
   ○"〜才…"「〜して、それではじめて …だ」「〜してこそ …だ」。
6. 私たちの仕事も生活もハイテクと切り離せない。
7. 韓国の街をぶらついても、ほとんど外車を目にすることができない。
8. この荷物、持ち上げられますか？

[練習問題14]
1. 彼は中国語を話すのが上手い。
   ○様態補語をうまく訳せないときは、「〜するその仕方が…だ」「〜して、その結果…という状況だ」と訳してみましょう。どちらかでうまく意味が取れます。
2. 武当山は宣伝がまだ充分ではないと思う。
3. 朝鮮半島の情勢は今や緊迫している。
   ○"如今"は過去と比較した今です。「今では」。
4. 一部の幹部は毎日の報告をいい加減にやっていた。
   ○この"将"は話し言葉の"把"と同じで、目的語を動詞の前に引き出します。
5. 長城ブランドの液晶ディスプレイはインターネットカフェで多く使われているだろうか？
6. 最近の子供の上海語は全く様になっていない。
   ○"太〜了"は強調構文です。
7. 中国とロシアの戦略的パートナーシップはきっとさらに良くなっていくだろう。
8. 1ヶ月の間バージョンアップしていないアンチウイルスソフトは名ばかりになるだろう。

[練習問題15]
1. 中国はどこに行くのか？

2. 現在の社会治安情勢には不安にさせられる。
3. 喫煙によって毎年世界で 300 万人の命が失われている。
   ○ "使"は動作の結果を示す使役が多く、その場合、「～させる」より、「によって～となる」と訳したほうが訳しやすいことが多い。
4. 化学肥料資源は去年より 400 万トン近く増加した。
   ○「400 万トンに増加した」と誤訳しないように。"増加到"ではありません。
5. 外資の導入は量より質重視へと転換しなければならない。
   ○助動詞、副詞は原則として介詞の前に置かれます。
6. 日本では毎日中国の経済発展に関するニュースがある。
7. 早期ガンの手術治療は患者にもたらす痛みが少ない。
8. イラクの今後はイラク人によってのみ決定することができる。
   ○この"由"は動作、行為の主体者や責任者を示します。

[練習問題 16]
1. 中東欧地域に対するドイツの輸出は急速に増加している。
2. 中東問題における EU の立場は変わっていない。
   ○ "没有"は、動作がまだ実現していないことを示すので、「変わらない」では間違いです。
3. 失敗が私に教えてくれたことは成功よりも多い。
4. 経済発展に対する技術的進歩の重要性は疑いの余地がない。
   ○ "是～的"は構文 17（☞ p.017）参照。
5. インフラ分野における中国の巨大な需要はまだ 20 年は続くだろう。
   ○日本語の需要と供給は"需求"と"供応"、需給は"供求"で、中国語の"需要"は多くの場合「～を必要とする」という動詞。
6. 私たちは台湾問題を平和的に解決しようという中国の立場を称賛する。
   ○「平和」は中国語では"和平"。日本語の「和平」は停戦を意味し、中国語では"停火"。
7. ドイツマルクに対する米ドルのレートが 38 ヶ月ぶりの最高値に上昇した。
8. 国有銀行に対する劉さんの全体的な印象は、人が多すぎてスピードもかなり遅いというものだ。

[練習問題 17]
1. 我々は人民に奉仕するのである。
2. 人の悩みとは尽きることがないものだ。
3. 会見は友好的な雰囲気のなか行われた。
4. 今回の調査は 10 月 12 日から始まった。
5. 最先端のハイテクの成果は金で購えるものではない。
6. 事故はすべて思いも寄らない状況で起こるものだ。
7. 現代的意味での慈善事業とは民間が主導するものだ。
8. 孫悟空は幾重ものプレッシャーのもと、一歩一歩成長したのだ。

[練習問題 18]
1. 気候の変化は急速に、人類が直面するもっとも深刻な問題になりつつある。
2. ドイツには現在約 9000 人の暴力的極右分子がいる。
   ○ "有大约 9000 名有～"については構文 24（☞ p.024）参照。
3. 私たちは台湾の同胞が平穏に暮らす環境にあることを心から望んでいる。
4. スポーツ産業は市場経済が発達した一部の国で発展が特に目覚しい。
   ○ "尤为"：様々な 1 音節副詞に"为"がついて 2 音節化し、後ろに 2 音節の形容詞を取って 4 音節のリズムを作ります。例）"最为""稍为""较为"
5. 災難とは人類の歴史に寄り添う永遠のテーマであると言える。
   ○［"与"～"相"＋V］「～とVする」は常用構文。
6. 彼は祖国のために多くの化学研究の専門的人材を育てた。
7. 王林は今年新しい「嘉陵」90 型バイクを買った。
8. 我が国は近々一連の新しい外為管理政策を打ち出す。

[練習問題 19]
1. 車椅子で坂を上り下りするのに、どんな手助けが必要ですか？
2. 砂埃のない工事現場なんて見たことがありますか？!
3. 今ではテレビのチャンネルが増え、番組も多くなった。
4. アリストテレスは、人間は理性的な生き物である、と早くから指摘していた。
5. 我々はあらゆる国々に対して中国の立場を説明した。
6. 中国には列強の侮辱を嘗め尽くした辛い経験がある。

7. 鳥がいなかったら、多くの食物連鎖が分断の危機に直面する。
8. 私と弟はいつもよその人がくれた服を着て学校に通った。

[練習問題20]
1. 中国とアメリカの間には幅広い共通の利益が存在している。
2. 中秋節の夜、小都市マカオの街は至るところ色濃い伝統的な祭日の雰囲気に溢れていた。
3. 今のところ一部の国有企業にはまだ多くの困難や問題が存在している。
   ○ "部分"は「一部の」、"一部"は小説、映画などの数量詞。
4. 海抜5000メートルに達すれば、一般人はみな酸欠状態になる。
5. 一部の地域で「テーマパーク」ブームが巻き起こった。
6. 上海という都市の姿にはまさに驚くべき変化が生じている。
7. 中国のテニスのレベルは国際的なレベルと大きな開きがある。
8. 北京師範大学は古書の香りが漂う学問の殿堂である。

[練習問題21]
1. アルコールは徐々に脳および神経系統の反応を鈍らせる。
   ○ "逐渐"は話し言葉の"渐渐地"に相当します。
2. 私たちの仕事は庶民により良い暮らしをしてもらうことだ。
3. 我が国の電信事業の発展速度は世間の人を注目させた。
4. これが張先生がみんなに読むように言っていた化学の論文ですか？
5. 18歳の子供は、自立して大学生活に対処するように仕向けるべきだ。
6. アメリカ経済の低落傾向によって、国際市場は大変緊迫した状況下に置かれた。
7. 冷戦の終結と東アジア、南アメリカ経済の発展はイギリスに新しいチャンスをもたらし、世界の貿易自由化を可能にさせた。
   ○ "给～带来…"「～に…をもたらす」は常用イディオムとして覚えておきましょう。

[練習問題22]
1. 父は3歳の時に他人に売りとばされた。
2. 数年前は一様だったダウンジャケットがすでにカラフルなファッションに取って代わられている。

3. 青空、雲、雪山……美しいチベット高原に人は惹きつけられる。
4. 人々の生活環境は急速に改善されている。
5. 殷墟は中国史上に依拠すべき文献があり、かつ亀甲獣骨文と発掘によって実証された最も古い古代都市遺跡である。
6. 中国サッカーの懸案は主導権を握ることをおろそかにしていることで、実力上の優勢が精神面の脆さによってしばしば相殺されてしまう。

[練習問題23]
1. 今年我が国で降雨量が多い地域は去年より広範囲にわたるだろう。
2. 中国とアメリカの関係が現在のように良かったことはかつてない。
   ○ "像～这样"で「～のように」。
3. 座して優遇政策を待つよりも、着実にやっていくほうがいい。
4. 今年のアメリカの穀物収穫高は去年をやや上回ると見込まれる。
5. 今年インドネシアで大規模な森林火災に見舞われる地域は昨年より広くなり、東南アジアの国々が受ける被害も昨年より広がるだろう。
   ○ この"要"は比較文に用いられ、推定する気持ちを示します。
6. 中国チームはシュート、コーナーキックの数はともに韓国チームより少ないが、ゴールキーパーのセーブ数だけは相手を上回っている。

[練習問題24]
1. 我々の目の前には歩むべき長い道がある。
2. 日本の新しい世代の中で多くの人がアメリカ式の教育を受けることを切望している。
3. どの国にも、直面する困難を他の国が解決するのを手助けする責任がある。
4. 多くの企業の社員が技術を持ちながらリストラされ、能力を発揮する場所がない。
5. イギリスではここ数年、万にも上る国防工業の労働者が失業している。
6. 世界上位50の有名ブランドの中にひとつも中国のものはない。
7. 舞踏が芸術の母と呼ばれていることに疑問を呈する人はいないようだ。
8. 他国の内部事情に干渉する権利を持つ国はひとつもない。

[練習問題25]
1. 中国の大きいことは広く知られている。
2. 大自然の残酷さは人の心を震え上がらせると

言ってもかまわない。
3. 八家梁村は山は高く谷は深いため、村民は飲み水に困っている。
4. 今日のアメリカの賭博産業は日の出の勢いと言える。
5. 水資源の無駄遣いは随所にみられる。
6. ここ数年、一部の地域では盛大に葬式を行う風潮が拡大しつつある。
7. アジアが発展する道は決して順風満帆ではない。
8. 今年68歳の石述柱は民勤県で知らぬ者がない砂漠化防止の英雄である。
9. ここ数年、公益事業はかつてない振興と発展を遂げた。
10. 彼は5万冊余りの本や雑誌を分類し秩序立てて整理した。

[練習問題26、27、28、29]
1. 市場が求めているものを生産する。
2. 海があるところには、必ず中国人がいる。
   ○ "华人"は2通りの意味で使われます。①華僑に対して、現地国籍を有する中国人という意味で使う場合。②内外を問わず全ての中国人（＝中華民族）。
3. 政治学には基本原則がある。それは権限を与えたものが責任を負うということである。
4. 我が国における食品の安全性の見通しに不安がないはずがない。
5. アヒルの足は本当においしいよ。この世のどこにこんなにおいしいものがあるだろう？
6. 農民を豊かにするには農民の数を減らさなければならないことは実践が証明している。
   ○ "要～，必须…" 「～しようとするなら…しなければならない」の "要" が省略されています。
7. 大人の世界は幼い子供たちにとってしばしば最も魅力的だ。
8. 農業生産品の国際競争はつまるところ、農業の近代化レベルの争いである。

[練習問題30]
1. 改革を深化させなければ活路もない。
2. 風力発電は天候によって成り立っており、風さえあれば発電できる。
3. 経済発展がなければ、政治的権利も語れない。
4. 医療チームは甘粛省南部の被災地に到着するとすぐに緊急救助活動にとりかかった。
5. 欧米諸国の歌劇は音楽的要素が強いため、見て解らなくても音楽を聴けばそれでいい。
   ○ "～就行了" で「～であればそれでよい」。
6. ある社会でもし創意工夫がなくなれば、その科学技術の発展も停滞するだろう。
   ○ "其" は論説体常用の代詞です。
7. 人間社会が存在する限り、人権は人々に関心を持たれる。
8. 農民が満足に食べられなければ、生態環境は維持しがたい。

[練習問題31、32]
1. 大地に水があってこそ生命がある。
2. どうしたら農民の安定した増収が見込めるのか？
   ○ "～才能…" を「才能」と取ってしまうのは初心者がよくやる間違いです。「～してそれで初めて…できる」。
3. 果実の樹の接ぎ木は苗の時から始め、数年でやっと実がなる。
4. 企業は、製品の質を自らの命と見なしてこそ発展できる。
5. 一銭もなくても大学に進学できる。
6. 竜徳強は字を書く力さえもなくなった。
7. たとえさらに苦労するとしても後悔はない。
   ○ "再" は「さらに、もっと」。
8. 新疆の多くの農牧民は住居の問題すら解決されていない。

[練習問題33、34]
1. 企業間の人材競争は以前のどの時期よりも激しくなっている。
2. 台湾で誰が政権を握ろうと、我々はその人物が大陸に来て話をすることを歓迎する。
3. 日中関係は現在においても長期的視野においても非常に重要である。
   ○ "无论A还是B都～" で「AであろうとBであろうと皆～だ」。
4. 企業が生き残り、発展しようとするなら、優れた人材がいなくてはならない。
5. 情報を手に入れようとするならまず世界とネットでつながっているパソコンを持たなくてはならない。
6. 農業は市場に適応しようとするなら、構造調整をしなければならない。
7. 中国女子ソフトボールが数十年かけて証明したことは、ある事柄を成し遂げようとするなら、自発的に無私の精神で奉仕する人たちがいなければだめだということだ。
   ○ "有所成就" の "所" は動詞の前に置かれ、名詞化させる働きがあります。
   ○ "～才行" で「～してそれで初めてOKだ」「～でなければダメだ」。

［練習問題35、36、37］
1. 中国の善隣友好政策は便宜的な策ではなく、長期的方針である。
2. 梅蘭芳氏の演技は彼個人のものではなく、我々中華民族のものであり、また世界のものだ。
　○"属于～"で「～に属する」「～のものだ」。
3. 彼の家には冷蔵庫、ソーラー温水器だけでなくパソコンもある。
4. 長江は我が国の中部、東部、西部を横断する運輸の大動脈であるだけでなく、さらに人々があこがれるゴールデン観光コースでもある。
5. イギリスはヨーロッパから離れられないし、またあまり束縛されるのも望んでいない。
6. 現代の太極拳は中国古代の太極拳文化を間接的に継承してきただけでなく、現代の人々が絶えず革新を加え、現代的に発展させてきた新しい成果でもある。

第Ⅱ部

［練習問題1］
1. 安全生産の責任は泰山よりも重い。
　○"重于～"で「～より重い」。
2. 世の中、面倒と言って、行政に勝るものはない。
　○"莫过于～"で「～に勝るものはない」。
3. リンゴの皮を食べるとガン予防に効果がある。
　○"有助于～"で「～の助けになる」。
4. 野菜や果物の価格は安定に向かっている。
　○"趋于～"で「～に向かっている」。
5. 政府の一切の権力は人民に由来する。
　○"来源于～"で「～に由来する」。
6. 環境に対するパソコンの影響は飛行機にも劣らない。
　○"不亚于～"で「～に劣らない」。
　○"电脑对环境的影响"については第Ⅰ部構文16（☞p.016）参照。
7. フィレンツェは芸術の都の名に恥じない。
　○"无愧于～"で「～に恥じない」。
8. 流動農民は変化に富んだ層である。
　○"富于～"で「～に富んでいる」。
9. 周黄村の変化は農村クリーンプロジェクトのおかげである。
　○"得益于～"で「～のおかげだ」。
10. 葛庭燧は金属物理学の発展に生涯力を注いだ。
　○"致力于～"で「～に力を注ぐ」。
11. 我が国では毎年心臓血管病による死者が300万人近くに達する。
　○"死于～"で「～で死ぬ」。
12. 昨年我が国の観光収入はGDPの5.2％に相当した。
　○"相当于～"で「～に相当する」。
13. 我々は災いを未然に防ぐ重要性を一層認識すべきだ。
　○"防患于未然"で「災いを未然に防ぐ」。
　○"更加"は"更"を2音節化させてリズムを整えた形。"更为"も使います。
　○"认识到"の"到"は結果補語として動詞の後ろに置かれ、その行為が対象物に届いたことを示します。
14. クレムリン宮殿は1156年のイワン3世統治期に建設が始まった。
　○"建于～"で「～に建設された」。
15. 寒冷前線は25日午後華北部一帯にある。
　○"位于～"で「～に位置する、ある」。
　○数量詞"一股"の文中の位置については第Ⅰ部構文18（☞p.018）参照。
16. ゴルフは体質を強化するのに役立つ健康スポーツである。
　○"有利于～"で「～にプラスだ」。
17. B株市場に投資される資金の総量はかなり大幅に増加するだろう。
　○"投资于～"で「～に投資する」。
　○"将"はこれから起こることを示す論説体専用の副詞。辞書には「まもなく」とありますが、同じ近未来でも日本語の「まもなく」より幅が広いので、いつも「まもなく」と訳すと火傷します。
18. "实事求是"（実際の状況に鑑みて問題を正しく処理する）という言葉は、最も早くは『漢書何間献王伝』に見られる。
　○"见于～"で「～に見られる」。"见"は英語のsee同様「目に入ってくる」。
19. 企業の経営業績と発展状況はすべて外部要因によって決まるというわけでは決してない。
　○"取决于～"で「～によって決まる」。
　○"并不～"で「決して～ではない」。
20. 多くの国が中国医学の存在を認めながらも、補助的立場に置いているにすぎない。
　○"置于～"で「～に置く」。

［練習問題2］
1. 呉震亜氏は香港と大陸の運輸協力を促進するために尽力した。
2. 雲南省には6000種余りの薬草があり、薬草王国と讃えられている。
　○"被誉为～"で「～と讃えられる」。
3. 北京国安サッカーチームは北京ヒュンダイ自動

車サッカーチームに改名した。
○"更名为～"で「～に名前を変える」。この"更"は第1声に読みます。
4. 中国は一貫して経済建設を中心とし続けてきた。
5. 日本に対するインドの貿易赤字は大幅に縮小した。
○"印度同日本的貿易逆差"を「インドと日本の貿易赤字」と訳さないようにしましょう。詳しくは第Ⅰ部構文16（☞p.016）参照。
○"逆差"の反義語は"順差"。
6. 権力とは人民が賦与したものであり、人民のために利益を図ることに用いることしかできない。
○"只能～"で「～できるだけだ」→「～しかできない」。
○"用于～"で「～に用いる」。
7. 三星堆の発見は疑いもなく重大な発見と言えるだろう。
○"毫无～"で「少しも～がない」、"毫无疑问"で「疑いもなく」。
○"称之为～"で「（これを）～と呼ぶ」。
8. アジア市場の発展スペースは極めて広い。
9. 中国は環境保護を基本的国策としている。
○"作为"には動詞用法（～である、～とする）と介詞用法（～として）があります。ここでは前者。
10. アメリカでは、あらゆる子供は生まれつき才能がある、と考えられている。
11. 目下、我が国の農村労働力の流動就業規模はおよそ1億2000万人である。
○この数量述語文に使われる"为"は省略可能です。
12. 24日から25日まで我が国のほとんどの地域はおおむね晴れるだろう。
○論説体"A至B"は会話体の"从A到B"に相当します。
○"以～为主"「～を主とする」はイディオムとして覚えましょう。
13. 現在我が国の食品衛生にはかなり際立った問題がいくつか存在している。
○存在文です。
14. 歴史的経験を総括するのはより素晴らしい未来を創るためである。
15. 若者が読書をしたがらないことがすでに軽視できない問題になっている。
○主語となる部分が長いので、恣意的にカンマが加えられています。騙されないように。
○"不容忽视"「軽視できない」は常用表現。
16. 教育費をむやみに徴収する問題はずっと人々の怨嗟の的になっている。

○"深恶痛绝"「深く怨む」は常用表現。"恶"（wù）は「憎む」。
17. 毎年4月22日はアースデーと定められた。
18. コンピュータウイルスをつくるのはいずれも15歳から30歳の若い学生である。
○"均"は会話体の"都"に相当。
19. 遼河流域は我が国で水質汚染被害が最も深刻な地域である。
20. 彼はアメリカ人が国旗を重視するのに驚いた。
○"为～而…"と呼応し、"为"のかかる範囲を提示してくれます。"而"はもともとは動詞と動詞、介詞と動詞をつなぐ役目。
○"感到～"は論説体の基本的小道具の1つ。会話体なら不要ですが、これを加えることで格調を高めたり、多く後ろに2音節や4音節の語を取り、偶数のリズムを作る道具にもします。

［練習問題3］
1. 半世紀とはなんと果てしなく長い道のりであろうか！
2. ベトナム戦争の勃発は人々に大きな警告を与えた。
○［動詞＋"以"～］「～をVする」の中で、「…に～をVする」と動作の対象者を提示する場合、対象者は動詞と"以"の間に置かれることによく注意しておきましょう。
3. 私たちは周恩来同志を手本とする決意をした。
4. もし中国がアメリカへの輸出を停止したら、他の国がこれに取って代わるだろう。
○"如果～就…"「もし～なら…だ」の構文。"会～"は「～するはずだ」。
○"取而代之"「取って代わる」は常用表現。
5. 民主とは元来具体的なものであり、抽象的なものではない。
6. 一部の企業は「お客様は神様だ」と言って、客を尊重している。
○"顾客是上帝"は三波春夫の言葉が中国に伝わって、90年代初めから流行したもの。
7. 無錫は太湖の景色で有名である。
8. 胡主席はまず在米の華僑や中国系住民に向けて親しみを込めた挨拶をした。
○"华人"は、中国国籍を持つ"华侨"に対して現地国籍を持つ中国系住民を指す狭義で使われる場合と、あらゆる中国人（中国人の血筋を引いた人たち、中華民族）を指す広義の場合があるので、要注意です。
9. 骨髄炎は細菌が骨髄に侵入して惹き起こされる炎症反応だ。

10. サツマイモは60、70年代に飢えを凌ぐのに役立った主食である。
    ○ "赖以～" で「～を頼る」。
11. シリアは経済的実力からすれば（アラブ）地域の大国とは言えない。
    ○ この "就" は介詞です。"就～" で「～について」、"就～而言" は常用の言い回しで「～について言えば」。
    ○ "算不上～" は可能補語の否定形。「～とは見積もれない」、即ち「～とは言えない」。
12. 大都市では近年機運に乗じて多くのアスレチックジムが生まれている。
    ○ "应运而生"「機運に乗じて」は常用表現。
13. 鎮平県は人々が金魚を中心とした観賞魚の養殖業を発展させることを積極的に支持している。
    ○ "群众" を「群衆」と訳さないようにしましょう。
14. 一部の地方はやみくもに水力発電の開発を行い、環境保護を顧みない。
    ○ "盲目" の訳語が差別用語にならないように注意しましょう。
15. 国有経済の配置調整は重大かつ真剣な仕事である。
    ○ "一项" を「1つの」と訳さないように。詳しくは第Ⅰ部構文4（☞ p.004）参照。
16. パキスタンはカシミール問題を平和的に解決するようあくまで主張している。
17. 済州島の料理は山海の味覚で有名である。
18. 四川省が鄧小平を生んだことを、地元の人々は誇りに思っている。
    ○ 日訳は日本語らしくするために意訳してありますが、"四川出了个邓小平" は本来、出現文。したがって、"邓小平" に "个" がついて、「鄧小平という人」として初めて話に登場するニュアンスを加えています。『東方紅』という歌にも "中国出了个毛泽东" とあります。
    ○ "引以为荣" は常用の言い回し。「(このことを引いて) それで以って光栄としている」。
19. 漁業は中国に古くからあり、かつ幅広く発展する見通しのある産業である。
    ○ "具有" のように "有" はよく1音節動詞と結びついて、動作の結果、存在する状態が持続していることを示します。
      例）"怀有""持有""位有""设有"。日本語では「～している」。
20. 国家主権を尊重することは、人権が存在し発展できるための基礎である。

○ "得以～" で「～を得る、手に入れる」。

[練習問題4]
1. ヒトは約1万種もの異なる匂いを識別、記憶できる。
2. 我が国では毎年約320万人ものガン患者が治療を必要としている。
    ○ "需要" は「需要」の意味で使われることも時にはありますが、多くの場合「～を必要とする」という動詞に使われ、「需要」は普通 "需求" を使います。ちなみに「供給」は "供应" が多く使われます。
3. 重慶大学法学部が先日復活し、正式に発足した。
4. 人はみな国際関係が広く緩和されることを望んでいる。
5. 太原市は都市の環境状況を改善し、高めることを重要な仕事とみなしている。
    ○ "质量" は「質量」ではなく、「品質」。
6. 中国政府は核兵器の全面禁止と廃絶を一貫して主張している。
    ○ 「兵器」は中国語で "武器"、「実験」は "试验"、したがって「核実験」は "核试验" と言います。
7. 最近、鞍山市は賭博を行うゲームセンターを断固取り締まることに力を入れている。
8. 中国は平等の立場に立って、人権問題について対話することに同意した。
9. 私たちは伝統が遺してくれた貴重な財産を理解し、大切にしなければならない。
10. 国の対外支払能力は大幅に向上し、経済をコントロールする能力は強化された。
    ○ "加强" のように形容詞に "加" を加えて動詞にする造語法は記憶しておくと便利。詳しくは第Ⅲ部のコラム「覚えておきたい造語法」（☞ p.073）参照。
11. 長年、範県の裁判所は退職した幹部たちのセカンドライフを重視し、関心を寄せてきた。
    ○ "离退休" は "离休" と "退休" の総称。"离休" は特別な経歴を持った人の退職で、優遇される。
    ○ "离岗" で「職場を去る」。
12. 金融機構は身元不詳の顧客と取引してはならない。
    ○ "不得～" で「～してはならない」という禁止表現。法律や規定の条文によく使われます。
    ○ この "与" は介詞用法です。
13. 中小企業の国際交流と提携はますます重視さ

14. もし医者が処置をしなければ、彼女はたぶんもしくはきっと死んでいただろう。
15. イギリスでは、チップの問題は厄介で複雑だ。
16. 中国のASEAN各国との友好協力関係は引き続き発展していくだろう。
    ○"同"は会話体の"跟"に相当する論説体の常用語です。ほとんど介詞として用いられます。
    ○"能够"は"能"のやや論説体風の言い方です。「充分に」という意味合いはありません。
    ○"继续"は動詞の前に併用されたとき、多くの場合「引き続き」と訳します。"持续"も似た働きをします。
17. 中国はニュージーランドとの友好関係を引き続き強化し発展させたい。
18. 各国首脳は国連が直面している試練について話し合うだろう。
    ○"将"はこれから起こることを示します。日本語の「まもなく」より時間の幅が広いので注意が必要。
    ○"挑战"は目的語があるときは「〜に挑戦する」ですが、多くの場合、「試練」の意味で使われます。
19. 中独両国の、相手国内で就業している人たちの社会保険に関する問題は適切に処理されるだろう。
    ○論説体で"的"の省略は日常茶飯事。よく意味を考えましょう。20文字前後の論説体では、ほとんどの文が"的"は1つしかいません。
    ○"有关"は"有关部门"「関連部門」のように名詞にかかる場合と、"有关〜(的)…"「〜に関する…」の2通りの使用法があるので注意。
20. アジア諸国で発生している鳥インフルエンザは抑制されるだろう。
    ○中国語の"国家"は単複同形。時に応じて「諸国」「国々」と訳す機転を。

[練習問題5]
1. 平和と安定を求めることはアフリカの人々の最大の利益の拠り所だ。
2. 電気自動車はガソリンエンジン車よりも普通2割から4割ほど価格が高い。
3. 私はすでに歌詞のピンインを漢字に改めた。
4. 人類の最も早期の祖先はアフリカに由来する。
5. ブランドは商品のマークとして市場経済と緊密に関連している。

6. カナダ製品が中国市場で占める地位はますます重要になっている。
    ○["所"＋V]が名詞の修飾語になる場合、普通"的"を伴いますが、この文のように省略されることもあるので要注意。
7. 孝襄高速道路は銀川－武漢高速道路の重要な一部である。
    ○"段"は道路や鉄道の区間、テレビなどのある時間帯など、一定の限られた区間や時間帯に使います。
8. 多くの国がイラク問題でアメリカと立場を異にしている。
    ○"与美国相左"の間に"在〜问题上的立场"が割り込んでいます。
9. 護村河の水は奉化江支流の東江から引いている。
    ○"护村河"はよくある言い方で、一般名詞が固有名詞にもなっています。
10. 我々は軍を現代化、正規化された革命的軍隊にしなければならない。
    ○"支"は軍隊の量詞です。
    ○"革命"は直接名詞にかかって「革命的」の意味でも使われます。
11. 新舟60は天津－大連・煙台等の航空路線に投入される。
12. 軽工業は主に消費財工業であり、人々の生活と密接に関わりあっている。
    ○"与〜息息相关"「〜と密接に関わっている」は常用表現。
13. 陝西省チームは今日陸上競技で4つの金メダルを獲得し、そのうち3つは競歩による。
14. 我が国の改革開放と経済建設は誰もが認める成果を挙げた。
15. 私たちは「休日ビジネス」を前途有望なビジネスチャンスであると見ている。
16. 南寧－百色間の右江回廊にはすでにマンゴーが33万ムー植えられており、年間生産量は1万トン余りに達している。
    ○"种植"で「栽培する」。
17. 日本政府が経済復興を促すやり方は過去と大差がない。
18. 今、多くのレストランでは日本から輸入した「神戸牛肉」を店に出している。
    ○動詞の前の"在"は進行形を示します。
19. スペインはエネルギー資源が不足しており、必要なエネルギーの80％余りを輸入に頼らなければならない。
20. シンガポールはこの中国・シンガポール両国政府の合同プロジェクトを一流の工業パーク

に仕立て上げた。

[練習問題6]
1. 誠実とは人と人との心の契約である。
2. 新型コンピュータウイルスの1種が今年6月以来ずっと急速に蔓延している。
   ○"自～以来"「～（より）以来"自～后"「～より後」などはよく用いられます。
3. 沈仲文同志は福建省永定県の出身である。
4. 自分の誕生日を祝うときには命を授けてくれた父母を労り感謝することを忘れないで。
   ○"別～"「～するな」は主に会話体で多用される禁止表現。
5. 彼らの持っている上場企業の株は合計約687億2900万株だ。
   ○数量述語文なので、動詞の"为"が省略されています。
6. 1人の大学生の1時間あたりの平均教育コストは約12.9元である。
7. ギリシャで26日夜に起きた沈没事故の被害者はすでに63人にのぼっている。
   ○"増至63人"なので「63人に増えた」。「63人増えた」ではありません。
8. 馬鞍山は詩歌にゆかりがある都市である。
9. 湖南省政府は3月を「農民負担軽減キャンペーン月間」に定めた。
   ○「～活動」、「～規定」、「～問題」などのようなタイトル的な表現では、一般に"活動""規定""問題"などの前に"的"は使いません。
10. あなたにとって、愛とは何ですか？
11. 人々がまだ夢の中にいるとき、北京の数百名の郵便局員はすでに深夜バスに乗っている。
12. 人類の最も古い祖先はアフリカに由来し、だんだんとユーラシア大陸へと移動してきた。
    ○"并"は"并且"と同じ。"逐渐"は会話体では"渐渐地"。
13. 昨年ヨーロッパで合計4700キロのヘロインが押収された。
14. アメリカの科学者は、地球の気候変化はすでに様々な動物の遺伝子を変え始めていると言っている。
15. 刑事犯罪との闘いは長期に渡る困難な任務である。
16. 京九線が全線スピードアップすると、列車運行時速は100キロから140キロに引き上げられる。
    ○この"将"はこれから起こることを示します。"由"は起点を示します。
17. 日本人は古くから中国に学んできた。
    ○"自古以来"はそのまま覚えましょう。この"就"は予想より早い気持ちを示します。「もう」。
18. 出生率を下げるため、各地では多くの施策が取られている。
    ○"均"は会話体の"都"に相当します。
19. 「衣食足りて栄辱を知る」とはうまく言ったものだ。
    ○"道得好"「うまく言う」「もっともだ」。様態補語です。
20. 2年前から彼は息子と一緒にスッポンの養殖業を始めた。

[練習問題7]
1. 戦争の悲劇は決して繰り返してはならない。
   ○この"不能"は強い禁止表現です。
2. フランスはまもなくルワンダに「人道主義保護部隊」を派遣する。
3. 多くの商業スポットでどうして高品位の作品に出会えないのだろう？
   ○"看不到"「見かけられない」は可能補語の否定形。
4. こんなに速くて便利な夕食市場がどうして受け入れられないことがあろうか。
   ○"受（～的）欢迎"で「（～に）人気がある」とも訳します。
5. 我が国では70年代から徐々に計画出産を推進してきた。
6. 6億年前の地球の表面はおそらく現在の火星の表面と同じで、生物は全く存在しなかった。
   ○"像～一样"で「～のように」。
7. 結局のところ宇宙から長城は見えるのだろうか？
8. 一部のドリンク企業は積極的に国産の飲料を開発し、地元の資源、原料を充分に活用して新製品を生産している。
9. 貨物の輸出入はすべて税関の実地検査を受けなくてはならない。
10. 今週に入ると、アメリカの企業合併ブームが再び起こった。
11. 女子が教育を受ける権利はまだ充分な保障を得られていない。
12. 洗車業での節水の現状はどうですか？
13. 青海省の非鉄金属の生産規模は日増しに拡大している。
14. 寺を建て仏像を造ることで観光起こしをすることが、今年になってますます勢いを増している。
15. 2000年、我が国は第1回国民身体測定を行った。

16. 中日関係はどの角度から見ても、極めて重要である。
    ○ "无论～都…" 「～であろうと皆…だ」の構文。
17. 海賊版書籍の売買がこのように盛んなのは、それに対して市場の需要があるからである。
    ○ "A 之所以 B，是因为 C" 「A が B であるわけは C だからだ」の構文。
    ○ "需求" は「需要」「ニーズ」。
18. 生態環境づくりへの変化の流れはまだ根本的に切り替わってはいない。
    ○ "根本" は通常、助詞の助けを借りずに、直接動詞や名詞を修飾できます。
19. 中国の多くの老若男女が一生懸命英語を学んでいる。
20. 大学生の陳果とわずか12歳の劉思影は母親と共に天安門広場で焼身自殺した。
    ○ "仅 12 岁" は数量述語文なので動詞がなくてもかまいません。
    ○ "她们的妈妈" の "的" は省略できません。"她们妈妈" だと「彼女たちそれぞれのお母さん」でお母さんが複数になってしまいます。

第Ⅲ部

[練習問題 1]
1. データと事実は人を欺かない。
2. 私たちにまだ克服できない困難なんてあるだろうか。
3. どうしてB型肝炎の患者を差別することはいけないのか。
4. 物乞いによる実入りのほうが労働による所得よりも多い。
5. 小中高生は虫歯になるピークにあたる。
    ○ "值～" は「～の時に当たる」という意味の動詞として、論説体でよく用いられます。
6. 南昌市には20万人近い失業者がいる。
7. メキシコ湾の海辺で数日前に赤潮が発生し、たくさんの魚が死んだ。
8. 北京人民芸術劇院は近く曹禺の代表的現代劇4編を連続して上演する。

[練習問題 2]
1. 中国ファッション協会は今年「中国ファッションシティ」創設活動を組織して、実力があり、可能性を秘めたファッション都市や地域の発展を重点的に支持する。
    ○ "那些" がどこにかかるかに注意しましょう。"有实力" の後ろが "，" ではないことにも注意。
2. 寧夏回族自治区恵農県では4800軒余りの農家がクコを栽培しており、今年は降雨が充分で、さらに現地農民のクコ栽培の経験もますます豊富になってきていることもあって、全県で作柄は極めて良い。
    ○ 前半は ["有" ＋目的語＋動詞性修飾語] の構文です。
3. 石油価格の上昇に伴い、安徽省淮北市で自転車の売れ行きが大幅に伸び、多くの市民がますます自転車を足替わりに選択している。
4. 国連食糧農業機関の獣医専門家はベトナムおよびその他のアジア諸国で起きた鳥インフルエンザは押さえ込まれるだろうと見ている。
    ○ この "及" は連詞（接続詞）です。"会" は必然性の強い可能性を示します。「～するはずだ」。
    ○ "得到" は学習済み。意味的には受身構文になります。
5. 我が国の関連法律は以下のように定めている。「農村と都市郊外の土地は、国有であると法律が定めるもの以外は、農民の集団所有に属する」。
    ○ "除（了）～（以）外" には除外と累加があるので気をつけましょう。
    ○ "属于～" で「～に属する」。
6. ガンジーは敬虔なヒンドゥー教徒として、インドの民族独立解放を勝ち取る独自の方法を編み出した。それは「非暴力、不服従運動」と呼ばれる。
7. ここ10年間で、武漢のエンジン車両数は5倍に増え、これに万単位の外部車両が加わり、その結果、武漢の交通に多くのネックが生じている。
    ○ "增长4倍" は「4倍分増えた」、即ち「5倍になった」。"增长到4倍" との違いに注意。
    ○ "数以万计" 「数えるのに万で計る」、つまり「万単位の」。
    ○ "过境" の "境" は国、省、市、県など時に応じて訳し分けを。
    ○ "使" は多くの場合結果を伴う使役ですから、「その結果」「それによって」というニュアンス。
8. 世界保健機構（WHO）は最近、今年度の「禁煙デー」のテーマを「医療従事者への率先禁煙の呼びかけと禁煙のPR」に決定した。
9. ますます多くのアメリカの高校卒業生がインターネットを手がかりに大学に関する情報を得て、さらに入学申請書もインターネットで

提出している。
- ○ "越来越多" は中国語では主語の修飾語で使われることが多いのですが（上の訳は学習者に構文が分かりやすいよう直訳調）、滑らかな日本語にするには、「～が益々多くなっている」と訳したほうがベター。
- ○ "高校" は「高等教育機関」であって高校ではありません。

10. 東北大学創立80周年記念の際、82歳という高齢の詩人徐放は、自らが所蔵する書画を母校である東北大学に寄付した。

[練習問題3]
1. 企業が生き残り、発展しようとするなら、サービスの質を高めること、職業モラルを強化することを重視せざるをえない。
   - ○ "要～，就不能不…" については第Ⅰ部の構文34（☞ p.029）参照。
2. 我が国の各地域、各民族の民間文化は豊富多彩、千変万化、多種多様で、保護を必要とする文化遺産も数知れず、費用を惜しめば、効果的に保護するのは難しい。
   - ○ "难以～" で「～しにくい」。
3. 毎日昼食には5角しか徴収せず、残業して夜10時を越えた場合は無料で夜食を提供することをこの工場は規定している。
   - ○ "加班超过晚10点的" でひとまとまりになっています。
4. 昔の人は自然を観察して、鯨の異常死と宇宙の彗星の動きには何らかの関係があることを発見した。
   - ○ この "与" は連詞。"A与B存在着～" 「AとBには～が存在している」という存在文です。
5. 中日双方は両国関係に影響する政治的障害の克服と両国の友好協力関係の健全な発展の促進について合意した。
6. 寧波市白峰波止場のチケット売場が渡し舟のチケットを販売する時、乗船チケット以外の保険を強制して抱き合わせ販売し、明らかに国家の関連規定に違反した。
7. 高校卒業生で、高等教育を通して就職における競争力と情報化時代における生活レベルの向上を期待しないものはほとんどない。
   - ○ "向往" は「あこがれる」。
   - ○ "质量" は「質」で、「質量」ではありません。
8. 浙江省の教師は四川省の貧困地区教育に先進的な管理方法と教育教学経験をもたらし、教育科学理論を豊かにし、教育概念を変えさせた。
9. かつて2度、全国衛生都市ベスト10に入った江蘇省の淮陰市は、最近さらに国家衛生都市の審査にパスした。
10. 南極環境保護の協定は、今後50年間、南極大陸における鉱物資源と石油資源の一切の採掘活動の禁止を規定している。
    - ○ "一切" が "活动" にかかることに注意しましょう。

[練習問題4]
1. 世界的な金融危機がもたらした影響はまだ完全に除去されていない。
   - ○ "造成" は総じてよくない結果を導く動詞として用いられます。
2. ガソリン漏れ事故をすぐさま阻止したとして1人の職員が手厚く表彰された。
   - ○ "及时" は多くの場合、「すぐに」の意味で用いられます。
3. 現在沿海の一部地域はまさに世界のIT製品の製造基地となっている。
4. 母は体が悪いため上海には行けなかった。
   - ○ "因为" は後ろに名詞句を伴う介詞用法と文を導く連詞用法がありますが、意味的には変わりません。
5. 改革開放がなかったら、どうして私が大学に行き、教師になれただろうか。
   - ○ "哪能～" は反語表現です。「どうして～できようか」。
6. 物質的、文化的生活に対する農民のニーズに新たな変化が見られた。
   - ○ 第Ⅰ部構文16（☞ p.016）の文型です。
7. 一部の経営者は暴利をむさぼるため、国の法律を無視している。
8. 節水と汚染防止は緊密に結びついている。
9. 本来、歴史は都市の切り離せない一部分である。
   - ○ "本是" は "本来是" と同義。
10. 良書は読者の良い先生である。
11. 1回の試験が全てを表せないことは私たちも分かっている。
12. 私たちは確かに一部の面で立ち遅れている。
13. ある泥棒がある居住区の建物からテレビを1台盗んだ。
14. 仕事がなくなり、生活の糧の大部分を失った。
15. 一部の省や市では、工業による新たな汚染が無視できない。
16. 学問を重んじ、政治を重んじ、正義を重んじることは緊密に結びつき、相互に一体化して

いるものだ。
　○"讲"は「重んじる」という意味でよく使われます。
17. 台湾と福建は目と鼻の先にあって、言語、生活習慣はなんら違いがない。
18. いかなる企業も社会とつながりを持っている。
　○"任何～都…"「いかなる～もみな…だ」の構文です。
　○この"同"は会話体の"跟"に相当する介詞です。
19. 人類はより大きく、より良い飛行機を製造する努力をずっと止めていない。
20. 三鹿印の乳幼児粉ミルク事件は食品の安全に関わる重大な事件である。

[練習問題5]
1. 広西チワン族自治区は何年も連続して人民日報の発行計画を超過達成した。
2. 我々は長期プランを制定する際、農民の基本的収益を保障するよう注意しなければならない。
3. 領土問題が解決されなければ日ロ双方は平和条約を締結できない。
　○"就"があることで前文を条件的に承けています。
4. 「世界遺産条約」は、世界遺産には厳しい保護を加え、継続して利用しなければならない、と規定している。
　○"持续"は"继续"同様、動詞の前に用いられ、「引き続き」といったニュアンスでも使われます。
5. ロシア・中国の両国は20項目余りの2国間協力文書に署名した。
6. ここ数年、東欧と中央アジア諸国の多国間外交が日増しに活発になっている。
　○"日益"については第Ⅱ部7の④（☞p.044）参照。
7. 先進国と発展途上国はどちらも協力を強める責任がある。
8. アジアは世界経済と情報通信技術の発展が最も速い地域の1つである。
9. イランの情報機関は最近13名のユダヤ人を逮捕した。
10. 中国人民は正義を守り、平和を愛する人民である。
11. 変化の中で暮らしているキューバ人だが、その暮らしぶりは依然として穏やかである。
　○"生活在～"で「～に暮らしている」。動詞の後に［"在"＋場所］が置かれて、動作の結果定着している場所を示します。
12. イランは引き続き全世界に向けて原油を販売するだろうと彼は表明した。
　○上記4の説明を参照。こういった副詞的用法の場合、介詞構造の前に置かれるのが原則です。
13. 80％近くの日本国民が日中関係の改善を望んでいる、と日本側が最近行った民間意識調査は示している。
　○"将近～"で「ほぼ～に達する」。
14. 内モンゴル自治区の額済納旗は地元の人から砂漠のオアシスに喩えられている。
　○"被"は直接動詞の前に置くこともできます。
　○"喻为～"で「～に喩える」。
15. アジア太平洋地区の平和と発展はその地域の人々に幸福をもたらす。
　○主語が長い場合や主語を際立たせたい場合、その後ろに任意で"，"がよく使われますので騙されないように。
　○"造福于～"で「～に幸せをもたらす」「～にプラスとなる」。
16. 目下世界情勢に大きな変化が起きている。
　○出現文です。
17. ここ数年、我が国の損害保険はずっと急速な発展の勢いを維持している。
　○"势头"の前に"的"がなくても補って考えましょう。論説体では"的"は極力省略されます。
18. 長城は統一された中華民族を世界に向けて示す象徴である。
　○論説体の短い文に"的"が2つも使われている少ない例。その分、強調の意味合いが加わります。
19. 麻薬問題はミャンマーの国家的イメージを損なうだけでなく、国際社会をも脅かす。
　○"不仅～而且…"「～だけでなく…だ」の構文。
　○"有损～"で「～を損なう」。
20. 今では大興安嶺地区で狩猟をする人は少なくなった。

[練習問題6]
1. 6月の全国70の大中都市における住宅販売価格は前年同月比で5.8％上昇した。
　○"上涨到"ではありません。
2. 前期比とは、前日比、前週比、前月比、前年比に分けられる。
3. いかなる偉大な事業であっても数多くのありふれた事柄から構成されている。
　○"许许多多"は"许多"の重ね型です。

○"由～构成"で「～によって構成される」。
○"是～的"で述部をサンドイッチすることで主観的な判断を示します。
4. ここ数年、アメリカ経済は構造調整を行った。
5. WTOの設立はグローバルな統一市場およびメカニズムの構築を推し進めた。
6. 品質管理は複雑なシステムプロジェクトである。
7. 山東省棗荘市の公安部門の3600名余りの幹部と警官が機関を離れ、地域社会に入っていった。
○方向補語"出"を伴う動詞の場合、場所の前に置かれるとそこから出ることを示します。
8. 我が国の法律体系は徐々に完備されようとしている。
9. 全国の都市・農村間、地域間における義務教育の差は少しずつ縮小している。
10. 我が国はちょうど工業化と都市化が加速される段階にある。
○"处于～"で「～に位置する」。
11. 大多数の郷や鎮には、まだ新華書店の支店網ができていない。
12. 貧しい農村はなぜ貧しいのだろうか？
13. 精製油や石油製品の社会的需要は絶えず増加している。
14. 文化財の保護には人材、資金、さらに技術や設備が必要である。
15. 消費政策は消費需要の変動を通して社会の総需要と総供給のバランスをとる。
16. 寒気が流れ込んできたため、アメリカ東北部の家庭では暖房用オイルが供給不足になった。
○供給過剰は"供过于求"といいます。"供求矛盾"は需給バランスが取れていないこと。
17. 天通苑団地は北京市最大の住宅地の1つである。
18. 法律や法規において、"社区"（地域コミュニティ）の責任についての規定がだんだん増えている。
19. 裁判所を退職した裁判官たちは現在学校の熱心な指導員となっている。
20. 退職した老人は若い世代の成長に大変関心を持っている。

[練習問題7]
1. 周恩来夫妻は子孫にひとつのレンガも、一銭のお金や品物も残さなかった。
2. 農村で多くの人が「夫婦の性生活は不潔だ」と考えているのは一般的な現象だ。
3. ウルムチ市は相継いで一連の再就職優遇政策を打ち出した。
4. 1月20日正午12時頃、バラク・オバマは就任演説を行った。
5. テレビはすでに社会の大衆に対して影響が最も大きいメディアの1つとなった。
○"最为"は程度副詞に"为"が併用されて2音節化したもの。第Ⅱ部2のBの③（☞p.034）参照。
6. 大衆の叫びは大衆の願望を表している。
7. （トランプの）ブリッジをする人はいささか減少している。
○"有所"で「いくらか」。
8. 上海の目覚しい発展の様相は、訪れる人それぞれに深い印象を残す。
○"日新月異"は四字成語。
9. 今年に入って、我が国の各種職業病の被害は日に日に深刻になっている。
10. インドの現在の人口は9億5000万人で、1947年の独立当時から3倍近くに増えている。
○"现有人口9.5亿"は数量述語文。動詞がなくても成立します。
11. 今後30年間で、アフリカの人口は2倍になり、1995年の7億2800万から14億にまで増加するだろう。
12. 大学入試の首席合格者に関するニュースがまた新聞紙面に登場した。
○"出现在～"は動詞に［"在"＋場所］が後置されたかたち。
13. どのような行いが特許侵害行為になるのか？
14. 「狗不理包子（パオズ）」は全国に70以上もの支店があり、大部分がフランチャイズである。
15. ある大都市では、半数以上の中高生の血圧が高過ぎる。
○"偏"は形容詞の前に置かれた場合、よく「～過ぎる」と訳します。
16. 大学はエリートの殿堂であり、特に有名大学は競争がかなり激しい。
○"～,尤其是…"「～,とりわけ…は」の構文。
17. 我が国の都市人口は2億6000万人で、毎日1人約1キロの生活ゴミを出している。
18. 今年、我が家の小麦畑1ムー当たりの生産能力は去年よりも150キロ多い、550キロに達した。
19. アメリカのある男性が5.6ドルをクレジットカードで払ったところ、誤って2億ドル引き落とされてしまった。
20. イタリアで現在流通しているリラ硬貨は7兆リラある。

[練習問題8]
1. 毎年井岡山を訪れる人の数は述べ100万人余りに達する。
   ○"井冈山"は江西省にある中国革命の聖地。電子辞書を引くと"井崗山"（中日大辞典）とあるのは字の間違い。
2. 旧チベットでは1人当たり平均寿命がわずか35.5歳だった。
3. 新疆の年平均降水量は200ミリリットルにも満たない。
   ○"年均"の正式な言い方は"平均每年"。
4. 親は子供に対して愛情に満ち溢れていながらいつも粗探しをしてしまう。
   ○"既～也…"は「～であり、…でもある」。"既～又…"とも言います。
5. 立派な墓碑を残すよりも平々凡々に生きて行く方がいい。
   ○"与其～不如…""～するより…したほうがいい"の構文。
6. 広州の1日の蛇肉取引量はなんと平均10トンにものぼる。
   ○"高达～"で「～にも達する」。
7. 日本とタイが年内に協定にサインする計画は大きな障害にぶち当たった。
8. フランスとドイツの両国はすでにEUの機構改革について原則的合意に達した。
9. APECが新しい加盟国を受け入れるには加盟国すべての協議による合意が必要である。
   ○"需"は"需要"「必要とする」に同じ。
10. トルコの国防部長は、トルコはテロリストと交渉することはないと述べた。
    ○この"与"は介詞です。
11. 私たちは心を1つにして協力し、前の政府よりもさらにしっかりと仕事をして、人々の期待を裏切らないようにしなければならない。
12. 各部門が緊密に協力しさえすれば、国有企業はしっかり運営できる。
    ○"只要～"「～でありさえすれば」、"只有～"「～してこそ」、"如果～"「～ならば」の違いを確認しましょう。

[練習問題9]
1. 中国囲碁は将来へ向けた人材層が厚いので、今後はきっと韓国を打倒できるだろう。
2. 浙江省臨海市で大規模な落雷事件が発生し、17名が死亡するという惨劇になった。
3. 宇宙とは広大で深閑とした世界だ。
4. 小さなフルーツゼリーは児童の窒息死を招きやすい。
   ○"易"は動詞にかかって「～しやすい」という意味で使われます。
5. 一定の速度を保って増加してこそ、庶民は生活水準を高める収入が得られる。
6. 漁師が海に出て魚を獲るのに、短くて数日、長ければ数十日かかる。
7. 1年に1度の大学入試がついに幕を閉じた。
8. どのメディアも太平洋の島国をこの世の天国として描いている。
   ○この"将"は会話体の"把"と同じです。
   ○"描绘成～"で「～に描く」。
9. 児童用化粧品に求められる品質は大人用よりも高い。
   ○比較に基づくおよその推定を示す"要"は"比"の前に置かれることもあります。
10. ヨーロッパの庶民にとって、経済状況ほど関心を引くものはない。
    ○"对～来说"で「～にとって」。
11. 最近5年間、ツァイダム油田が生産した原油と天然ガスは絶えず増加しており、青海省の石油・天然ガス需要を満たし、青海チベット鉄道建設のための石油・天然ガス量を保証した。
12. 中国には「和すれば双方に利あり、闘えば双方傷つく」という格言がある。
    ○"有句俗语"は"有一句俗语"の"一"が省略されています。
13. 湖沼の縮小は水産物の減少をもたらすだけでなく、生態環境も日増しに悪化させる。
14. サムソン北京国際マラソンは今日閉幕し、中国の名選手孫英傑が2時間19分39秒で女子の王座を守った。
15. 一部の国が南海の問題海域で一方的に石油天然ガス資源の入札を行っているやり方に対し、中国政府は重大な懸念を表明する。
16. 1人ひとりがささやかな愛の手を差し伸べさえすれば、この世はパラダイスになるだろう。

[練習問題10]
1. 仏教は最初国外から伝わったが、後に中国化された仏教となった。
2. 中国国家品質監督検査検疫総局の魏伝忠副局長は、まずは品質をしっかりチェックしなければならない、と述べた。
   ○"把关"が結果補語の形になり、"把好关"となっています。
3. 我が国は一連の海洋環境保護法規を立ち上げ、健全にした。
4. 広い中国市場はアメリカを含む外国投資家に

とって大いに魅力的である。
5. 泥棒が盗みを行っているのを突然見つけ、彼女は安全のため英語で110番通報した。
6. 彼らがヨーロッパにミサイル防衛システムを配置する計画を立てているその標的はロシアであり、その目的はロシアの核の脅威を軽減することである。
   ○"所针对的目标"の"所"は動詞が名詞を修飾する場合によく動詞の前に置かれます。
7. ある任務について手配するとき、誰が具体的にこっちの仕事をやり、誰が具体的にそっちの仕事をやるかはっきりさせておけば、最後の仕上がり状況は常に全く違ったものとなるだろう。
   ○"如果〜就…"の構文をしっかり押さえてください。
8. 伝統的なものは決して保守的と決まっているわけではない。
9. NTTドコモは12日、同社が今年度内に植物を原料とした携帯を売り出す計画だ、と発表した。
   ○"一款"は"手机"にかかる数量詞です。
10. 企業の内部改革・整備を強化することは企業が発展するベースである。
11. 瓦房店市は無償献血制度を確立し整える。
12. 日本政府は、アジアを含む国際安全保障機構を設立することに関するアメリカの方針に不賛成である。
13. レアルマドリッドはロナウドの足の怪我は良くなっているが、安全のためもう1週間休場すると伝えた。
    ○"再"は「再び」ではなく「さらに」。
14. 中国バレーボール協会は、今晩、北京麗都ホテルで、見事凱旋を果たした中国女子バレーの歓迎祝賀会を開催し、歴代の監督を含めたバレーボール界の人々が集い、共に勝利の喜びを分かち合った。
    ○"汇聚于此"で直訳すれば「ここに集う」。
15. 家屋の改装は分相応にやり、安全設備は自分でチェックしなければならない。

[練習問題11]
1. 偉大な精神は何事にも打ち克つパワーを生み出す。
   ○"战无不胜"「戦って勝たないことがない」。
2. 家電製品の専門技術性はかなり高い。
3. 都市人口が総人口に占める割合は絶え間なく上昇している。
4. 我々はWTO加盟時の約束を果たした。

○"兑现〜的承诺"「〜という約束を果たす」。
5. 一部の共稼ぎ家庭の3歳以下の子供は、誰も面倒を見るものがいない。
   ○"无人照管"は"没有人照管"と同じ構文です。
6. 文化交流は心の対話、感情のコミュニケーション、友好の紐帯である。
   ○"A、B和C"で「AとBとC」。
7. 古代の住民は家の中を美しい緑で飾ることを誇りとしていた。
   ○"以〜为…"の構文。
8. 私たちは、対話は圧力をかけることよりも効果的であると終始認識している。
9. コミュニケーションをしっかり行うことは互いに向き合うプロセスだ。
10. 従業員の月平均収入は去年の同時期より90元余り純増した。
11. 国際社会の環境保護という普遍的願いを無視して、アメリカは自分の厳粛な約束に勝手に背き、「京都議定書」の履行を拒んだ。
12. 中国サッカーチームの監督の責任は重く、プレッシャーも大きい。
13. 科学のパワーは世界の様相をますます力強く改善している。
14. バスは都市や農村の住民が最もよく使う交通手段だ。
15. 貧困は人類が今直面している最も厳しい試練である。
16. わが国の衛生事業は未曾有の困難と試練に直面している。
17. 浙江省の民間企業は、全省の経済に占める割合がその地域の半分近く、時にはそれ以上になっているだけでなく、一部の製品は世界において独占的地位さえ築いている。
    ○"甚至〜"「時には〜ということさえある」。

[練習問題12]
1. 礼儀正しいサービスをしっかりとするには、現実的で実行可能なやり方を決めなければならない。
   ○"搞好"は結果補語の形。
2. 文化的なアイデンティティについて、彼の答えは「私たちって誰？」だった。
3. 国連は設立当初50ヶ国しか加盟していなかった。
4. 食糧の安全は、常に国家の安泰の最重要課題である。
5. 新型兵器の実験や訓練は必ず極限状況での試験を経なければならない。
6. 中国はアジアおよび国際関係において強い発

言権と大きな影響力を持っている。
7. 中国は13億の人口を抱えており、人口が最多のオリンピック開催国であり、多くのスポーツ種目を繰り広げる条件と人材といった面でも一部の中小国より優れている。
   ○"优于～"は比較の言い方。
8. 現在、全国3分の2以上の県でボランティア組織が作られている。
9. 10月25日、南極観測任務を行う中国の観測船雪竜号はゆっくりと岸壁を離れた。
10. 戦争のときは、国境地区は緊迫した地域になるだろう。
11. 各レベルの計画出産部門のトップは計画出産政策の法整備の指導を強化しなければならない。
12. これから数日間、長江上流中流域で大規模な降水はないだろう。
13. マナーに反する行為は常に様々な非難を受ける。
14. 助け人が必要な場所はいたるところ、ボランティアが活動している。
15. 生態学の専門家は実地調査で、珊瑚礁が生息する水域の水温が毎年上昇し続け、珊瑚礁の急速な減少を惹き起こしていることを発見した。
    ○"长有～"で「～が育っている」。
16. 厳密に言えば、古代中国では民族主義の概念が顔を覗かせたことがなく、ただある単一姓の王朝、あるいは中華文化に対するアイデンティティしかなかった。
    ○"从来不曾V过"で「これまで～したことがない」。
17. 省内の農村で1人当たりの年収が800元以下の貧困家庭と都市部住民生活保護家庭の、中卒以上の学歴を持った子女に対し、山東省は政府が学費を援助する貧困技能支援計画を実施している。
    ○"面向～"で「～に対し」。
18. 中国に侵攻した日本軍第731部隊の遺跡は、かつて世界の戦争史上最大規模の細菌戦研究実験基地だった。

[練習問題13]
1. 台湾が自前で生産したA型インフルエンザワクチンは16日から接種が始まり、馬英九は初動対策期間中に真っ先に接種を受ける予定である。
2. 教育の目的は社会主義による近代化に貢献することである。

3. 大まかな統計によれば、東北地区は近年稲作面積がすでに1800万ムーに達した。
   ○"种植"で「栽培（する）」。
4. 山西省という土地が無数の芸術家を育てた。
5. アメリカの農業が成長するにはもっと海外市場に頼らなければならない。
6. 出稼ぎ農民が都会に出て市民となるのももはや夢ではない。
   ○"不再是～"で「もはや～ではない」。
7. 保護者は子供が学校あるいは地域社会が行うボランティア活動に参加するよう勧めるべきだ。
   ○"社区"は新しい地域社会組織を言います。行政の末端"街道"の下部に属し、従来の居民委員会と重なり合う場合が多くなっています。
8. 数年来競争が激化している家電市場は、価格戦争がまだ終息しておらず、多くのメーカーはさらに製品の科学的な性能アップに大いに工夫を凝らしており、ひきもきらない「画期的」が消費者に目移りをさせる。
9. 巨大な潜在性を持つ四川省の観光市場は多くのビジネス関係者から有望視されている。
10. 柳州市の農民の純平均年収は200元以上アップした。
11. 英語をマスターしようと思ったら、そのコツは優れた語感と表現能力を身につけることだ。
12. 中国雲南省の民族芸術団はベトナムでの12日間にわたる訪問公演を滞りなく終えた。
    ○"为期～"で「～にわたる」。
13. 山西省の雲崗の石窟は対策を講じられて、環境が明らかに改善された。
    ○"得到～"はこの文のように、受身に訳すと滑らかになる場合がよくあります。
14. 儒家の研究は当面の中国社会の発展に寄与すべきである。
15. 突如発生した災害や事故を初動時間に把握させる、このことが災害救助に求められる。
    ○"突如其来"は常用表現。
16. 大まかな統計では、1992年、北京の各体育館では各種の大衆スポーツ、文化活動が延べ1万回余り行われた。

[練習問題14]
1. 我が国は陸地大国でもあり海洋大国でもある。
   ○中国語は"一"を省略するのが大好き。"个"は"一个"の略。
2. アフリカはまさに正しい方向へ向かって発展している。

○"朝着~"で「~に向かって」。
3. 食糧の安全を確保する事は、終始人類の生存と発展が直面する最大の課題である。
4. 民間歌謡の保護事業はより一層迅速な進捗が切望される。
5. 孫孔文は県委員会書記在任中、その職務を利用して次々と賄賂を受け取り、その額は人民元に換算して38万元に上った。
6. 我々は危機感を持ち、また、自信満々でなければならない。
7. ブログはネットユーザーがその考えや感情を伝える場として、ネットユーザーの仕事や生活の中で重要な役割を果たしている。
8. 今年に入ってから、イラクはすでに10億ドル相当の石油を輸出した。
9. 予報では、5月下旬、河南省のほとんどの地域で気温が依然として異常に高く、雨量は少なく、大規模で深刻な旱魃が発生する可能性が極めて高い。
○"有可能~"で「~する可能性がある」。
10. ハイテクで従来の産業を牽引してこそ、資源の優位性を本当に経済の優位性へと変えることができる。
○"转化为~"で「~に変える」。
11. 今年上海では相継いで48の小規模店舗が一般向けの公開競売にかけられた。
12. 森林は大自然全体の調整室である。
13. わが国は重要鉱物資源の探査開発を一層強化する。
14. 社会全体に特許という概念があってこそ、自覚的に他人の特許を尊重することができる。
15. 人生がどんなに変幻極まりないものであっても、共産党員にとって、正しい価値観を確立する事はとこしえに最重要事なのである。
16. 国連の援助の下、アフガニスタンは総選挙を無事やり終えた。
17. 石炭市場を見ると、国内の石炭価格は依然として低すぎる。
18. 今年になって、多くの日本の閣僚や名士が相継いで訪中し、相互の理解と協力を増進した。
19. 絶えず学んでいてこそ、急速に発展する時代についていくことができる。

第Ⅳ部

第一ステップ
[S1-1]
1. 子供はリンゴを横に切って、中の星型を見つけた。
2. 黄河の源流地域では多くの湖がすでに干上がっている。
3. 現在世界の野生フタコブラクダはおよそ1000頭にも満たない。
4. 事実が証明するように、読者は真面目で責任感がある。
○"证明"は動詞です。
5. 中国は世界で子供が最も多い国だ。
6. アジアの多くの国々が中国を競争上での脅威だと感じている。
○"视~为…"「~を…と見る」。
7. 牛乳を飲むのは簡単で効果的なカルシウム補給方法だ。
○"一种"は主語を具体的に説明する口調を示します。
8. 西暦は太陽の動きに基づいている。
○"以~为…"「~を…とする」。
9. 現在多くの先進国がゴミを焼却処理している。
10. ニンニクは料理によく使うし、中国医学では常用薬でもある。
○"既是~又是…"「~でもあり、…でもある」。
○"中医"を「漢方」と訳すことがありますが、「漢方」は、正確には中国伝来の医学が日本で独自に発展したものを指すので、厳密に言えば正しい訳ではありません。
11. 今年陰暦の5月に、韓国ではたらいをひっくり返したような大雨があった後、続いて蒸し暑い猛暑となった。
12. 親は子供に、どんな人でも過ちを犯すことがあることを理解させるべきだ。
○"任何~都…"「いかなる~も、みな…である」。
13. 科学者の使命は未知の探究にある。
14. 一部の地方では経済を重んじ、生態を軽んずる考えが依然として存在している。
○"重~,轻…"「~を重んじ、…を軽んじる」。よく使われる表現です。

[S1-2]
15. 男女平等の実現は長期に渡る困難な任務である。
16. アメリカのニューヨークは旧暦の正月を法定休日に定めた。
○"将"は会話体の"把"同様、動詞の目的語を動詞の前に引き出します。
17. 良い事をやるにはお金がいる。/うまく事を行うにはお金がいる。
○前後関係がなければ、どちらにでも取れま

す。
例）"用大家的钱办好事"「みんなのお金を使って良いことをする」。
"用好钱办好事"「お金をうまく使って仕事をうまくやる」。

18. アメリカの他の大統領の墓地と比べ、リンカーンの墓はずっと大きい。
    ○ "与〜相比"「〜と比べて」の構文。"要"は比較に使われると、おおよそ推定する気持ちを示します。
    ○ "大得多"は程度補語の形。
19. 我が国政府はエイズ予防対策を充分重視している。
20. 私の最大の願いはふるさとの人々が早く豊かになることだ。
21. 私たちは食糧を節約し、食糧を大切にすることを呼びかけなければならない。
22. 人類の文明と進歩に対するエジソンの発明の貢献は極めて大きい。
    ○ 第Ⅰ部構文16（☞p.016）参照。この構文では、常に介詞構造部分（この文では「人類の文明と進歩に対する」）を先に訳し、「エジソンの発明」の部分を後から訳す癖をつけましょう。この文では「エジソンの発明の人類の文明と進歩に対する貢献」としても、「エジソンの発明」が「人類の文明と進歩」にかかることは意味的にありえないのですが、文によっては例えば「彼らの会社に対する貢献」のように「彼らの」が「会社」にかかるのか「貢献」にかかるのかわかりにくい場合が多いのです。普段から介詞構造部分を先に訳す癖をつけておきましょう。
23. 情報産業は折り紙つきの新興産業だ。
24. 白ワインを醸造するにはまず皮を濾過してから発酵させる。
    ○ "先〜后…"「まず〜してそれから…する」の構文。
25. 中国は目下社会主義市場経済の建設に力を入れている。
26. 経済が発展すればするほど、近代的企業制度を確立する必要がある。
    ○ "越〜越…"「〜すればするほど…だ」の構文。
27. 現在、農民の目前の難題はトウモロコシの皮が処理しにくいことだ。
    ○ "摆在〜面前"で「〜の前に置かれている」。
    ○ ["不好"＋動詞]で「〜しにくい」。
28. 中国人が西洋に学んだことはとても多い。
    ○ "学得很不少"は様態補語の形。

[S1-3]
29. 康世恩同志は1978年に国務院副総理の職にあった。
    ○ "于"は時を導く論説体常用の介詞。
30. 現在、インターネットの情報はすでに天下を覆い尽くさんばかりの勢いを見せている。
    ○ "铺天盖地"は常用四字成語。
31. 台湾同胞の利益は中華民族の全体的利益の一部である。
32. このキャンペーンは北京音楽放送局の主催である。
    ○ "由"は責任の所在を示す介詞。
33. 日本は世界で一、二を争う地震国である。
    ○ "数一数二"は常用四字成語。
34. 夏になってから、北京の気温は日一日と高くなっている。
    ○ "一天比一天"「日一日」は本来、会話体の表現です。
35. 我が国は世界でもトップクラスのレアアース資源国である。
36. 今では子供たちはもうランプを使って宿題をする必要がなくなった。
37. 1万元余り使ってパソコンを買っても、ただ字を打つことにしか使わないのが珍しくない。
    ○ "花钱"は「お金を使う」、"付钱"は「お金を払う」。初級学習者によく見られる間違い。
    ○ "买台"は"买一台"のこと。数量が1つの場合、"一"はよく省略され、量詞だけが残ります。
    ○ ["光"＋動詞]で「ただ〜するだけ」。["用来"＋動詞]で「〜するのに用いる」。
38. 中国の発展は世界各地の企業家にさらなるチャンスをもたらす。
    ○ "为〜带来…"で「〜に…をもたらす」。"给〜带来…"とも言います。
39. 現在、全国の誰もが人口問題の重大性を認識している。
    ○ "认识到〜"「〜と認識する」。[動詞＋"到"]は動作の結果、目的に到達したことを示します。
    ○ "严重"は「重大、深刻」の意味で、よくないことに使います。
40. 李敖は大陸の改革開放に対してずっと賛同してきた。
    ○ 中国語では人は"表示"、データは"表明"をよく使います。
41. 我が国の炭鉱での死亡率はアメリカの100倍余りだ。
42. 中国女子バスケは今晩107対65で危なげなく

日本チームを打ち破った。
○「107 対 65」は中国語では"107 比 65"。

[S1-4]
43. 文章を書くにはどうしてもいささか学問が必要だ。
44. 一部の地方では、中央の制定した農村政策は常に割り引かれてしまう。
45. 孫中山は時代の先頭に立った偉大な人物だ。
○"孙中山"は孫文のこと。
46. 北京市は毎年100種類に上る花卉を国外から輸入している。
47. 中国は国際的公約を守る。
○"承诺"は「公約」「約束」と訳すクセを。
48. 我が国では毎年工事の質の問題による損失が1000億元に達している。
○この"因"は連詞ではなく介詞。
49. 私たちは結婚して丸60年、つまりよく言うダイヤモンド婚である。
50. カンヌ国際映画祭はフランス南部の海浜都市カンヌで開かれる。
51. ロシア空軍は新式の攻撃型戦闘機を続々と配備しようとしている。
52. インターネットが日増しに普及し、ネットにアクセスする人がますます増えている。
53. 電力ネットワークのエネルギー節約・排出削減のプレッシャーは、発電企業よりも小さいようだ。
○"节能减排"は時事用語。
○[形容詞+"于"+～]は論説体常用の比較表現。
54. 老人性認知症の患者は女性が男性より多い。
55. 最近になって、広州市の刑事事件発生率はいくらか低下している。
56. もし誰かが白血病になったら、皆が同情するだろう。

[S1-5]
57. 中国側はアジア北東部の緊迫を招くいかなる行動にも反対である。
58. 未開発の自然はしっかりと保護しなければならない。
○"保护好"は結果補語の形。結果補語の"好"は「ちゃんと～する」と訳せば大丈夫。
59. 移動通信は専門性が極めて高いハイテクだ。
○「ある名詞の数量詞はその名詞にかかる全ての他の修飾語の一番前」が原則。この"一门"は"高新技术"にかかります。ここでは主語を具体的に説明する口調を示します。

60. 心臓の機能は主に血液を全身に送ることである。
61. 61歳の老人が突然心臓病を発症し、生命の危機に瀕している。
62. 一部の本は読んで理解でき有用なのだが、高くて買えない。
○3つの可能補語をしっかり把握しましょう。"～不起"は多く金銭的に無理なことを示します。
63. 私たちが今日直面しているのは父親の世代では想像しがたい物欲の世界だ。
○["难以"+動詞]で「～しづらい」。
64. 良好な投資環境は良好な管理によってもたらされる。
○"来自～"で「～から来る」。
65. 新聞は人々の生活に不可欠な精神的糧である。
66. 私たちは必ずや気持ちを振るい立たせて、科学技術立国のために奮闘しなければならない。
67. 世界で女性の政治参加度が最も高い国はニュージーランドである。
68. ミャンマーの宝石製品は国際市場ではまだ競争力に欠けている。
69. 上海の紡績業はかつて非常に栄えていた。
70. 初の衛星東方紅3号は1994年11月30日、発射に成功した。

[S1-6]
71. 香港の旅行業界は1950年代中・後期に始まった。
○"起步于～"で「～からスタートする」。
72. 手話とは聾唖者間、聾唖者と健常者間で交流するための言語である。
73. 1型糖尿病患者は常にインシュリン注射を受ける必要がある。
74. 近年になって犬が人を咬む事件が度々新聞で報道される。
○"见诸报端"は"见之于报端"のこと。"诸"は"之于"を1字に縮めたもの。
75. 4月4日、ウォール街は激動の1日を過ごした。
76. どの世代も常に上の世代から不満を持たれている。
○"被～所…"は論説体の受身表現。"为～所…"とも。
77. ここ数年、中ロ国境における民間貿易は日増しに活発になっている。
78. アメリカ側は北朝鮮が一部の中東諸国にミサイルを売っているのではないかと疑っている。
○"国家"は単複同形。時によって「諸国」「国々」とも訳します。

練習問題訳例と解説　第Ⅳ部　　　161

79. キューバ人は野球が好きで、カストロ自身が野球ファンである。
80. 今、アフリカでは30秒毎に1人の子どもがマラリアで亡くなっている。
    ○"因～而…"の構文。"而"は2つの動作を結びつけるときに使われるのと同様に、介詞と動詞を結びつける時にも使われます。言い換えると、"而"は介詞がそこまでかかることを教えてくれる貴重なマークだとも言え、"为～而…""从～而…"などと使われます。
81. それぞれの時代における典籍はそれぞれの時代の社会的成果を反映している。
82. いかなる時、いかなる状況下でも、食糧生産をおろそかにしてはいけない。
    ○"任何～都…"「いかなる～もみな…だ」の構文。
    ○"决不～"で「決して～ではない」。
83. 昔、嘉峪関には城がなく、城壁も多くが破損していた。
    ○"城墙多处损坏"は主述述語文。「AはBがCだ」。主語"城墙"に対する述部"多处损坏"がまた主述構造になっています。
84. 農村信用合作社は十中八九が赤字だ。

[S1-7]
85. 「近代中国画有名画家作品展」が今日閉幕した。
    ○"落下帷幕"は「幕を落とす」ではなく「幕を下ろす」。
86. 国際情勢がいかに変わろうとも、中国は終始平和外交を堅持するだろう。
    ○"不管～"で「～にかかわらず」。
87. 我が国の電信事業の発展は大きな試練に直面している。
    ○"挑战"は名詞の場合、「試練」という意味でよく使われます。
88. 農耕用の牛2頭が何者かに毒を盛られ、1頭は死んでしまった。
89. オランダは今世界で最も釣りが好きな国である。
    ○この"～的一个国家"を「～の1つの国家」と訳さないようにしましょう。ニュアンスとしては「～というそういう国です」という具体的なイメージを表す言葉。
90. 新疆の氷雪資源は東北にも劣らない。
    ○"绝不～"で「決して～ではない」。82の"决不～"と同じ。
    ○"逊于～"で「～に劣る」。
91. 従軍の経験がないのは、人生の痛恨事である。
92. 4人制サッカーは1994年ドイツで始まった。
93. 文学を愛する人はさほど容易に罪は犯さない。
    ○"不容易～"で「～しにくい」。
94. 現在、我が国のグリーンホテル（環境に配慮したホテル。エコホテルとも）はイチョウの葉をマークとしている。
    ○"以～作为…""～を…とする"の構文。
95. 地価の変化は高速道路がもたらす最も目につく変化である。
96. ヴェネツィアの唯一無二の景観は世界各地からの旅行者にとって忘れがたいものである。
    ○"使"を使った使役構文です。
    ○"独一无二"は四字成語。
97. 1人当たりの農業資源は減少している。
    ○"人均"「1人当たり」は"平均每人"を簡略した言い方。
    ○"在"は進行形を示します。
98. 誰もがそれぞれの性格を持ち、気質も当然人によって異なる。
    ○"因～而…"は問題80の解説参照。この文では、4字句を作る材料としても使い、それによって文の格調を高めてもいます。

[S1-8]
99. 上海は中国最大の乗用車生産地である。
100. 洪水対策は経済の発展、社会の安定に関わる大切な事業である。
    ○"事关～"で「～に関わる」。
101. 我が国の経済は低迷から抜け出そうとしている。
    ○["走出"＋場所]で「～から出る」。「～へ出る」ではありません。
102. 現代社会には辿り着けないほど遠い場所は存在しない。
    ○"有"の構文です。"是"以下の部分が前の"地方"にかかります。この"是"は判断を示す意味合いで使われています。
    ○"～不了"は可能補語の否定形。「～し切れない」「～できない」といった意味で使われます。
103. メキシコ湾には豊富な石油が埋蔵されている。
104. 知らない場所へ来て、もし正確で詳細な道路標識がなかったら、いたるところで道を聞くしかない。
    ○"若"は会話体の"如果"「もし～ならば」にあたります。
    ○"只能～"で「～するしかない」。
105. WTOの設立は世界的に統一された市場とメカニズムの形成を推進した。

○"机制"は「メカニズム」「システム」といった運用上の機能面を表す言葉です。"结构"「構造」との違いをはっきりさせましょう。
106. もし、人に自分を理解して欲しければ、まず先にあなたが人を理解しなければならない。
○"要〜必须…"「〜しようとするなら…しなければならない」の構文。
○"理解"は心から納得する意味合いで分かる、のに対し、"了解"はその実態をはっきり捉える意味合いで使います。
107. 愛がなければ教育はなく、責任がなければちゃんと教育できない。
○"就"は全文を条件的に受けます。
○"办不好"は可能補語の否定形。可能補語は後ろに目的語を取れることを再確認しましょう。
108. 李さんは北京の比較的有名な大学を卒業した。
○"毕业于〜"で「〜を卒業する」。
109. 私の父は山東省の定年退職幹部である。
110. 病院で手術したら、医者にガーゼをおなかの中に取り残されてしまった患者がいる。
○この文も問題102同様、"有"の構文です。
111. 今年に入ってから、全国の工業経済の動向は良好だ。
112. アメリカ政府は一部のハイジャック容疑者に対して証拠固めを行っている。

[S1-9]
113. シンガポール株式市場はここ2週間上昇し続けている。
114. 人権に対するアメリカ憲法の保護は国際基準をはるかに下回っている。
115. 国防は国家の大事であり、全国民が共に関心を持ち、築き上げていく必要がある。
116. 朱偉欣と比べ、伍岳の家庭の状況ははるかに良い。
○問題18とほぼ同じ構文です。
117. 今に至るも国有企業は損益をみずから負担できていない。
○"未能"は会話体の"没能"と同じです。
118. 都市へ定住しようと押し寄せるモンゴル遊牧民はますます多くなっている。
○"越来越多"は中国語では主語を修飾して「ますます多くの〜が」となる場合が多いのですが、日本語では、述部に置いて「〜がますます多くなっている」と訳したほうが滑らかになります。
119. 全国女性検察官法廷弁論大会が正式に開幕した。

120. 90年代末期、黒竜江省の人々は氷や雪にビジネスチャンスを見出した。
121. 湖南省岳陽県の一部の学校では依然として名目をつけてはやたらに学費を徴収している。
○"乱"はいろいろな動詞の前に置かれて、「やたらに」といった意味で使われます。
122. 長年、アジアの経済は2桁の速度で発展し続けてきた。
123. 今年64歳の阿丹老人は記憶がまだしっかりしている。
○"犹"は論説体用語で、「まだ、なお」の意味で用いられます。
124. 異なる地域の農民のニーズにちゃんと合った新製品をどのように開発したらいいのだろう。
○"开发出"で「開発する」。開発できたことを示します。
125. 安全はベンツが一貫して強調している特性である。
126. オマーンとの友好関係を強固なものにし、発展させていくことは中国の既定の政策である。
○"巩固""发展"という2つの動詞を"和"で結び、後ろに共通の目的語、この場合は"同阿曼的友好关系"を取っています。論説体常用の構造です。なお、この"同"は介詞です。

[S1-10]
127. 江西省信豊県は百年に一度の大洪水に見舞われた。
○"百年不遇"は意訳して「百年に一度の」と訳します。
128. 北京市は市外からやってくる労働者や商人に対してその総量規制をする。
○"将"は論説体で常用され、これから起こることを示す副詞ですが、中国語の副詞は介詞構造の前に置かれるのが基本です。
129. 国内初の水中兵馬俑陳列館が江蘇省徐州で完成した。
○"首座"の"首"は「最初の」という意味でよく使われます。例）"首次""首届"
130. 「論語ブーム」は近年の学術界と文化界における分析に値する現象である。
○"值得〜"で「〜に値する」。
131. 燃料電池自動車の技術はすでに国際的トップレベルに達している。
132. 漁と狩猟を主な生業とした古代エジプト人はナイル河を崇拝していた。
○"靠〜为生"で「〜を生業とする」。
133. 水は私たちが最もよく知る物質である。

練習問題訳例と解説　第Ⅳ部　　163

134. たくさんの農業技術員には最低限の勤務条件さえ整えられていない。
　　○"连~都…""～でさえ…だ"の構文。
135. スペインは西欧でダムが最も多い国の1つである。
136. 今、まず基本的な考え方について若干述べてから、みなさんと話し合います。
137. 現在は一年中どの季節も新鮮な野菜が絶えることはない。
138. 私が国外で診療を受けると、大病か否かに関わらず、カルテは病院によって保管される。
　　○"无论~都…""～に関わらず…だ"の構文。
139. あるインテリアマーケットでは一定金額購入すると、郊外にある競馬場の馬券がもらえる。
140. 患者が医師を選ぶのは医療改革の中に現れた新しい行為である。

第二ステップ
[S2-1]
141. 雲南省計画出産委員会の関連調査によると、雲南省の農村の子どもが1年に両親に渡す扶養費は平均630元である。
142. 西南地区には豊富な水力発電、天然ガス、鉱物などの自然資源があり、特に独自の特色を持つ観光資源もある。
　　○"蕴藏有"は動詞"有"の前に"蕴藏"がついた形。この形は存在の仕方や所有の仕方を前の動詞で具体的に示します。単音節動詞と"有"が組み合わさると多くの場合、熟した1語と解釈されます。例）"具有""怀有""持有""含有"
　　○"有着"のように"有"が"着"を伴う形式は主として論説体です。
　　○"众多"は「たくさんの」に当たる論説体用語。人に使われることが多いのですが、この文は違います。
143. 外貨準備の大幅な増加は、国の対外支払能力が大いに高まり、経済をコントロールする能力が強化されたことを意味している。
　　○"得到"は日訳すると多くの場合受身になります。
144. 筆者が接したポーランド人はほぼ全てが「私たちは東欧人と呼ばれるのがとても嫌だ」と言っていたが、これは冷戦思考が影響を及ぼしているのだ。
　　○"将~称为…"で「～を…と呼ぶ」。
145. コンピュータネットワークの我が国の大学への応用は日々深化、発展しており、大学の教師、学生の教学や生活に多くの変化をもたらした。
　　○"高校"は高等教育機関、即ち大学のこと。
146. 過去10年でタイの衣料品輸出は毎年10％から15％のスピードで増加し、その結果、タイは世界のファッション輸出国トップ10に躍り出た。
　　○"使"は多くの場合、結果を導く使役構文。したがって「～した結果」と訳すと大方はうまくいきます。
　　○"跻身"はこれで「～に身を置く」という動詞。
147. 現代の技術で作られた一般の印刷紙や筆記用紙は酸を含むために黄ばみや劣化が起こりやすく、保存期間はふつう100年に満たない。
　　○"因~而…""～なので…だ"の構文。
148. 仕事をきちんとやっているかどうか、清廉であるかどうかは、政府高官が決めるだけではなく、庶民にも語らせるべきだ。
　　○"干得好不好"は様態補語の反復形。
　　○"～与否"で「～であるか否か」。
149. 中国の王斯華、王薇の両選手がそれぞれ男子200メートルバタフライと女子200メートル平泳ぎの金メダルを獲得した。
　　○"分别"は「それぞれ」という副詞。
　　○"摘走"は結果補語の形。"走"は結果補語に使われると、もっぱら、動作の結果、その場からなくなることを示します。
150. 新中国のどの小中高校の教材をめくってみても、必ず長征に関する詩詞や文章を見つけることができる。
　　○"与~有关"で「～と関連する」。
　　○"词"は曲譜に合わせて作られる韻文形式の詩で、宋代に栄え、後の元曲などにも組み込まれました。
151. ここ数年、内モンゴルの食糧生産量は毎年平均6億5000万キログラムの速度で増加しており、すでに必要自給量を上回っている。
　　○"平均每年"は略して"年均"とも言います。
152. 企業家の精神とは一度確立されると変わらないものだが、企業戦略が絶えず調整されるにしたがって、必然的に新しい発展と向き合い、時には再構築の必要もある。

[S2-2]
153. つい先頃、世界第3位の金備蓄国であるスイスは、その備蓄の半分にあたる1300トンの金を売りに出す、とほのめかした。
154. 人を中心に据え続けることは、中華文明というしっかりした土台がある上に、時代が発展していくその進歩的精神の体現でもある。
　　○"以人为本"は胡錦濤政権の代表的スローガ

ンの1つ。
- ○ "既〜又…" の構文。くれぐれも、"既"を「すでに」と訳さないようにしましょう。

155. 改革開放から15年間、農村経済は急速に発展し、豊かになった農民は住宅条件の改善を切実に要求するようになり、住宅建設ブームが起こった。
- ○ "掀起了〜热潮" で「〜ブームが巻き起こった」。存在出現文の1種です。

156. 4月4日、大連聖亜シーワールドからやってきた10羽の南極ペンギンは中国科学技術館Ｃ館で初めて我が国の観衆と対面した。

157. 1947年5月1日、解放戦線の砲火鳴り響くなか生まれた内モンゴル自治区は、我が国最初の省レベルの少数民族自治区になった。

158. 農村の水利施設は長年メンテナンスがされておらず、ひどく破損しているため、多くの地方で灌漑面積が年々減少しており、水をめぐる紛争が絶えず起こっている。
- ○ "导致" は悪い結果を導きます。"造成" とよく似た働きをします。

159. 社会学の観点から見れば、社会で生活する公民はすべて平等であり、職業の違いはあっても貴賎の別はない。
- ○ "从〜来看" で「〜から見ると」。
- ○ "生活在〜" で「〜に生活する」。

160. 我が軍はその誕生の日から、背負っている使命と人民の利益を緊密に関連させている。
- ○ "〜起" だけで「〜から」。"就" は予想より早いことを示します。「もう」。
- ○ "与〜联系在一起" で「〜と1つに結び付ける」。この "一起" は「同じ場所」という名詞です。

161. 学校とは人を教育する場であるが、学校の成績（進学率）が新入生の成績と深く関わっていることは否定できない。

162. 80年代、我が国の農業、消費財工業の急速な発展は、経済全体の発展にとって重要な支柱となり、牽引的な役割を果たした。
- ○ "增长" は経済などでは「成長」、人口だと「増大」などと訳し分けます。
- ○ "整个〜" は日訳するとき、必ず「〜全体」と本体となる名詞の後ろに置く癖をつけましょう。例えば "整个民族" を「全民族」などと訳すと、日本語で単数か複数か分かりにくいからです。

163. 王乃忠は資料から、中国の飼育業の発展が飼料となる蛋白質資源の不足による深刻な制約を受けていることを理解した。
- ○ "受制于〜" で「〜に制約を受ける」。

164. いかにしてより一層サービス分野を拡大し、読者のニーズを最大限満足させるかは、私たちが近年真剣に追求してきた課題である。

[S2-3]
165. 電子出版物は大量の情報を保有でき、ソフトのコピー、CD-ROMの複製などには速くて便利で、したがって生産コストが低く、利潤が大きい。
- ○ "因而〜" で「それゆえ〜だ」。

166. 武漢市は、法律によって文化市場を管理する姿勢を堅持し、健全化に力を入れ繁栄を重視したため、市場は活気を呈している。
- ○ "既〜又…" の構文。

167. 今年我が国が受注した4万トンから9万5000トンの大型輸出用タンカー6艘はすべて中国が自らデザインした設計図を採用して造られている。
- ○ "A 至 B" は会話体の "从 A 到 B"「A から B」に相当します。

168. 杭州では今年、年初からのたった3ヶ月ですでに202件の暴動が起きており、人民警察官が1名犠牲となり、95人が負傷した。
- ○ "仅〜就…"「〜だけでもう…だ」の構文。
- ○ "前三个月" で「最初の3ヶ月」。

169. 私は、昨年故郷の湖北省大冶県曙光郷へ帰省して夏休みを過ごしたとき、現地の不当な料金徴収や費用割り当てで農民の負担が重いことを知った。

170. もう長い間、カラーテレビの競争は国内企業間にとどまらず、海外のブランドとの間でも見られている。
- ○ "体现在〜" で「に〜体現される」。

171. 浦東新区の今回の幹部公開募集は、応募者が全部で1814名、採用者40名中、半数は国内他省市出身であった。
- ○ "共有" は "一共有" の "一" が省略された言い方。論説体常用表現。

172. 紀元前405年、スパルタはペロポネソス戦争で、その平素から訓練された軍隊でアテネを打ち破った。
- ○ "其" は論説体で常用される代詞。
- ○ "以" は、この文のような介詞用法と、前文を受ける連詞としての用法がありますので要注意。

173. 香港は世界の三大天然良港の1つであり、世界の金融、貿易、交通運輸、観光、情報通信センターである。

174. 中国、日本、ASEAN諸国などはすべて多極化した世界の中の一極であり、ヨーロッパやアメリカだけではない、と彼は考えている。
    ○"而"は文中の接続に用いられ、その時の前後の関係に応じて、順接にも逆接にも対応できます。
175. アメリカ農務省が提供した資料によると、アメリカの農業専門家は微生物で農作物の害虫を駆除する方法を実験している。
    ○"试验"という中国語に対しては、必ず、「実験（する）」という訳語を用意しておきましょう。
176. つい先頃、ある農民が私に語った。「数年前私たちは国債を買うお金がなかったが、今は金があっても手に入らない」。
    ○トリッキーな文です。前半の"无钱购买国库券"は"没有钱购买国库券"と同じ、動詞が「ある」や「ない」のときの構文で、"钱"を修飾する"购买国库券"が後置された形ですが、"有钱买不到国库券"は「金があっても～できない」という"连有钱也～"に相当する文になっています。

[S2-4]
177. 多くの場合、異なる見方の間の争いは絶対的な是非とは関係なく、単に立場と見る角度の違いでしかない。
    ○"只是～而已"で「ただ～のみ」という構文。
178. 雪が降った時はいつでも、やんだとたんに村民たちが進んで道に積もった雪をきれいに掃除する。
    ○"不管什么时候～都…"「いつ～しようと、…だ」と"只要一～"「ひとたび～しさえすれば」が組み合わさった構文。
    ○"一干二净"「きれいさっぱり」は四字成語。
179. 国務院と中国人民銀行の承認を経て、中国人民建設銀行は今日から正式に新しい行名とシンボルマークの使用を開始した。
    ○"经～批准"で「～の承認を経て」。
180. 確かに、歴史的かつ現実的要因から、中国および中国文化に対するアメリカ人の理解はまだ足りず、誤解や曲解がある。
    ○"美国人对中国及中国文化的了解"は第Ⅰ部の構文16（☞ p.016）参照。最後の部分は存在文。
181. 魯迅の敵は帝国主義や北洋軍閥、国民党反動派だけでなく、我々民族の伝統文化にこびりついたカスや国民のひねくれ根性もまたしかりである。

182. 平山郁夫は我が国で発生した深刻な水害に対して心からの慰問を表明し、個人名義で100万円を寄付した。
    ○"表示"は日本語の「表明する」。
    ○"并"は"并且"のこと。論説体では多くの場合"并"だけで用いられます。
183. 多くの人々が、生産し生活する中から排出するゴミ、排水、排ガスはとっくに環境容量を大幅に超えてしまっている。
184. 5月14日の母の日に、ワシントンおよびその他アメリカ65の都市の母親がデモに参加し、国会に銃器の管理についての立法を求めた。
    ○この"就"は介詞。「～について」。
185. 我が国春秋時代の偉大な思想家・哲学者である老子が著した『道徳経』は後世高い評価を受け続け、代々語り継がれ、世界にその名を知られている。
    ○"所著的～"の"所"は、本来動詞である語が名詞を修飾する場合などに、動詞の頭に用いられます。
186. 私は今年95歳、健康状態は同年代の人と比べまだいい方だが、足元がおぼつかず、立ったり座ったりするにも支えがいる。
    ○"段"はいろいろな一区切りのもの（道路、鉄道、時間帯、文章など）に使われます。
    ○"和～相比"で「～と比べ」。
    ○"步履维艰"「足元がおぼつかない」は四字成語。
187. 大相撲は日本の「国技」であり、7世紀にはすでに日本に誕生しており、長い時間磨き抜かれて強い独自性を持つ日本の風俗となった。
    ○"早在～就…"で「早くも（すでに）～にはもう…だ」。
188. 国際経済情勢に大きな変化さえなければ、アジアの株式市場と為替相場の見通しはなお一層明るいだろう、と市場関係者は見ている。
    ○"大的变化"は本来"大变化"でよいのに、"的"の使用を避けたがる論説体でわざわざ使うことで、ことさらに強調することになります。
    ○"看好"は「ちゃんと見る」ではなく「見通しが明るい」「有望だ」。

[S2-5]
189. 今日の中国と世界は、昨日の中国と世界からなり、また、明るい明日の中国と世界へ通じている。
190. 元々北京に残って働くはずの女子大学生が、山岳地帯での仕事を希望し、そこで歓迎され

る医者となった。
- ○ "本"は"本来"。
- ○ "却"は予想に反した意外な気持ちを示します。「なんと」と訳すこともありますが、多くの場合、全体的なニュアンスで示して、わざわざ訳出しないほうがスムーズです。

191. 青年時代、任弼時同志は五四運動の影響を受け、情熱に駆られて愛国民主運動に身を投じた。
- ○ "投身于～"で「～に身を投じる」。

192. 私たちは成果をあげたと同時に、我が国の宇宙開発事業が世界の先進レベルと比べまだ少なからず距離があることもはっきり悟った。
- ○ "在～同时"で「～と同時に」。
- ○ "同～相比"で「～と比べ」。この"同"は会話体の"跟"に相当します。

193. 車輪がレールに当るガタンゴトンという音の響きとともに、ハルピン市民には久しぶりの路面電車が本日ゴーゴリ通りに正式に登場した。

194. あの500元余りもかけて作った私の眼鏡が、たった1年余り使っただけで、近視の度が進むという「新局面」に対応しきれなくなった。
- ○ "副"は眼鏡の量詞です。
- ○ "便"は会話体の"就"に相当します。予想より早い気持ち、「もう～だ」を示します。
- ○ "适应不了"は可能補語の否定形です。可能補語は後ろに目的語を取れます。

195. 福建省は閩台経済区としての優位性を積極的に活かして、100億米ドルに達する台湾投資を引き込み、台湾出資の企業が7000社以上設立された。

196. 再建・改造されて竣工した寧張自動車道路（西寧から張掖まで）は、青海省の海北チベット族自治州と河西回廊を結んだ。
- ○ "把～与…连接在一起"で「～を…と1つにつなげる」。

197. 今日、円が引き続き上昇した主な原因は、先週末の欧米外国為替市場で円が大幅に上昇したためである。
- ○ "日元升值"で「円高」、"日元贬值"で「円安」。

198. 党と政府は、庶民が豊かな暮らし、平和な暮らしができ、改革と建設が安定した環境を得られるようにすることを決意している。
- ○ "老百姓"は「庶民」。
- ○ "过日子"で「生活する」「暮らす」。"过上"の"上"は補語として動作の目的が達せられることを示します。つまり"过上～的日子"で「～な暮らしができるようになる」。

199. 我が国の七大古都の中で、洛陽の建都が最も早く、期間も最長で、王朝の数も最も多く、歴史上長期に渡って全中国、ないしはアジアの経済、文化の中心だった。

200. 労働紀律を整えるため、上海のある工場の工場長は自ら工場の入り口でチェックし、出勤状況を調べている。
- ○ "把关"で「チェックする」。"把～关"として「～をチェックする」とも使います。

[S2-6]

201. 学業、仕事、事業に対して一心不乱に専念し、たゆまぬ努力を続け、余計な誘惑にも負けない人がいる。
- ○ "专心致志"「わき目もふらない」は四字成語。

202. アメリカはすでに中東地区駐屯部隊およびその他の施設に高度警戒態勢を取るよう命令し、アメリカ艦船がスエズ運河を通過することを禁止した。
- ○ "驻～"で「～駐在」。
- ○ この場合、"处于～状态"で「～の状態に入る」。

203. 我が国の若者が好きな20のアニメキャラクターの中で、19が海外からのもので、我が国のキャラクターは「孫悟空」だけだった。

204. 中央テレビ局から省のテレビ局、さらに県レベルのテレビ局までの各種ニュース番組は、大小様々な会議の報道に半分の時間をとられてしまっている。
- ○ "甚至"を「甚だしきに至っては」と訳すといかにも固いので、「さらには（時には）～ということさえある」などと訳します。
- ○ "占去"「奪い取られる」の"去"は動詞の後ろに置かれ、喪失することを示します。

205. 蘭州住宅資金管理センターの元主任である陳其明に1億1700万元の資金を横領した疑いがかけられている事件は、今日蘭州市中級人民裁判所で審議が始まった。

206. 金庸の武侠小説が人気があるのは、それが「面白い」通俗読み物であるためで、高い芸術的品位があるからではない。
- ○ "A之所以～，因为…"で「Aが～であるのは…だからだ」。
- ○ "是～而不是…"で「～であって…ではない」。

207. 我が国の改革開放発展の過程において、民営経済と民営企業家は不滅の貢献を果たした。

208. 少数民族の習慣に関する祝祭日は各少数民族が居住する地区の地方人民政府が、各民族の習慣を考慮してその休日を決める。

○ "由～" は責任の所在を示す介詞で「～によって」と訳しますが、多くの場合、日本語では「～が」で済ませてしまいます。例）"由他负责"「彼が責任を負う」

209. マレーシアはアジア太平洋地区の経済環境の変化がもたらすチャンスをとらえ、国の経済発展に力を入れ、その成果は注目を集めた。
○ "抓住" は結果補語の形。"住" は動作の結果、固定されることを示します。

210. 大連市第二人民病院では、医療側が患者のために綿密に計算し、節約の様々な方法を考えてあげるのがすでに習慣となっている。
○ "想方设法"「あれこれ方法を考える」。中国語の四字成語は、1字目と3字目に似た意味の動詞を置き、2字目と4字目に似た意味の目的語をおくという構造のものがかなりあります。よく意味が分からない四字成語にぶつかったら、試してみましょう。

211. 香港政府の保安科が提供した最新のデータによると、去年発生した2000件余りもの少女失踪事件のうち、1043件が新界北区で起こっている。
○ "港" は香港の略称で、"港人" は「香港人」、"港商" は「香港商人」。
○ "宗" は事物を数えるときに用いる量詞。

212. 香港が「一国二制度」を実施しようとするに当たり、中国が内地のやり方を香港に強制することはありえず、香港のやり方も内地に持ちこんではならない。
○ "不会～" で「～するはずがない、ありえない」。
○ "强加于～" で「～に押し付ける、強制する」。

[S2-7]

213. 1988年に我が国はすでにチベットチョモランマ自然保護区をつくっており、総面積は3万4000平方キロメートルに及び、台湾省の面積に相当する広さである。
○ "相当于～" で「～に相当する」。

214. 1940年代にテレビが普及し始めてから、テレビは社会の進歩や経済発展に非常に大きな促進機能を果たした。
○ "自～以来" で「～以来」。
○ "起～的作用" で「～の役割を果たす」、"起到了～的作用" で「～の役割を果たした」。

215. 本日東京代々木の国立競技場では女子バレーのブラジル対キューバ、中国対韓国、日本対タイの3試合が行われた。

216. 世界規模で経済と科学技術での競争が日ごとに高まる時代において、学び向上しようと努力しなかったら、時代について行けないだろう。
○ "如果～就…"「もし～ならば…だ」の構文。
○ "有可能～" で「たぶん～するだろう」。

217. 遼寧省綏中県の路上はほぼリンゴの専売市場となっており、うずたかく積まれたリンゴ、車いっぱいのリンゴが国道に長蛇の列をつくっている。
○ "堆堆" "车车" と量詞が重ね型になっていますから、複数を示します。

218. 台湾最南端の農村を取材してみて、広東や福建の村を取材するよりも容易で、交流もしやすかったことを私は認めざるを得ない。
○ この "要" は、比較に基づくおよその推定を示します。「～だろう、～のようだ」。

219. 硯山県公安局の麻薬捜査官陳建軍は次々と24回変装して麻薬販売グループ内部に潜入、調査し、多くの売人を捕まえた。
○ "先后" は「前後して」と訳すより、「次々と」と訳したほうがスムーズです。

220. ある地域の計画出産は「普段はほったらかしにしておいて、年末になるとうるさく言い出す」状態で、人がまもなく出産というところで罰金を取りたてに来る。
○ "等～" はこの文では「～を待って」と訳しても十分通じますが、多くの場合、「～になってから」と訳したほうがスムーズです。

221. デトロイト、フランクフルト、パリ、東京の四大国際モーターショーで長年主役だったのはみな多国籍企業である。

222. 王府井が都市建設の一部に組み込まれたのは700年前、元の大都の時代まで遡り、商業活動の集散地となったのは明代の中・後期である。
○ この "当" は "应当"「～すべきだ」に同じ。
○ "则" は、ある特定の事例を引き出して叙述する場合に用いられる副詞です。"A则～" は「Aの場合は～だ」。くれぐれも「すなわち」と漢文読みしないようにしましょう。

223. もともと「電子マネー」といわれるクレジットカードは、近年発行量が増加し、カードの使用環境も徐々に改善されてきている。
○ "素有之称"「かねてから～と呼ばれている」は常用表現です。

224. 洋服のファスナーはちっぽけなもので、正常なときは目立たないが、一旦壊れると往々にしてこれほど気になるものはない。
○ "只能算个～" は分かりやすく直訳すると「ただ～とは見なせない」。

○ "不过"は形容詞の後ろに置かれると、程度が極めて高いことを示します。

[S2-8]
225. 残念なことに、我が国の農村衛生事業の発展はかなり遅く、農民が医者になかなか診てもらえないという問題は日増しに突出してきている。
○ "令人"は形式上では使役構文ですが、この"人"は話し手も含む不特定多数を指すので、訳すときは話し手がそう感じたという方向で訳します。日本語ではむしろ受身に訳したほうがスムーズなことがよくあります。例）"令人吃惊"「びっくりした」→「びっくりさせられた」
○ "看病"は「病気を見る、診察する」の他に、よく「病気を見てもらう、診察を受ける」という意味で使われるので注意しましょう。
226. 市場経済という条件の下で最も重要なのは、農民と市場を結びつけ、農民を農産物流通の主体になってもらわなければならない、ということである。
○ "结合起来"の"起来"はばらばらのものが集まる方向を示します。例）"团结起来"「団結する」
227. ブラジルでは男性中心主義が依然として根強く、女性はしばしば不公平な扱いを受け、女性に対する犯罪や暴力も折に触れ見られる。
○ "时有"で「折に触れ」。
228. 陳錫文は、私たちの食糧生産は海外と比べると競争力に乏しいが、労働集約型製品では優位を占めている、と見ている。
○ "和～相比"「～と比べて」の構文。
229. 最近、日本の三重県の育種家が小指の爪ほどの大きさの世界最小のバラを育てた。
○ "大小"は「大きさ」、"长短"なら「長さ」。
230. 窒素酸化物や炭化水素は紫外線に強く照らされて光化学スモッグをつくることが可能で、その結果、人や動植物が危害を受ける。
○ "使"は多くの場合、結果を示す使役に使われるので、「～を…させた」と訳すより、「その結果、～は…となった」としたほうが訳しやすいのです。
231. 多くの国の人々にとって、遺産という概念は一般に古い文化財に限られるが、実はそのような考えは近視眼的である。
○ "局限于～"で「～に限られる」。
232. かなりの地域、特に貧困地域では、先祖代々受け継いだ、子どもが多いほど幸福であると

いった概念が依然として根強い。
○ "～尤其是…"で「～特に…は」。
○ "根深蒂固"「しっかり根を張ってゆるぎない」は常用の四字成語。

233. 異なる民族文化の調和融合が広大かつ深遠な中華文化を育んできた。少数民族文化はその重要な構成要素である。
234. 『マルコポーロ旅行記』（『東方見聞録』とも言う）はイタリアないし全ヨーロッパに神秘の国中国のベールをめくってみせた。
235. 山東省即墨市楼子疃鎮の村役場が農業総合開発プロジェクトを実施したことで、2年前は荒れ果てていた土地が今では一面青々としている。
○ "项目"は政策などなら「プロジェクト」、スポーツなら「種目」などと訳し分けます。
○ "片"は「あたり一面、見渡す限り」といった広い範囲を示す量詞です。
236. 新刊図書の市場における「賞味期限」は以前の1年から3年が短縮されて現在の3ヶ月から6ヶ月になった。
○ 論説体の"A 至 B"は会話体の"从 A 到 B"「AからB」に相当します。

[S2-9]
237. 去年9月、あるレジャー会社が出資し、大連の繁華街に6ヶ所の無人新聞スタンドを設けたが、料金の回収率は50％前後しかなかった。
238. 消費者が必要とするものをつくる！　これこそが市場経済体制下で企業経営者が取るべき姿勢である。
○ "消费者需要什么，我就生产什么！"は同じ疑問詞を呼応させる連鎖文です。この形式は訳し方に早く慣れておきましょう。詳しくは第Ⅰ部構文26（☞ p.026）参照。
239. 長江三峡西陵峡両岸での見境ない採石活動が同地の生態環境や景観を著しく破壊したことを、人々は非常に残念に思い、また憂慮している。
○ "令人"については上記問題225の解説参照。
240. 偽物粗悪品を取り扱う一部の不法な業者は、顧客が弁償を求めたり、法律に訴えることを恐れ、領収書を発行しようとしない。
○ "假冒伪劣"「偽物粗悪品」は決まった言い回し。
○ "诉诸法律"は"诉之于法律"「これを法律に訴える」がつまったもの。
○ "不敢"は自分から進んでしようとしないことを示します。

241. 現地時間4日夜7時ごろ、モスクワ赤の広場で深刻な自動車爆発事件が起こり、事件を起こした本人と軍人3名がけがをした。
242. 言うまでもなく、12億の人口を抱える大国にとって、国家経済と民衆の生活に関係する食糧、綿花は戦略的意義を持つ特別な商品である。
    ○ "不言而喻"「言うまでもなく」は決まった言い回し。
    ○ "关系（到）～"で「～にかかわる」。
243. 銭正英は、生態環境の保護は大変困難かつ壮大な事業であるので、一気に達成できると期待してはならない、と強調した。
    ○ "一蹴而就"「すぐにできる」は常用の四字成語。
244. 歴史の足取りは時には人々の希望よりもずっと遅いが、生活の歩みは時には人々の想像よりもはるかに速く、想像を超えたものになる。
    ○ "比～…得多"で「～よりずっと…だ」。
245. 40歳過ぎの劉伝文は、一家4人が毎年救援食糧に頼り、住んでいる2間のわらぶきの家は長年手入れをしておらず、雨が降ればいつも部屋中水浸しになる。
246. 男子バレー世界選手権やその他の世界的大会で、賄賂を受け取ったり、指示を受けて一方に肩入れするような「八百長審判」はいるのだろうか？
247. 深圳経済特区の歴史は、改革開放の歴史であり、努力して調和のとれた発展を実現した歴史でもある。
    ○ 日本語の「一部の」に当たる中国語は "部分～"。中国語の "一部" は本や映画などに使う数量詞。
248. しばらく前に一挙に3タイプもの携帯電話を発売したのに、シーメンス移動電話にはまた新型携帯1118がお目見得した。
    ○ "继～"で「～に続いて」。

[S2-10]
249. 東京秋葉原の電気街は日本経済を観察するバロメーターであり、中国人旅行客がよく訪れるショッピング街でもある。
250. 西洋には「天は自ら助くる者を助く」という諺がある。これは、人類が数千年の切磋琢磨を経て手に入れた、生きていくための重要な経験則なのである。
    ○ "有句～" は "有一句"の "一" が省略されたもの。
    ○ "而" は2つの動作をつなげる働きをします。「そうして」。

251. 言うまでもなく、人類は自然資源を使って生活しなければならないので、生み出された廃棄物を大自然の力で浄化し、元の自然に戻さなければならない。
    ○ "来" も2つの動作をつなげる働きをします。「～して…する」。
    ○ "还原于～" で「～に戻す」。
252. 北京市はゴミに対してより効果的なリサイクルを行うため、古紙や廃プラスチック、使用済み電池などの分別回収を推進し始めている。
    ○ "～，以便…" は日訳するとき、一般に後ろから「…するために～する」と訳します。
253. 中国は労働力、マーケット、資源などで優れており、投資環境はますます改善されており、外国からの直接投資を歓迎している。
    ○ "越来越～"で「ますます～だ」。
254. 新税法という有力な武器を把握してこそ、企業の権益を守り損失を出さないようにすることができる、と企業経営者は感慨深げに話した。
    ○ "只有～才能…" で「～してこそ…できる」。日訳するときは「～しないと…できない」とか、後ろから「…するには～しないとダメだ」などと訳すテクニックも必要です。
    例）「君だからこそこの仕事ができる」「君でなければこの仕事はできない」「この仕事をするには君でないとダメだ」
255. ヨーロッパ諸国の会議や公演は定刻通りに始まるので、開始前にはもう着席していないとマナー違反になる。
    ○ "西方国家" は東西両陣営が対立していた時代は日本も含む西側資本主義国家群を指したのですが、最近では欧米諸国、時にはヨーロッパ諸国を指す意味で多く使われています。
    ○ "就"「もう」と "才"「それでこそ」のニュアンスを大切にしましょう。
256. 毎日豚、牛、羊などの肉を主食としている女性は、毎月数回しか肉を食べない人に比べ、腸ガンを患う比率が2.5倍にもなる。
    ○ "以～为…" 「～を…とする」の構文。
    ○ "吃几次肉" の語順を再確認。目的語が人称代名詞（あるいは人を示す普通名詞）以外の場合、動作量や動作の回数を示す語は一般に目的語の前に置かれます。
257. 現代の子どもの生活は大変だと思う。10歳にもならない子どもが朝6時には起きて、夜の10時11時まで宿題をやらなければならないとは。
258. アウディA6は、1997年に正式に登場して以来、

その独自のデザインや卓越した性能で一連の国際大賞を獲得している。
○"一系列"は通常「一連の」と訳します。

259. 浙江省のコンピューター教育の発展はかなり速く、すでに最新教育技術導入モデル校を設けており、少数ではあるが市や県で地域内教科ネットワークをつくったところもある。
○"一批"はひとまとまりの量を示します。"一大批"となると「大量の」。

260. アメリカにとってもキューバにとっても、キューバ人が大量にアメリカに移住する問題の解決は容易ではない。
○"无论A还是B"で「AであろうとBであろうと」。
○"对～来说"で「～にとって」。論説体では"对～而言"とも言います。

第三ステップ
[S3-1]
261. 私たちは長城をただ外敵を阻止する砦だと思ってはいけない。長城は同時に1本の河、つまり多民族を団結させる河であり、共に集い交流する場所を多民族に提供しているのである。
○"了解为～"で「～と理解する」。

262. 自衛隊の発足と発展の過程からみると、自衛隊はどう考えても正真正銘の軍隊であり、日本の故吉田茂首相も日本の「新国軍」だと認識していた。
○"不论～都…"の構文。
○"支"は"军队"の量詞。

263. エアバスA380はエアバス社が設計生産した輸送力が極めて高い民用航空機で、使用が開始されれば世界最大の旅客機となり、航続距離は10400キロメートルを超える。
○"投入使用"で「運行に投入使用される」。

264. 中米双方は最近北京で知的財産権保護について協議し、中国側代表はアメリカ側に、知的財産権保護の立法、司法、行政保護の面における中国側の進捗状況を詳細に報告した。
○"就～进行磋商"で「～について協議する」。

265. 世界保健機構（WHO）アフリカ駐在代表部は先日、全世界で毎年300万人が喫煙による病気で死亡し、それは世界の毎年の総死亡者数の6%を占めている、という最新の数字を発表した。
○"死于～"で「～で死ぬ」。

266. 近年の研究により、耳と目の間にはさらに微妙で複雑な内在的関係があり、騒音は視力に間接的に影響し、動体に対する眼の対称平衡感覚に支障をきたすことが明らかになった。
○中国語の"表明"は日本語では多くの場合「示す」。
○"～, 从而…"で「～し、それによって…となる」。

267. 福建省は全国に先駆けて海洋環境保護条例を制定し、海に関連する建設プロジェクトには厳格な海洋影響評価制度を実施し、海洋生態保護と環境汚染対策を強化している。

268. アメリカが発表したばかりの経済統計数字が、アメリカが再び利率を引き上げるのではないかという投資家たちの不安を軽減させたので、ヨーロッパの株式市場は今日は続々上昇し、米ドルも安定に向かった。
○"趋于～"で「～に向かう」。

269. アメリカ、ボストン大学のリモートセンシングセンターの科学者は、1990年以来衛星が撮影してきたアラビア半島の写真を手がかりに、サウジアラビアを貫く古い川筋を発見した。
○"借助于～"で「～の助けを借りる」。

270. 広告物、出版物、商品において人民元や国債の図案を濫用する行為が最近頻発しており、一部の犯罪者たちが詐欺行為を行うのに乗ずる隙を与え、金融秩序を混乱させている。
○"给～以…"で「～に…を与える」。

[S3-2]
271. 東莞市の福安紡績染色有限公司は、3年間にも渡り勝手に配水管を設置、毎日2万トン余りの汚水を無断で排出し、数千万元もの利益を得ながら、ニセの水量帳簿で環境保護部門を騙していた。

272. 現在、財務と税務の紀律が緩んでいることに焦点を当て、国務院の承認を経て、今年の税収、財務の大規模調査が8月に前倒しされて始まることになり、特に財政収入の流失問題に重点が置かれる。
○"针对～"で「～に焦点を合わせて」「～に的を絞って」「～に対して」。
○"经～批准"で「～の承認を経て」。

273. 中国女子バスケは6戦全勝の圧倒的優位でアジア女子バスケット選手権大会で優勝したが、来年の蘇州世界選手権で中国チームがまた韓国チームに勝てるかどうかは、今の段階で判断することは難しい。
○"很难做出～"で「～しづらい」。

274. この大事な時期に呉明廉は語った。「先進国、発展途上国を含むあらゆる国は一致団結して

緊密に協力し合い、実質的義務を果たし、人類の環境保護に積極的に貢献するべきだ」と。
　○"所有～包括…"は後ろから訳して「…を含むあらゆる～は」。

275. 滄州化学肥料工場は、国外の最新技術を吸収消化する一方で、同工場のエネルギー不足、原料不足の現実的状況に対しては絶えず技術的改良と開発を行っている。

276. 「書壇画苑」はテレビの言葉を通して視聴者に美術鑑賞についての知識や情報を伝え、画壇の大家や名品を紹介し、視聴者が美術作品に対する鑑賞レベルを高める手助けをしている。
　○"有関～的知識"で「～に関する知識」。

277. 『21世紀学問別発展叢書』は全シリーズで1400万字に及び、自然科学の70近くもの主要学問分野の起源や発展過程、偉大な貢献をした科学者、重要な科学技術上の成果を紹介している。

278. イギリス、ロンドンの研究者が、かつて世界52の地域の1万人余りに対して食塩と血圧の関係をテーマにした研究を行ったが、両者の間にいかなる因果関係も見出せなかった。

279. いささか発展が遅れている大国、中国の身障者は5000万人余り、全国総人口の5％を占めており、福祉国家のように国で全て面倒を見るのはまったく非現実的だ。
　○この"作為"は動詞ではなく介詞。
　○"像～那様"で「～のように」。

280. 国の関連部門がエビ養殖業に対してマクロ管理を行い、集約化経営を発展させ、技術導入を進め、根本から海洋環境を改善してエビ養殖の条件を是正するよう、彼らは呼びかけた。
　○"有関部門"で「関連部門」。

[S3-3]
281. 9月8日、第2回チベット高原国際自転車ロードレースは青海省西寧で号砲が鳴り、その昔、文成公主が中原の地へ思いを馳せた日月山を越え、苦難の旅路をスタートさせた。ゴールは2500キロ離れた太陽の都、ラサである。
　○"文成公主"は、唐の時代にチベット王に嫁ぎ、チベットに様々な文化をもたらしたと言われています。

282. 前門大通りは、北京に今も残る、古都の趣がもっとも色濃く、文化的薫りが最も深い保護区であり、高くそびえる2つの城楼があることによって、さらに果てしない価値が付加されていて、一度壊してしまったら取り返しはつかない。

　○"铲掉"の"掉"は結果補語として用いられると、動作の結果、なくなってしまうことを示します。
　　例）"吃掉"「食べちゃった」、"灭掉"「滅ぼした」

283. ハンセン病は3000年余りもの歴史を持つ慢性的伝染病であり、長い間特効薬がなかったため、患者は罹患後手足が変形したり、鼻がつぶれ目が見えなくなったりして、顔つきがひどく変わってしまっていた。

284. 南アフリカで発見されたアウストラロピテクスの骨格化石は、おそらく400万年もの長い間洞窟の中に埋まっていて、当初の予測よりも年代的に古く、人類の起源の研究に新たな手がかりとなるだろう。
　○"副"はこの文では骨格の量詞。一式そろったセットになっているものを数えます。
　○"早于～"「～より早い」は［形容詞＋"于"～］の形の論説体の比較級。
　○"有可能～"で「～の可能性がある、たぶん～だろう」。"为～提供…"「～に…を提供する」が後ろから"可能"にかかっています。

285. 普陀山の仏教文化は唐代に始まり、我が国仏教の四大名山の1つであり、第1次国家重要景観名勝地区に選ばれ、仏教文化の悠久の歴史と独自の島の風景でその名が知られている。
　○"以～而…"の構文。"而"は"以"がそこまでかかることを教えてくれます。

286. 過去8、9年間、国連加盟国は常に安保理に対し改革を呼びかけている。多くの国々が、安保理は加盟国を公平に代表するものではなく、特に発展途上国を代表する部分に欠けている、と見ている。

287. 食用小麦の順調な輸出は、河南省の小麦生産地区の大量の在庫に市場への突破口をつくり、同省の小麦の品種構成の改善、農民の増収促進に対してプラスの効果をもたらすだろう。
　○"結構"の後が"，"ではなく"、"であることを見落とさないようにしましょう。

288. 陳履生の作品は典型的な文人画で、のんびりした気楽な雰囲気の中で、自分の情感、興味、教養、思想などを筆と墨を借りて山水や梅の花に表現している。
　○"借助于～"で「～の助けを借りる」。"表現于～"で「～に表現する」。

289. 8月のヨーロッパはのんびりとしている。なぜならこの時期に多くの人が休暇を取り、家族を連れて続々と海や山へ出かけ、1ヶ月の有給休暇を楽しむからである。

290. 最近、紀さんはいささか困惑している。それというのも、医療関係の職場を定年退職した母親があろうことか健康茶にいれ込んで、その効果を信じて疑わず、年中愛飲するばかりか、周りの人にさかんに勧めているからだ。
○"因为～"「なぜならば～だからだ」。"因为～"は本来、「～なので」と後ろを受けるものですが、近代以降の翻訳文学の盛行で、英語のbecause的な使い方も多くなっています。

[S3-4]
291. 河南湖雪小麦粉有限会社がある許昌市では小麦の生産が盛んで、その量と質は全国でも指折りなのだが、小麦栽培に携る農民の収入の増加はかなり遅い。
292. ここ数年、清華大学の学生が熊に硫酸をかけたり、成都の学生が子犬を電子レンジに入れたり、かわいい女の子が子猫を虐殺したりといった類のニュースを新聞やネット上でよく見かける。
○"诸如此类"「こういった類」は常用表現。
○"见诸于报端"は"见诸报端"に同じ。本来、"诸"自体が"之于"の音をつめたものなので、それにさらに"于"を加えるのは蛇足に近いことです。
293. 世界フィギュアスケート選手権で、中国の申雪と趙宏博はペアのフリーで再び1位になり、この結果、今大会での金メダルを獲得した。
294. お年寄りたちは、昼間はデイケアセンターで専門職員に見守られて本を読み、娯楽に興じ、あるいはまたボランティアとおしゃべりして気晴らしをし、淋しさをまぎらわし、夜は家に帰って子どもたちと家族の団欒を楽しむ。
295. 現在多くの地方が、参観後、国外から来た教授に、私たちの実験室の設備は彼らより整っており、欠けているのは条件ではなく、考える力、思想、あくまで追求する信念だ、と言われている。
296. 指導教官が私に最初にやらせたことは、研究したい分野について、国際的にその時点で最新の成果を探し、その中から、その分野にまだ解決されていないどんな問題があるかを分析することだった。
○"想要"はこれで1語。「～したい」。
○"尚未～"は会話体の"还没"に相当。
297. 東晋の有名な書道家、王羲之の『蘭亭集序』1650周年を記念して、4月6日、中国と日本の6歳から15歳の子どもたち100人が、紹興市蘭亭で「天下第一書」書道大会に参加した。

298. 有名な景勝地九寨溝を元の自然の姿に回復させ保護するため、3月から、関連部門は同地域で、以前から残っていた商業施設の大幅な撤去を開始した。
○2つの動詞"还原"と"保护"を"和"で結び、後ろに共通の目的語を取っています。論説体常用の構文です。
299. 香港大学を例にとると、45％の教員が国外出身、学生は世界五十数ヶ国から来ていて、毎年10％以上の学生が交換留学生として世界各地の有名校に学んでいる。
○"以～为例"「～を例に挙げると」は常用の言い回し。
300. 一人暮らしの老人の悲哀がいつもニュースで伝えられている。例えば病気になっても助けてくれる人がいない、亡くなっても誰にも知ってもらえない……など。道理でお年寄りたちはいつも昔のご近所やかつての四合院を懐かしんでいるわけだ。
○"无人救""无人知"は会話体の"没有人救""没有人知"と同じ。

[S3-5]
301. 4月1日、東京の桜が咲いてもう1週間余りになる。郊外の多摩湖では今がまさに満開と聞き、私たち学校仲間数人は一緒に湖畔へ花見に出かけることにした。
○"约好"で「ちゃんと約束する」。結果補語です。
302. 私は北京の地下鉄の公衆トイレで、ある若者が大便をした後、流すための水道の蛇口を開けっ放したまま大手を振って立ち去っていくのを以前見たことがあるが、私が蛇口を閉めるまでの1、2分間、一体どれくらい水が無駄に流れてしまったことだろう。
○"扬长而去"「大手を振って立ち去る」は常用表現。
○"等～"は「～になるまで」「～になると」「～してから」など、ある時点までの時間の経過を示します。
303. 陝西省西安市青年路111号の住人は、7月28日、風雨の中、4階の廊下の手すりの一部が突然崩壊するなどとは夢にも思わなかった。その10日後（8月8日）には手すりは全部崩落してしまい、建物も傾いてしまった。
○"做梦也没想到"「夢にも思わなかった」は常用表現。"梦不想到"とも。
304. 泥が堆積して河床が上昇したため、黄河の堤防はますます高くなり、増水期ともなれば人々

は手に汗を握り、この天上川が溢れだし、壊滅的災害をもたらすのでは、と心配している。
- ○ "一〜就…" 「一たび〜すれば…だ」の構文。
- ○ "条"は河の量詞。

305. 最近の子ども靴は運動性を追求し、靴底の多くは弾力性のあるゴム底となり、帆布を使ってしあげるものもあるなど、軽くて耐久性に優れ、快適になっている。

306. 客観的に言って、世界の強豪と中国のシンクロを比べれば、技術レベルや芸術表現力などの面において確かにまだ大きな差がある。このことを私たちははっきりと認識した上で全力でレベルアップしていかねばならない。
- ○ "的确" 「確かに」は副詞。

307. 派遣労働でみられる労働者の合法的権益を侵害する状況の多くは、派遣労働システム自体の問題ではなく、実際のやり方に派遣労働の理論、政策規範とかけ離れたものがあるためである。
- ○ "与〜相背离"で「〜とかけ離れている」。

308. 中国が「世界の工場」となり、企業競争力を高め、中国製というブランドを造り上げようとするなら、熟練し高い技術を身につけた技術者たちをより速く育成し、蓄積していかなければならない。
- ○ "要〜必须…" 「〜しようとするなら…しなければならない」の構文。第Ⅰ部構文34（☞ p.029）参照。
- ○ これも２つの動詞を"和"で結んだ形。上記問題298の解説参照。

309. 今世紀に入ってから、長江では３度も大洪水が発生し、浸水面積は合計１億２千万ムー、溺死者は31万７千人にのぼり、1954年の水害だけで直接の損失は100億元以上となり、間接的な経済上の損失は計り知れない。
- ○ "仅〜就…" 「〜だけでもう…だ」の構文。

310. 今後50年間、現在の年平均資源消耗量３億７千万立方メートルに基づいて計算しただけでも、我が国の森林消耗量は少なくとも185億立方メートルとなり、今ある森林資源全体の1.6倍になる。
- ○ "按〜计"で「〜（という基準）で計算すると」。

[S3-6]

311. 成都は我が国西部地域の経済中心都市であって、科学技術・商業貿易・金融の中心、交通・通信の要として重要な役割を果たしており、重慶とともに成渝（成都と重慶）経済圏、都市群を形成している。
- ○ "起〜作用"で「〜の役割を果たす」。
- ○ "与〜一起"で「〜と一緒に」。

312. 情報ハイウェイのひな型と見られているインターネット上で、人々は情報が得られるだけでなく、情報の発信と交換もでき、この双方向性と開放性がインターネットの基本的特徴である。
- ○ "被视为〜"で「〜と見られる」。

313. 日本において小型車は決して低級車を意味するものではなく、自動車工業会は心血を注いでエンジン性能を高める研究をし、モダンでスマートなデザインを絶えず打ち出し、工夫を凝らした斬新な広告で大々的に小型車を宣伝している。
- ○ "等于〜"で「〜に等しい」。

314. ファーストフードは人々の一日三食という生活上の基本的なニーズを満たすための庶民的飲食アイテムだったが、ここ数年その発展はスピーディで、すでに多くの勤務労働者の昼食に欠かせない特別なサービスアイテムとなった。
- ○ "不可缺少"「欠くことのできない」は常用表現。

315. 現在、ますます多くの国の都市プランナーが都市の急速な拡大がもたらす様々な弊害を認識するようになり、都市の中でどのようにして人と自然の共生を維持するかについて、人々もだんだん関心を持つようになってきている。
- ○ "所带来的"の"所"は本来動詞である語が名詞の修飾語になるときなどに多用されます。

316. つい先頃、私の村のある農民が、苗床に雑草が生えないようにと、店に行って「除草王」を２袋買い、催芽したモミと共に泥に混ぜたが、その結果雑草は生えないが苗も育たなかった。
- ○ "结果"は１語で「結果として」という意味で使われます。

317. 仙鳥湖に甫荘島という島がある。面積は10ムー足らずで、１年生から３年生までの小学校があり、20名余りの児童に対して先生は１人、周囲７つの島の子どもがここで学んでいる。
- ○ "一至三年级"で「１年生から３年生」。"A至B"「AからBまで」は論説体常用の言い方。

318. 諸葛亮の故郷が山東省にあることは争う余地がないので、彼が隠遁した地について思案を巡らし、襄陽の人は隆中は襄陽にあるといい、南陽の人は臥竜岡は南陽にある、と激しく競っている。
- ○ "没有什么〜的"で「なんら〜することがな

い」。
- ○ "做文章"「工夫する」は最近頻繁に使われる言い回し。
- ○ "不亦乐乎"は本来の『論語』上の意味から離れ、程度の激しいことを示します。

319. 中国系住民のカナダ社会における役割はますます拡大しているが、このことはカナダと中国の経済関係が今後さらに活発になることをも示唆しており、カナダの大学もこの互恵協力の発展に関与したいと考えている。

320. ブリジストンタイヤは、最近北京で大規模な無料タイヤ安全チェックキャンペーンを実施し、所有者がタイヤについての正しい使用知識を得て安全意識を高めるようサポートした。
- ○ "近日"は日本語では近未来にしか使いませんが、中国語では"近期"とともに、過去にも使うので要注意です。
- ○ "正确"は「正しい」、反義語は"错误"。「正確だ」は"精确""准确"。

[S3-7]

321. 山東省日照市は近年相次いで3ヶ所の大採石坑を改造した。地下水や周囲の雨水を貯めて湖畔生態公園を作り、昔の街の「傷痕」を1つ1つ美しい風景に変えたのである。
- ○ "道道"と量詞が重ねられているので、複数になります。

322. 人類の進化は文明の相違性すなわち多様化をもたらしたが、地球の進化の歴史は、相違性や多様性は単一性や純粋性に比べ人類の生存と発展に有利であることも物語っている。
- ○ "即"は論説体で動詞としても使われます。「即ち(～である)」。

323. 山西省襄垣県は人口23万人余りの小さな県で、多くの企業は業績が芳しくなく、財政も余裕がないのに、党政府機関が企業の生産資金を横取りして小型自動車を買うとは、まさに恥の上塗りだ。
- ○ "很多企业效益不佳"は主述述語文。「AはBがCだ」。

324. 人民日報がハイレベルの記者や編集者チームを有することができるのは、要求が厳しく向上に努める職場の雰囲気があり、各時期の人たちが受け継ぎ支えあってきたからである。
- ○ "A之所以～，是因为…"で「Aが～であるのは、…だからだ」。

325. イギリスやフランスの国立図書館に収められている敦煌のチベット語文献は、海外に流失した中でも最も大量で重要な民族古文書であり、高い史料的価値がある。
- ○ "藏于～"で「～に収められている」。
- ○ "宗"は一まとまりのものを数える量詞。

326. 中には、入学希望者に先に高額な学費を払わせ、その後定員に満たないとの理由でクラス開講を遅らせたり、時には開講もせず、その一方で納められた学費は返還しない養成学校もある。
- ○ "以～为由"「～を理由に」は常用の言い回し。
- ○ "～甚至…"は多くの場合「～、時には…ということさえある」と訳すとうまくいきます。辞書にある「ひいては」という訳語は合わない場合も多いので要注意。

327. 以前は少数の難病や難しい手術の場合に北京の専門家に依頼していたが、今はどんな手術も北京の医者に好んで依頼するようになり、「北京の専門家」はすでに地方病院が患者を呼び込むための看板になっている。

328. 村の幹部の仕事ぶりが当選後上辺だけになるのを防ぎ、人々が豊かになるための真の「先導者」となってもらうために、河南省浚県新鎮という鎮は県内で率先して「就任前実習試用制度」を推進している。
- ○ "使其真正成为～"の"其"は論説体で人称代詞、指示代詞、また主格にも所有格にも目的格にも使えるマルチな代詞です。

329. 大晦日、山西省長治市郊外の西白兎郷霍家溝村の「欧風別荘地区」第1期工事が竣工し、第1陣32戸の農家が古い家に別れを告げ、喜んで新居に越してきた。

330. 現在、人々の生活はますます良くなったが、注意して観察してみると、子どもはますますわがままになって、眼鏡をかけた「小さな大人」がどんどん増えていることに気づくだろう……。

[S3-8]

331. 中国選手鄧亜萍と喬紅は、本日当地で行われた第3回全日空杯卓球ジャパンオープンにおいて、2対1でチームメイトの高軍と喬雲萍に勝利し、女子ダブルスで優勝した。

332. ユーラシア大陸を横貫した、数千キロも続くシルクロードは、実際は決して単なる商業貿易の道ではなく、ユーラシア大陸の文化、経済、外交、社会を結ぶ交流ネットワークだった。
- ○ "并不仅是～而是…"で「決して～であるだけでなく…でもある」。

333. 我が国の科学者が最近高性能サーバーと中国語OSの開発に成功した。これを活用して我が

国の情報セキュリティを一層保障し、ハッカーによる攻撃を減らすことができる。
- ○ "成功"は、"成功地 V"と動詞の修飾語（状況語）になったり、この文のように ["V 成功"＋目的語] という結果補語の形でもよく使われます。日本語訳は「見事に～した」「うまく～した」「立派に～した」「～に成功した」などと訳します。

334. 調査によれば、我が国の 15 歳から 19 歳の世代において、男性喫煙者は好奇心や格好よさからタバコを吸い始めた人が 80％以上、女性喫煙者はファッション性から吸い出した人だけで 50％にも達している。

335. マカオ駐在部隊には 20 名余りの女性兵士がいて、それぞれ北京市、黒龍江省、湖南省、湖北省など 10 余りの省や市から来ており、部隊では主に医療衛生や通信保障の方面で活動しているということだ。
- ○ "分別"は「それぞれ」という副詞としてよく使われます。

336. ある種のヘビは庶民に「五歩蛇」と呼ばれ、民間の言い伝えによると、咬まれると 5 歩で死んでしまうので、多くの村民は咬まれたら指を斧で切り落としてもらうが、命は助かっても障害が残ってしまう。
- ○ "保住了"は結果補語の形。"住了"でしっかり確保されたことになります。

337. 徳望を兼ね備えた老専門家も前途有為な青壮年の理論家も、（1978 年の）11 期 3 中全会が我が国の社会主義事業発展の新しい時代を切り開いた、という見解では一致している。
- ○「11 期 3 中全会」とは「第 11 回党大会で選出された第 11 期中央委員会のメンバーにより開催された第 3 回中央委員会総会」のことで、現在、党大会は 5 年に 1 回、2 と 7 のつく年の秋に開催されています。これに対し、日本の国会にあたる全国人民代表大会は毎年春に政治協商会議とともに開催され、合わせて "両会" と呼ばれています。党総書記は党大会で選ばれますが、国家主席や首相の選出は全人代です。

338. 河北省内丘県常豊村の白菜が販売不振に陥っている。23 日突然降った今年初めての雪のために、同村では収穫が間に合わなかった数十万株もの白菜が雪の中で立ち往生の状態で、白菜農家は大打撃を受けた。
- ○ "突如其来"は常用表現です。
- ○ "該村"「同村」。「当該村」という意味で、"該公司"と言えば「同社」。

339. 新疆特産のハミ瓜は、科学者による長年の地道な栽培によって、今では様々な「気候風土に合わない」症状を克服し、故郷を飛び出して「南や東に進出」し、珠海、合肥、アモイ、海南島などにも「根を下す」ようになった。
- ○ "走出～"は「～に出る」ではなく「～を出る」。例）"走出教室"「教室を出る」

340. 私のある友人は食事の前には必ずテレビを切るようにしている。食事中に突然また下痢止めの CM が流され、食欲がすっかりなくなってしまうのを避けるためである。
- ○ "…，免得～"は「～しないように…する」と後ろから訳するとスムーズ。
- ○ "冷不防"で「突然」。
- ○ "弄得～"はどう訳すかまごつく人が多い表現ですが、結果を導く表現で、「その結果～となってしまう」と訳します。

[S3-9]

341. ルクセンブルク大公国のアンリ大公子は 7 日、正式に即位の宣誓をし、第 6 代大公となり、ヨーロッパの君主制国家の中で最も若い君主となった。

342. 今週のアメリカの為替市場に対する関与は一時的に円安傾向を抑制したが、市場の信頼を回復するにはさらに日本自身がより有力な対策を採って、経済の一層の悪化を防ぐことが必要となる。
- ○ "赖于～"は「～に頼る」。"赖以～"「～を頼る、託す」と比較してみましょう。
  例）"赖以生存"「生存を託す」
- ○ "来"は 2 つの動作をつなげる働きをします。"V₁ 来 V₂" で「V₁ して V₂ する」。

343. 3 月 26 日の『揚子晩報』によると、湖南省漢寿県の一部の小中高等学校は勝手に作った「スクールマネー」を人民元の代わりとして使うよう強制し、児童、生徒が校外で買い物することをかたく禁止し、学校の食堂や購買部では「スクールマネー」のみ使用を認めた。

344. ヨーロッパの一部の不法業者は EU の決定を無視し、暴利をむさぼるためにイギリス産牛肉を再包装し偽のフランス語の衛生合格ラベルをつけ、ベルギーに密かに輸送し、さらにそこから他国へ輸出転売している。
- ○ この "再" は "先～再…"「まず～してそれから…する」の "再" ですので、「再び」と訳さないようにしましょう。

345. 改革開放以来、我が国の郵政事業は持続的で健全かつ急速な発展をしており、郵政ネット

ワークは縦横に巡らされて全国をカバーし、世界とも繋がり、通信能力は著しく強化され、外国との協力も日々拡大している。

346. アメリカ各地からやってきたおよそ数千名の黒人が17日ワシントンでデモを行い、アメリカ政府に南北戦争以前の奴隷制度やその後の差別的政策に関して黒人たちに賠償するよう求めた。

347. 中日友好病院のペインクリニックは積極的に日本などの治療技術体系を取り入れ、長期間痛みに悩まされている患者にかなり効果的な治療方法を提供している。
   ○"套"はセットになっているものを数える量詞。"成套設備"「プラント」といった表現にも使われています。
   ○"較為～"は単音節の程度副詞に"為"を加えて2音節化したもの。論説体で多用され、多く後ろに2音節形容詞を置き、4音節のリズムを作って文を整える働きもします。詳しくは第Ⅱ部2のBの③（☞p.034）参照。

348. 大多数の消費者は「価格が一番大事ではない」という見方をしており、「値引きしてある機種は過剰在庫品ではないか、数年後には市場からなくなってしまうのではないか」と考える者が増えている、と筆者は取材中に気がついた。
   ○"是否"は論説体の反復疑問形。
   ○この"即"は「すぐに」という副詞です。

349. 在庫圧力を減らすために、北京市の大中電気販売店は6月14日から30日まで、ハイアール、LG、海信科竜などのブランドものエアコンに対して1台あたり数百元程度の値引きを実施することを決めた。

350. 中国とアフガニスタンの友好関係にははるかな歴史がある。張騫を西域に使者として遣わせたり、玄奘がインドへ経典を求めたり、世に聞こえた「シルクロード」など、数知れない友好の使者の足跡が遺されている。
   ○"源远流长"「はるかな歴史がある」は常用表現。"挙世聞名"も常用の四字成語。

[S3-10]

351. 報道によると、4月8日福建省漳州市竜海の賃貸マンションから出火、その場で9名が死亡、多くの負傷者が出る重大な火災事故になり、公安部上層や各方面の幅広い関心を呼んでいる。

352. もしネパールがアジアでインドと中国両大国間の貿易の架け橋となる役割を充分に果たすことができれば、両国の二国間貿易輸送コストを引き下げられるだけでなく、ネパールにも新しい貿易と投資のチャンスをもたらすだろう。
   ○"能够"は単に"能"が2音節化したと考えましょう。「十分に」と訳す必要はありません。
   ○"双边"で「二国間」、"多边"だと「多国間」。
   ○"给～帯来…"「～に…をもたらす」は是非覚えておきたい言い回し。

353. 浙江省温嶺市の多くのサトウキビ農家は、最近雨が降って土壌が湿っているこのチャンスを活かして、ここ数日、肥料を追加し病害虫対策を行うことでサトウキビの成長を速め、早めに市場に出せるよう努めている。
   ○先にも述べましたが、中国語の"近期""近日"は過去にも用いますので要注意。
   ○この"以"は「～して、それでもって…する」と前文を受けるほうの"以"です。日訳するときは後ろから「…するために～する」と訳してもスムーズ。

354. 咸陽市にある前漢の平陵陪葬坑で出土した動物の骨を調べたところ、ラクダとロバは紀元前74年にはすでに西アジアから西安に伝来していたことが確認された。
   ○"経過～"で「～を経て」。

355. 周建さんは北京で18年間臨時工として働いていたが、現在は北京市西城区金融街の環境衛生チームの隊長であり、西城区の一部地域のゴミをきれいにし、街の皮膚病とも言える不法ビラやプラスチック汚染などをなくすといった環境衛生管理の仕事を担当している。

356. 武漢大学の学生朱某と胡某は大学院入試問題を買おうとして、ネット詐欺に4000元騙し取られ、騙されたと分かってからネット上で同じような詐欺を行い、5000元儲けた。

357. 「カラス」とは東南部沿岸の「三ない」鉄製船のことを指す。この種の船はたいてい黒塗りで、船舶名、船舶証書、船籍の3つがなく、密輸を専門に行っている。

358. 革新は一種のイギリス文化になっていると言える。この点についてはイギリス教育の事実——ケンブリッジ大学だけでも60名余りのノーベル賞受賞者を輩出している——ことが最も雄弁に物語っている。
   ○"創新"はやや翻訳者泣かせ。英語ではイノベーションですが、日本語で使われるイノベーションはほとんど「技術革新」という狭義で使われます。英語の場合は体制や意

識の革新など幅広く、中国語の"创新"もその意味領域で使われます。したがって、"创新"を「革新」「イノベーション」どちらに訳すか、その都度しっかり見極めなければなりません。辞書は説明訳的な「新機軸を打ち出す」という訳語が多いのですが、これでは実際の文中では長くて使いづらい欠点があります。
　　○ケンブリッジ大学は"剑桥大学"、オックスフォード大学は"牛津大学"。

359. 日本の淡路島の小さな町では老人の4分の1以上がすでに在宅保健医療センターに加入し、双方向の有線テレビで、家にいながら医者と直接対話をし、その指示により体温を測ったり薬を飲んだりしている。

360. 小説『紅岩』の作者の楊益言と羅広斌（共著者）の夫人胡蜀興さんは今日北京で40万字余りもの手書き原稿を中国現代文学館に寄贈し、同時に『紅岩』の様々な外国語版を展示した。
　　○"捐赠给～"「～に寄贈する」。この"给"は授与動詞と併用され、渡す対象を導きます。ただし、省略されることもあります。
　　　例）"送给""寄给""递给"

第四ステップ
[S4-1]
361. 今回のナスダック指数の大幅下落は、多くの投資家に多大な損失をもたらしたが、彼らの技術関連株への信頼を打ち砕いてはいない。それはハイテク企業がアメリカのニューエコノミーの成長を引き続き促進するという基本要因には変化がないためだ。
　　○"没跌破"は"没"で否定していますから、現時点でまだそうなっていないことを示しています。"不跌破"との違いをはっきりさせましょう。

362. 医学的研究によって、人が耳にする音量がやや長い時間100デシベルに達すると回復不可能な聴力の損失をまねき、音量が110デシベルに達すると内耳の有毛細胞を損壊し、最終的に死に至らせるのに十分であることが明らかになった。
　　○"当～时"で「～の時に」。
　　○"足以～"で「～するのに十分だ」。

363. 医学的研究は、日常的に高温（80℃以上）の茶を飲んでいると食道をやけどさせるおそれがあり、茶に含まれるタンニンが損傷部位にたまり、食道の上皮細胞を不断に刺激することで、突然変異が起こり、突然変異した細胞は大量に増殖した後、ガン組織に変化する可能性があることを発見した。
　　○"有可能～"で「～する可能性がある」。
　　○"即"「すぐに」は論説体用語。

364. ある時、クラス討論の中で学生が、いまは誠実な人がいつも割を食う、と話した。某会社で働き始めて間もない大学生が商談の中でその会社の製品原価をありのまま話したところ、社長に解雇された、といった話である。
　　○"什么～"で「～といったようなこと」。
　　○"由于～而…"の構造をしっかり押さえましょう。

365. 一部の先進国は短期間でその国の標準語の普及を完成させた。しかし、古い文明国である我が国は、国の標準語としての「民族共通語」（"普通话"）の法的地位が定まってすでに半世紀が経とうとしているというものの、その普及任務はまだ相当困難である。
　　○"本国"は「自国」「その国」。
　　○"快～了"で「もうすぐ～だ」。

366. 宋如華は疑いもなく成功した実業家であり、同時に優秀な管理者でもある。1995年4月、彼は日本で生まれた事業部管理体制を取り入れ、企業の内部に競争的かつ協力的な活気に満ちた風土を生み出すことで、企業の効率を相当程度高めた。
　　○"既～又…"の構文。"既"を「すでに」と訳さないように注意。
　　○"得以～"で「～ができる」。

367. チベット高原は極めて厚い地殻と複雑かつ独特な地質構造を持ち、地球の進化の歴史と大陸の分裂、移動、結合という豊富な情報をとどめており、地球科学の新理論、新モデルを生み出す重要な地域となった。
　　○"复杂而独特"「複雑かつ独特な」。"而"は接続詞です。

368. 目下、消費ニーズから見ると、我が国人民の生活はまさに「温飽」（衣食に不自由しない）から「小康」（ゆとりある生活）へ移りつつあり、都市住民の食品、衣類、耐久消費財の消費はすでに中所得国の平均を超えている。しかし、交通、通信の1人当たり消費は最貧国の部類にある。

[S4-2]
369. 貴陽市はかつて全国で酸性雨が最も深刻な3都市のうちの1つであった。空気中の二酸化硫黄の含有量が国家2級標準を2倍余りも上回ったことがあり、市を貫いて流れる全長118

キロに及ぶ南明河には、毎日45万トンの汚水や工業排水が流れ込んでいた。
- ○ "超过～两倍多"をうっかり「2倍以上になった」と間違えないように。
- ○ "一条"は"南明河"にかかります。

370. 私は、中国の芸術家による美術館の設立を支援したり、中国各地に桜の苗木を送る等の一連の文化交流活動を通じて、中国文化に対する日本人の尊崇の念を伝えるとともに、一方ではこのような精神を日中の経済交流の中に融けこませ、浸透させることもしてきた。

371. ブラジルで、ホンダはすでにアルコールを100パーセント使用するエタノール車を市場に投入している。しかし、現在エタノールを製造する原料の多くはトウモロコシやサトウキビなどの農産物であり、ホンダは最近、トウモロコシなどの茎の部分だけを用いてエタノールを作るまったく新しい製造技術を発表した。

372. ポーランド政府がここ数年来自国の農業を軽視し、農業の発展を保護する措置を取らなかったため、一部の外国産農産物が大量にポーランドに流入し、しかも自国の農産物より低価格で売り出されたため、ポーランドの農産物市場に深刻な打撃を与え、農民は非常に大きな経済的損失を蒙った。
- ○ "～, 致使…"は、もたらされるよくない結果を導きます。

373. 消息筋によれば、現在いくつかの調査会社が行っている視聴率調査のサンプル数は、少ない場合には500件程度、多くても1000件を超えないという。しかもサンプルの分布エリアも非常に偏っており、このような少数のサンプルからどうして正確な統計データが得られようか。

374. 1938年11月9日夜、ドイツのファシスト分子がドイツに居住しているユダヤ人に対して突然襲撃を加え、一夜のうちに1000ヶ所に上るユダヤ人の教会堂が壊され、数千軒のユダヤ人商店が銃撃、破壊され、数万人のユダヤ人が追放、殺害された。

375. 北海市はわが国の14の沿海開放都市の1つであるとともに、西部大開発の12の省や自治区の中で唯一同時に空港、鉄道、高速道路および近代的港湾を保有する都市であり、また大西南部で最も便利な海への出口の1つでもある。

376. 丁春雷氏が強調するところによれば、多くの人が友達とおしゃべりしながら運動することを好み、一度健康器具に乗ると2、3時間も運動を続け、気づかぬうちに健康づくりに有益な有酸素運動を激しい無酸素運動にしてしまっているが、これは健康増進効果を阻害するだけでなく、運動による怪我も起こしやすくするものだという。
- ○ "边～边…"で「～しながら…する」。
- ○ "将～做成…"で「～を…にする」。

[S4-3]

377. 全国の製薬会社の大部分は中小企業であり、全体的な経営管理レベルは高くない。メーカー設備の遊休現象は深刻で、錠剤などでは生産能力の30％ほどしか使われていない。低レベルでの重複生産のツケは必ずや市場における無秩序な過当競争を招くだろう。
- ○ "绝大多数为～"の"为"は会話体の"是"に当たります。"较为～"の"为"は単音節の程度副詞（ここでは"较"）に付いて2音節の副詞を作ります。
- ○ "如"は"如果"（もしも）にも、"例如"（例えば）にも使われますので要注意。

378. アテネ五輪後、体操競技の審判の採点に関するトラブルが後を絶たないことから、国際体操連盟は、審判の人為的要因から来る選手の得点に対する影響を規定から根こそぎ排除することを決め、改革案を策定し、2006年から実施することにした。

379. 今年1月2日の夜、広州東駅をパトロール中の数名の人民警察官が、胸周りと太ももが異常に大きい身障者を発見、取り調べたところ、胸の両脇と太ももの内側および左腕の義手の中に新版の人民元の偽札がぎっしり詰まっていた。
- ○ "经～"で「～を経て」。

380. 「死者は土に入って魂を安んずる」という古い観念は一部の人々の観念に今なお根強く残っており、死者を賑々しく埋葬することは、今でも残された人々にとって孝の道を全うする大事な意味合いがあると考えられてきた。たとえその負担や苦しみ、煩わしさに堪えられない者がいたとしても、やはり風習を変えることに対しては無力であり、あえてそうしようともしない。さもなければ近所からは冷たい目で見られ、親族さえも相手にしてくれなくなるだろう。
- ○ "根深蒂固"は常用の四字成語。
- ○ "即使～也…"「たとえ～でも…だ」の構文。
- ○ "无力或不敢改变"は"无力改变或不敢去改变"のこと。"无力改变"は"没有力量改变"、

つまり「変える力がない」。

381. 江源県松樹鎮には于占君を首領とするマフィア的な犯罪集団がいる。彼らは地元で銃を手に喧嘩をし、罪もない人々を銃で殺し、税金も納めず、井戸を独占し、国の粉炭2000トン余りを盗むなどしており、人々の怒りはもう限界に来ている。

382. 湖南省にある衡陽駅は、1933年に建てられ、設備も老朽化している。駅の収容能力を超えた近年の利用客の増加は、その大混雑ぶりを世に知らしめた。「列車は快適だが、衡陽駅が難関だ」という表現はその状況を如実に物語っている。

383. 「文求堂」は今世紀初めに日本の東京に店を開いた中国書籍専門書店で、店主の田中慶太郎先生（1880〜1951年）は漢学者、文献学者で、日中文化交流に多大な貢献をした日本の文化人である。
  ○ "做出貢献" で「貢献する」。

384. 映画市場の全体的な落ち込みで、映画館の「オーナーたち」は次のことにはっきり気づいた。すなわち、映画を主な拠り所として食べていくことは夢物語で、市場の変化に合わせて経営の多角化を図り、関連ビジネスを主要ビジネスにすることこそ映画館が自活する方法である、と。

[S4-4]

385. 浙江省上虞市担山村は、専門の技術者を招聘して、過去に土を掘ってレンガを焼いたためにできた廃坑を改修して立体水産養殖場を作り、水面ではカラス貝を養殖して真珠を育て、水中では魚やエビを養殖し、土地の資源を有効に利用するばかりでなく、農民の増収を助け、ゆとりある生活を実現した。

386. 国内の例では、例えば上海市の星火農場に属する農業会社は、米の生産と販売の一体化経営を行い、米の加工と販売段階での利潤が農業に残るようにし、その結果、水稲を作る農民労働者1人当たりの年収は1万元に達し、農場で第二次・第三次産業に携わる人の平均収入を上回った。

387. 「交通、宿泊、観光、食事、買い物、娯楽」という旅行の6大要素の中で、「買い物」は旅行者のほとんど全員が行う消費現象である。旅行者は旅行中に、特色があって記念になる商品を買って、自分で使うか、コレクションにするか、あるいは親戚友人への土産にできたら、と思っている。

○ "买到" で「（買って）手に入れる」。

388. イランの大衆は13日に首都テヘランなど11の都市で全国的な反ドイツデモを行い、ドイツのベルリン最高裁が先日出した、5年前にイラン最高指導者がイランのクルドの反対派構成員4名をベルリンで暗殺するよう指示したことに関する判決に抗議した。

389. 8月19日、延安市長が延安市下坪郷三志溝村の電源ブレーカーのスイッチを厳かに上げると、いつまでも鳴りやまぬ拍手がたちまち黄土高原に響き渡った。これにより革命の聖地延安市は電気のない村がなくなり、この瞬間から全村通電が実現したのである。

390. スポーツが大いに将来性のある産業になってこそ、より多くの人材と物資がスポーツに投入され、スポーツ部門は全国民の健康のために環境を整える能力を持つようになり、「社会スポーツは社会が行う」という良い循環が形成されることになる。
  ○ "只有〜オ…" と "当〜時" が組み合わさった構文。
  ○ "大有可为" は常用の四字成語。
  ○ "〜，从而…" で「〜して、それによって…だ」。

391. 今では、各種電器製品はすでに広く庶民の家庭に行き渡ったが、ほとんどの電器製品の操作ボタンで使っているのが英語の説明なので、多少なりとも英語の基礎がある人にとっては当然なんの問題もないが、英語がわからない人々にとってこれが障碍になっていることは疑いがない。
  ○ "算不了什么" で「どうってことはない」。
  ○ "則" は個別の場合を説明するときに使います。「〜の場合は」。

392. 東南アジア諸国は、しっかりした経済的基礎があり、膨大な国内の貯蓄があり、高い教育水準と十分な人的資源があり、マクロ経済の成長要素は基本的には破壊されておらず、経済活力を最も具えたアジア太平洋地域に位置しているという地の利もある。
  ○ "处在〜" で「〜に位置する」。

[S4-5]

393. 現在、企業はどこでも資金不足や人員過剰などの問題を抱えている。一部の企業にとって悩みは一層深刻だが、さらに夥しい名目の手数料、罰金、資金調達、基金や様々な割り当て負担に応じなければならず、重い負担に耐えられないことがしばしば起こる。

394. 社会生活において次のような経験を持つ人は決して少なくないはずだ。たとえ本当にあった出来事でも、AさんからBさん、BさんからCさん、CさんからDさんへと伝わっていくうちに話の内容がどんどん膨らみ、一方では、実情から次第に遠ざかり、時にはまったく違う話になってしまうことさえある。

395. ある不慮の事故で両足を失い、一生不自由な体になってしまった農民李志遠さんは、15年間情熱に支えられ、松葉杖をつき、険しい山道を一歩また一歩と登り、荒れ果てた山にモモ、アンズ、ゴレンシなど20種類余りの果樹を植え、お陰で禿山は青々とした山に変わった。
   - "造成"はもっぱらよくない結果について述べるときに使われます。
   - 原文の"杨"は"杨桃"の略。

396. 共産党は人民大衆の支持を頼りに、兵法家が死地と見なす、山もなく水源も少ない冀中平原で、多くの人民を力に「坑道戦」「地雷戦」を繰り広げ、横暴を極めた日本の侵略軍を完膚なきまでに叩きのめし慌てふためかせ、中国対外戦争史上の奇跡を作り出した。
   - "不可一世"で「尊大で横暴」。
   - "打得～"は様態補語の形。様態補語は動作が行われている様子や行われた結果の様子を説明します。

397. 国民経済の持続的でスピーディかつ健全な発展を促すキーポイントは、全局面に関わる2つの基本的な転換を行うことで、1つは経済体制を伝統的な計画経済体制から社会主義の市場経済体制へ転換させることであり、もう1つは経済の成長パターンを粗放型から集約型に変えることである。

398. もし各地の教育部門と学校が学生に呼びかけて使い終えた教科書を集め、家庭があまり裕福でない新入生や貧困山間地域の学校に寄付すれば、現在の小中高校の教科書の供給不足という状況を緩和できるばかりでなく、かなりの費用を節約することもできる。

399. メキシコ全国漁業協会は20日、アメリカに対してマグロ捕獲禁止法の撤廃を強く求めた。アメリカが1991年にマグロ捕獲禁止法を実施して以来、メキシコはすでに7億ドルにも上る経済的損失を蒙り、さらに3万の失業者を生んだ。
   - "自～以来"で「～から」。

400. 李長和氏は、「中国は核兵器を持ったその日から、いかなる時と情況の下でも、先に核兵器を使用しないことを厳かに宣言しました。それとともに、非核保有国と非核地区に対して、一切条件をつけず、核兵器を使用したりあるいは使用すると威嚇したりしないことを約束しました」と語った。
   - "自～起"で「～から」。

[S4-6]

401. 7月1日、東直門長距離バス乗り場の近くでのことだが、1人の東北人がシシカバブを焼いているのを見かけた。肉の色は怪しげで、炉の上に置いてしばらく炙ると、吐き気を催すような臭いがしてきたが、香辛料を振りかけるとその臭いもかき消されてしまった。
   - "股"は"臭味"の量詞。
   - "令人～"は見かけは使役ですが、"人"が話者を含む不特定多数を指すので、多くの場合、受身にしたほうが訳しやすくなります。

402. 香港で児童を誘拐殺害し、多額の身代金をゆすり取った重大逃亡犯王永悦は、重慶市に逃亡潜入していたところを我国の警察に逮捕され、本日午前、国際刑事警察機構中国国家中央局により深圳市皇崗港において香港警察に引き渡された。
   - この"由"は責任の所在を示します。「～によって」。

403. 我が国最大の銅工業基地である江西省銅業公司が製造した電解銅が4月10日、世界で最も権威のある金属取引所、ロンドン金属取引所への登録に成功したことは、中国の電解銅の品質が、数世代に渡る人々の精魂込めた努力によりすでにグローバルスタンダードに達していることを示している。

404. 黄河の今年の増水ピーク1号と2号が下流に向かって進む過程で合体し、8月20日23時に河口付近の山東省利津観測所に到達した。その流量は毎秒4100立方メートルだったが、本日6時には毎秒3780立方メートルに減少し、増水のピークが無事に海に流入したことを示している。
   - "合二为一"「2つが1つになる」。
   - "减小到～"は「～まで小さくなった」。

405. フランス警察当局が昨年テロ事件に関して行った調査で、捜査対象のテロ組織がすでに整った情報連絡通信システムを作り上げ、精密なコンピュータプログラムを利用して情報を伝達し、テロ活動計画を立案していることがわかった。

406. 社会主義現代化建設のオーガナイザーおよび

リーダーとして、指導的幹部は当然ながら、大衆に働きかけ行動を起こさせることに長け、奥深い内容を噛み砕いて分かりやすく生き生きと話し、大衆に容易に楽しく受け入れさせることができるような、つまり話し上手でなければならない。
○"善于～"で「～に長けている」。
○"深入浅出"は四字成語。
○"易于"と"乐于"はどちらも"接受"にかかります。

407. 北京市は、新しい経済の成長ポイントを中心として就業先を開拓し、オリンピック経済の発展と重点プロジェクト建設を中心として就業先の開拓を推進し、都市の社会管理体制改革を深めることを通して公共サービスに対する大衆の需要を満たすことで就業先を開拓しなければならない、と提起した。

408. 数日来、一部のユダヤ人定住者がエルサレム近くの定住拠点付近の山頂を占拠し、さらにその場所に新しい定住拠点を建設しようとしたため、イスラエル政府は警察と治安部隊を派遣してこれら定住者を退去させようとし、双方の間に衝突が起こった。
○"計画"はよく動詞「目論む」としても用いられます。
○"以"は"以色列"「イスラエル」の略称です。

[S4-7]
409. 嗅ぎタバコとは何なのか、多くの人はいっこうに知らない。しかし、今日北京の保利芸術博物館で開催されている「中国嗅ぎタバコ入れ芸術展」は観衆を立ち去りがたくさせているのである。450個の清代の嗅ぎタバコ入れは極めて精巧精緻で、上品かつ色彩豊かだからである。
○"流连忘返""玲珑剔透""精美华贵""色彩缤纷"はいずれも四字成語。

410. 梅崎春生の『桜島』は、日本降伏前夜の九州南端部にある海軍基地、桜島を舞台にして、軍事的劣勢や内外の苦境に対する数名の通信兵たちの恐れと不安を描くことで、戦前に政府が捏造した神話を暴き、歴史に本来の姿を取り戻させたのである。
○"还面目"で「面目を取り戻す」。

411. 終了したばかりの寧波国際バドミントン大会で、中国バドミントンチームは全5種目で優勝したが、中でも長らく中国バドミントンの「アキレス腱」と呼ばれていた男子ダブルスで意外にも多くの世界のトッププレーヤーたちを下して1位2位を独占したことは、国民を非常に興奮させた。
○"软肋"を「アキレス腱」と訳すのは、日本語に合わせた全くの意訳です。
○"冠亚军"「優勝と準優勝」は"冠军"と"亚军"の総称。

412. 今年の大学入試において、南京理工大学は300名余りの自己推薦受験生を受け入れ、すぐさまネット上でこれらの受験生の名前と学校名を公表したが、数名の受験生については、所属高校が虚偽の証明を出して普段の成績をかさ上げし順位を繰り上げていたことが通報された。
○"随即"で「すぐに」。
○"出具"で書類などを「作成する」「発行する」。

413. 今日的意味での母の日はアメリカが発祥の地である。1907年、ある女性が母の追悼会でカーネーションの花束を捧げた。彼女は母親を記念する日を選定するべきだと考えてそのための呼びかけに奔走し、数千通に及ぶ手紙を国会議員などに送り、ついに1909年アメリカで母の日が制定されたのである。
○"选定～为…"で「～を…に選ぶ」。
○"写～给…"で「～を…に書く」。

414. ここ数年、各地のテレビ局の児童番組は増加傾向にあり、内容も過去の単調なアニメーション、児童の歌や踊り、趣味や遊びなどといった内容から多元化へと発展し、たとえばちびっ子演劇マニアだとか、ちびっ子記者団による取材だとか、斬新かつユニークな内容が小さな視聴者たちに新鮮な感動を与えた。
○"有所～"で「やや～だ」。
○"从～向…发展"で「～から…に向かって発展する」。

415. 毎年冬になると、野生馬の生息地で越冬する家畜が20万頭（匹）余りにも及び、野生馬と草や水源を争うという問題が目立っている。一方では飼育馬のオスがしょっちゅう野生馬のメスを奪おうとして、野生馬のリーダーと激しい闘いを展開してもいる。

416. キュウコクと聞くと記者は暗い気持ちになる。ここ数年、キュウコクは比較的大きな麻薬の集散地になっており、国際麻薬シンジケートがキュウコクを通じて我が国の国内に絶えず入り込み、麻薬の毒牙は日を追って猛威を振るいながら、中国を含む現代人類社会に害を及ぼしているからだ。
○"包括～在内的…"で「～を含めた…」。

[S4-8]

417. 青島大学学位認定委員会第3回会議は、投票による採決で、同大学の479名の修士および博士課程大学院指導教官資格について改めて認定を行い、13人が修士課程大学院生指導教官の資格を取り消された。これは指導教官の終身任命制度が打破されたことを意味している。

418. 黄帝陵が国家4A級の景勝地区にランクされただけでなく、西安から黄帝陵に通じるハイウェイも去年全線開通して山あり谷ありの黄土高原を平坦な道に変え、農地を森林や草原に戻すプロジェクトの実施も、地肌がむき出しだった黄土高原を緑に変えようとしている。
   ○ "由～通往…" で「～から…へ向かう」。
   ○ "退耕还林还草工程"：90年代に始まった自然回復運動。

419. 初めての有人宇宙飛行の成功は、我が国を旧ソ連とアメリカに次ぐ第3の、独自に有人宇宙飛行技術を完璧に把握した国とし、我が国が激しい国際競争の中で戦略的主動権を獲得するために基礎固めをした。
   ○ "继～之后" で「～に続き」。

420. 韓国の「不正蓄財」特別調査グループは司法機関と連携し、財産登記が事実に即しているかを突破口として、不法に蓄財した高級官僚に対して深くつっこんだ実地調査を行おうとしており、中でも個人財産を妻や子の口座に移す問題を緊急調査の対象としている。
   ○ "配合～" で「～と協力する」。
   ○ "把～列为…" で「～を…に加える」。

421. 我が国の北京と上海の2つの重要な市街地区——北京市海淀区と上海市浦東新区が、9月24日釣魚台国賓館において、「強者同士が協力して共に発展をめざす」目的を達成するために、科学技術、教育、人材、観光などの方面の交流と協力についての合意文書に署名した。
   ○ "有关～的…" で「～に関わる…」。
   ○ "协议" は「合意」。

422. 最近、ある偶然の機会から、私は北京朝陽公園の金台芸術館で彫刻家の袁熙坤氏と知り合ったが、さらに私が目を奪われ心を揺り動かされたのは、世界各地から来た芸術家が北京オリンピックのために創作した2000点以上の彫刻作品だった。

423. スイカ農家が都市に売りに来なければ、都市のゴミはいく分減るだろう。しかし、農民のスイカが売れなくなってしまってゴミになれば、1シーズンの苦労と投資が水の泡になってしまう。それに都市住民もスイカを買うのが不便でしかも高くなってしまい、結果としては農民も都市住民も双方不満を感じることになるだろう。
   ○ 中国語は「意合法」、フレーズとフレーズの間の関係をよく見て取りましょう。
   ○ "化为乌有"「無駄になってしまう」は常用表現。
   ○ "不方便也不便宜" は "既不方便也不便宜" と同じ。

424. 人民元の為替レート形成メカニズムの改革以来、人民元の対ドルレートは下がったり上がったり双方向に揺れ動いて弾力性が明らかに増し、国際主要通貨間の為替レートの変化を反映し、市場の需給を基礎にしつつ通貨バスケットを参考にして調節を行うという法則を具体的に示すようになった。
   ○ "供求" は "供应"「供給」と "需求"「需要」のこと。
   ○ "以市场供求为基础和参考一篮子货币"「～し、そして…する」で "和" は2つの動詞句を繋いでいます。

[S4-9]

425. このほどウルムチ市は市の行政管理に関する新しい規定を打ち出した。それによると、「およそ新設、改修、拡充される市内の大小各道路は、使用開始後5年間は掘り返しを禁止する。特別な事情で確かに再工事の必要があるときは、市人民政府の許可を受けなければならず、なおかつ1～3倍の工事費を追加徴収する」。
   ○ "凡～" で「およそ～は皆」。よく "都" と呼応しますが、この文では省略されています。
   ○ "不得～" で「～してはならない」。法律や規則で常用される禁止表現です。
   ○ "经～批准" で「～の承認を経て」。
   ○ "A至B" で「AからBまで」。会話体の "从A到B" に相当します。

426. 科学史上の多くの重大な発見を顧みると、科学者たちは数十年変わることなく一心不乱に研究に没頭し、多くの人が生前は悲惨な生活を過ごし、死後やっと認められるのである。ガリレオなどはその上真理のために命を捧げた。
   ○ "如痴如醉" は四字成語。

427. 中国気象局中央気象台は本日午後、大雨警報と高温警報を発令し、関係機関に洪水対策を十分に行い、局地的に予想される土石流や地

滑りなどの地質災害に備えるとともに、猛暑による悪影響にも注意するよう呼びかけた。
- ○"局地可能出現"は出現文です。直訳すると「局地に出現するかも知れない」。

428. 都市部においては、"社区"（地域社会）による自治が雨後のタケノコのようにその数を増やしており、住民は社区委員会を直接選挙で選び、自ら自己管理をするだけでなく、関連公務員や政府機関の仕事も評価し、それによって末端部における民主の中身をより豊かにしている。
- ○"城鎮"は大都市と農村部における町を指します。総称して都市部。"城乡"は都市と農村、"乡鎮"は農村部、または、行政の末端としての郷や鎮を指します。"乡村"は農村そのものを指します。
- ○"雨后春笋"は四字成語。
- ○"社区"は元々、英語のコミュニティの訳語。現在、中国地域社会の単位として重要な役割を果たすようになり、都市部から農村部へも広がりを見せています。

429. 住宅価格の上昇と投機的な住宅投資は連動している。住宅価格上昇は人々の「住宅価格は上がり続ける」という期待感を膨らませ、投機と投資を目論む人がさらに参入し、より一層不動産の供給不足と住宅価格の高騰を煽る結果となっている。
- ○"供不应求"は「供給不足」、"供过于求"は「供給過剰」、"供求矛盾"は「需給のアンバランス」。

430. 農民は自身の情報と技術の不足、市場への認識不足をよく知っているものの、各種の養殖や栽培に関する技術的な資料や CD-ROM を買い求める場がないことに困惑しており、それゆえ農薬、化学肥料、農業用フィルム、種子、飼料と、各種の技術的な資料、CD-ROM などを集めた「農業技術スーパー」を渇望している。
- ○"苦于～"で「～に苦しむ」。
- ○"无处～"で「～するところがない」。
- ○"集A、B、C于一体"で「A、B、Cを1つにした」。

431. ロシア人は幼少期から愛国主義やヒロイズムの教育を受け、それを連綿と継承しており、栄誉を重んじ、競って英雄になり、祖国を守るためにいつでも身を捧げるという信念は、とうに民族の歴史と文化に浸透しており、民族の性格に融けこんでいる。
- ○"从小就～"で「小さい頃からもう～だ」。
- ○"就"は予想より早いことを示します。
- ○"融化在～"で「～に融けこんでいる」。

432. 河南省や山西省などで開催される大特価ブックフェアでは、高い定価で美しく包装され、「秀作」「宝庫」「名作」「全集」と銘打った分厚い書籍が、ともすれば8割引き、9割引きの低価格で販売されることも珍しくない。
- ○"冠之以～"で「（これに）～を冠する」。
- ○"动辄"で「ともすれば」。
- ○"便"は会話体の"就"に相当する論説体用語です。

[S4-10]

433. 天皇が靖国神社参拝をやめた理由について、世間では長年様々な憶測がめぐらされていたが、7月20日に日本政府が公開した貴重な史料によって、昭和天皇が靖国神社参拝をやめた原因は、第二次世界大戦のA級戦犯合祀に不満を持っていたからだ、ということが裏付けされた。
- ○"不再～"で「二度と～しない」「もはや～しない」。

434. 石岩鎮は広東省深圳市の西北のはずれ、羊台山の麓にある。機荷高速道路は鎮の中央を貫き、石岩鎮住民の希望と期待を一身に担っている。経済が比較的立ち遅れている石岩鎮の住民の、努力して教育を足場に豊かになろうという素敵な願いをこの道路はどこまでも伸ばしてくれるのである。

435. ここ数十年間、わが国の水道水の処理はおおよそ凝集－沈殿－濾過－消毒という昔ながらの方法で行われてきた。その主な作用は、水中の泥や砂を取り除いて混濁度を低め清浄度を高めると同時に、有害な有機物・無機物を若干取り除くことができる。
- ○"去""去除"はともに「取り除く」。

436. 伝統的な蔵薬（チベット地方に伝わる伝統医薬）と近代的な科学技術をうまく融合させ、蔵薬を大量生産により適合したものにするため、奇正蔵薬集団は「蔵薬・天然薬総合実験室」を相次いで設立し、林芝、甘南などに3つのGMP（国際生産品質管理規範）適合製薬工場をつくった。

437. 電子情報業界のベスト100社中、発明・実用新案特許の申請件数がもっとも多い上位10社のうち、華為は5043件でトップを占め、その申請件数は続く9社の申請件数の総和にほぼ相当し、さらにその内容は発明が主で、93.1％を占めている。
- ○中国語で"专利"は「特許」のこと、"特许"

は「フランチャイズ制」を指します。紛らわしいので気をつけましょう。

438. 密雲県密雲鎮の劉某は数年前に罪を犯し、懲役8年、政治権利剥奪1年の判決を受けた。今年刑期を終えて出所したものの、すっかり見る影もなくなった我が家を目の当たりにして肩を落とした。妻は彼と離婚して別の男と再婚し、息子も妻について行ってしまった。
    ○"心灰意冷"は四字成語。
    ○"儿子"は「息子」、"女儿"は「娘」、"儿女"は「息子と娘＝子供たち」。
    ○"走了"「その場を去った、行ってしまった」。"去了"だと「(ある目的に向かって)行った」。

439. 洋式ファーストフードの中でケンタッキーは真っ先に中国市場に乗り込んだが、市場競争が日増しに激しく、消費者の健康志向が高まるにつれ、同社はいかにブランド力を維持するかという試練に直面することになった。

440. 孔子文化ブランド行事を盛んにするため、山東省では国際孔子文化フェスティバルを、記念行事、文化活動、観光イベント、学術活動など各種イベントを融合した大規模な国際行事に仕立て上げ、国家観光局から、国が認定する「中国観光推奨フェスティバル」というお墨付きを得た。
    ○"融A、B、C于一体"で「A、B、Cを1つにした」。問題430の"集A、B、C于一体"と同じ形式。

第五ステップ
[S5-1]
441. 改革開放以来、経済生活の中に出現したいくつかの混乱した現象に対し、ある人は、市場原理の結果、市場による調節が進み過ぎたためであり、解決の方法としては指令的計画を強化しなければならないと考え、大企業、中企業は指令的計画の実行を主としなければならない、と強調する。
    ○"搞多了"は結果補語の形です。ただここでは多少意訳して「進み過ぎた」とマイナスイメージを出さないと次につながりません。

442. エネルギーの開発と利用に起因する環境汚染を回避し減少させ、エネルギー、経済、環境の協調的な発展を促進するために、第10次5ヶ年計画期間中に我が国はエネルギー構造を調整する措置を講じ、クリーンエネルギーのエネルギー消費に占める割合を高めてゆくが、そこには、風力、太陽光、地熱、バイオマスなど再生可能エネルギーの発展を推奨することが含まれている。
    ○"避免"と"減少"という2つの動詞が"和"で並列されて、後ろの共通の目的語にかかっています。
    ○"A、B与C"で「AとBとC」。

443. 7月15日より、遼寧省の女性労働者270万人(都会に出て働いている"出稼ぎ女工"を含む)はすべて、彼女たちの心身と密接に関わる女性労働者特有の権益の保護を享受することができるようになる。彼女たちが生理、妊娠、出産、授乳の期間に当然享受すべき仕事の割り当てや給与、福利厚生などの権利はすべて保障されるだろう。
    ○"享受到"の"到"は動作の結果、目的物に到達できたことを示します。
    ○"与～相関"で「～と関係する」。
    ○"得到～"は日本語にすると多くの場合、「～される」と受身表現になります。

444. 上海申花チームはホームゲームにもかかわらず、明らかに前節1対6で負けた影響を脱しておらず、先発出場の謝暉選手が試合開始5分でゴールを奪ったものの、その後すぐに深圳平安チームが、忻峰選手とゴールキーパー区楚良選手の連携ミスを捉え、スコアをタイに戻し、最終的に1対1であった。
    ○"仍未"は会話体の"还没"に相当します。
    ○"便"は会話体の"就"に相当。

445. わが国における農作物のワラの生産量は毎年6億～7億トンに上る。仮にその利用価値を充分に発揮させ、ワラをタンクに入れてメタンガスを発酵生産できれば、発酵原料不足の問題を一挙に解決して、農家に日常生活で必要な燃料を十分提供するだけでなく、大量のワラを消費して、頭痛の種だったワラの燃焼問題を抜本的に解決できるのである。
    ○"迎刃而解"は四字成語。
    ○"所需的"の"所"は本来動詞である語が名詞の修飾語になるとき、よくその語の頭に置かれます。

446. 黄河、ガンジス河、ナイル河は世界の文明を育んだが、水害もまた光と影のように人類にぴったりと寄り添ってきた。「ノアの方舟」という、欧米諸国では誰でも知っている伝説は、私が思うに、紀元前の洪水が人類の早期の記憶に留められた痕跡であり、わが民族の「女媧の天地修復」物語や「精衛が海を埋め立てる」話もまた、人と洪水の戦いの描写なのである。
    ○"家喩戸暁"は四字成語。

練習問題訳例と解説　第Ⅳ部　　　185

○ "女娲补天" "精卫填海" はともに中国では誰でも幼児期に親しむ代表的な神話伝説です。

[S5-2]
447. わが国では修士課程は整った独立した人材養成段階であり、学生は入学後1年目の時間の多くを英語や政治の学習に費す。同時に卒業論文にも半年から1年の時間が必要で、実際に専門課程の勉強に打ち込める時間は少なく、2年ないし2年半で学業を終えるのは非常に困難である。
○ "花在～" 「～に費す」の "在" は動作の結果、落ち着く場所を示します。

448. 一般庶民は政府の活動に対し、当然ながら「知りて言わざるなし、言いて尽くさざるなし」の原則に則り、批判や合理的な提案をどんどんすべきであるが、言う側が諄々と説いても誰も聞く耳を持たなかったり、聞いてもこっちの耳からあっちの耳に抜けてしまったりしては、しまいには誰もまともに進言しなくなってしまうだろう。
○ "本着～的原則" で「～の原則に基づいて」。
○ "久而久之" "仗义执言" はどちらも四字成語。

449. 本紙キャンベラ8月20日電、李景衛記者：オーストラリアは目下、南極の氷雪の地に滑走路を1本建設し、オーストラリアから南極への旅客輸送航路を開設する準備をしている。これにより、人類が船や輸送機に乗って南極へ行き科学調査や観光をする、という歴史は書き換えられるだろう。
○ "前往～進行…" で「～に行って…する」。

450. 上海市長寧区虹橋街道虹儲団地住民委員会が「タイムバンク」を開設した。団地内のボランティアが他人に奉仕した時間は全てこの銀行に貯蓄され、ボランティア本人あるいはその家族が援助を必要としたとき、貯蓄してある時間を銀行から利息付で引き出して使用できる。
○ "需要" は「必要とする」という動詞です。
○ "连本带息" で「元利併せて」。

451. 広州は常住人口に流動人口を加えると1000万人に達する巨大都市であり、人々が安心して暮らせるようにすることは各レベルの党委員会と行政府の重大な責任である。市民に安心感を与えることは、「労働や起業がしやすい、居住や生活がしやすい」という「2つのしやすい」都市を建設する重要な基本線であり、治安状況に対する人々の満足度は幹部の業績をチェックする重要な基準である。
○ "安居乐业" は四字成語。

452. 我々が2500年前の孔子の学説と伝統的な儒学の精華を研究するのは、決して復古を企んでいるのではなく、また単なるちょっとした懐古趣味でもなく、中国文化、特に儒家の文化はその多くの理念が、今日の世界の平和、発展、環境、人間関係などの問題を解決する上で、人々に知恵に富んだ示唆を与えることができるからである。
○ "发一点思古之幽情" は［動詞＋動量詞＋目的語］の語順。中国語では目的語が人称代名詞などの場合は［動詞＋目的語＋動量詞］となりますので、違いをしっかり認識しましょう。

[S5-3]
453. 「反米主義」とは決して民主、自由という普遍的な価値観に異を唱えようとするものではなく、アメリカの誤った外交政策と覇権主義的な行為に反対しているのである。ここ数年、アメリカは「9・11」を口実に世界戦略上の利益を追求し、平気で国際的規範を破り、人道主義に関する災禍をもたらした。これによって世界的な「反米主義」の動きが盛んになったのである。
○ "并非是～而是…" は会話体の "并不是～而是…" と同じ。

454. 6月8日午後、北京市西城公安支局と市の誘拐対策室は共同作戦を行い、10時間余りの奮闘によって、ホテルで従業員として働くという口実で貴州省から北京に連れて来られ、旅費の返済を理由に売春を強いられていた4名の少女たちの救出に成功し、容疑者4名も全て逮捕された。
○ "将四名～的少女" 「4名の～の少女」の "将" は会話体の "把" と同じです。"四名" のような名詞に係る数量詞はその名詞の修飾語の先頭に置かれますから、修飾部分が長くなれば、この文のように名詞本体と随分遠くになってしまいます。この文ではその修飾部分の中にさらに "被" による受身構文や "以～为名" "以～为由" の構文があり、複雑になっています。
○ "拐骗至～" の "至" は会話体の "到" の代わりに用いられています。［動詞＋"到"］の形です。

455. 淮河治水の象徴的工事であり、淮河洪水防止の要となる工事——淮河臨淮岡洪水制御工事

が6日、正式に完工した。これは、淮河本流に制御中枢がなかった歴史が幕を閉じ、それによって淮河の中・下流域の洪水防止基準が従来の50年足らずの間に1度というレベルから100年に1度のレベルに上がり、太平の世を願う沿岸住民の夢が現実となったことを意味する。
   ○"使"は結果を伴う使役ですから、「それによって」と訳せます。

456. 劇映画『刮痧』は次のような物語だ。アメリカで起業してちょっとした成功を収めた許大同は、年老いた父親を北京から呼び寄せた。この父親が孫の病気を治すために「刮痧」を施す。ところがこれがアメリカの医者から身体に対する傷害と誤認され、政府当局は児童虐待を理由に許大同の家族とその子供を強制的に隔離してしまい、この一件から東西文化の激しい衝突と感動的な家族愛の物語が繰り広げられるのである。
   ○"却"は予想に反した意外な気持ちを示します。
   ○"将～与…隔离"で「～を…と隔離する」。
   ○"一段"は"故事"にかかる数量詞。
   ○刮痧：民間療法の1つ。銅貨などに水や油をつけて患者の胸や背などをこすり、皮膚を局部的に充血させて内部の炎症を軽減させる。

457. 北京市人口計画出産委員会の関係者が明らかにしたところによれば、109：100の（男女別出生）比率は北京市に戸籍をもつ乳児数から計算されたものだが、流動人口中の男女別出生比率はさらにバランスを欠いている。これはやはり「男尊女卑」という伝統的な観念が今なお幅をきかせているためで、「今は1人しか子どもを産まなくなったため、誰もが男の子をほしがるのだ」という。
   ○"重～轻…"「～を重んじ、…を軽んじる」は決まった言い回しとして常用されます。

458. 年越しとなるといちばん食べたいのは我々チワン族の大粽。この大粽は北京で売られているような小さい三角のものではなく、ぎゅうぎゅうに中身を詰め込んだ枕のような形をしていて、1つが2、3斤か4、5斤はある。具は緑豆と豚肉だが、豚足が丸ごと仕込まれ十数斤になるものもあって、まさに正真正銘の「ビッグマック」だ！
   ○"如同～"で「～のようだ」。
   ○"可～了"「本当に～だ」は話し手の強い感慨を込めた言い回し。
   ○斤：重さの単位で1斤は500グラム。

[S5-4]
459. 敢えて言わせてもらうならば、現在、「手続き難」は重慶市の発展に影響する「難病」、市内外の投資家や人民大衆が極度に憎悪する「ガン」となっており、重慶市が発展を加速させる足取りを大きく妨げている。様々な形態の「手続き難」問題は、強い決意を持って取り組まねばならない時期に来ている。
   ○"毋庸讳言""深恶痛绝"は四字成語。
   ○"严重"は「深刻に」「ひどく」。
   ○"下决心"で「決心する」。
   ○"非～不可"で「どうしても～しなければならない」。

460. 有給休暇は、個人にゆとりある休息の時間を与えるだけでなく、自由に計画する権利を与えるものであり、型にはまった官製休暇の制約を個人の余暇という緩やかな制約に変えるものである。個人的な消費時間を保証するという前提の下で民衆の消費のピークがならされ、「休日が人に合わせる」ようになり、快適な日々を分散して過ごせるようになるのである。
   ○"给～以…"で「～に…を与える」。"给予～"はこれで「～を与える」。
   ○"变～为…"で「～を…に変える」。
   ○"调剂开～"の"开"は動作の結果、離れる、分散することを示します。
   ○"好日子分着过"は"过日子""暮らす""日を過ごす"の応用。
   ○"造成"は良くない結果を示す例が多いのですが、ここでは良い結果に使われています。

461. アフリカ文化の季節風はもう世界の隅々にまで吹いている。芸術の巨匠ピカソは、アフリカ伝統の木彫り面に触発されて「キュービズム」という現代絵画の一派を創出し、西洋現代のファッションデザイン、流行音楽（とりわけジャズやロック）、ミュージカルなども、エネルギッシュで躍動感あふれるアフリカ文化の要素を吸収し融けこませている。

462. 各保険会社は、生命保険の契約に際し、保険契約の免責事項や解約手続きといったトラブルになりがちな事項について逐一保険加入者にはっきり説明し、解約金の金額や計算方法などは保険証書や保険約款中に明記し、保険加入者や被保険者から書面による同意を得なければならない。
   ○"就～的事项，向…解释清楚"「～の事項について…に対してはっきり説明する」の構文をしっかり把握しましょう。"解释清楚"

は結果補語の形です。
　○ "应〜"「〜すべきだ」の位置に注意。中国語の副詞や助動詞は原則として前置詞構文の前に置かれます。

463. 草地、とりわけ草原土壌の腐植層は北方の主要な炭素貯蔵庫であり、炭素循環の中で大きな働きをしていて、草地の育成は地球温暖化を遅らせる鍵となる重要な対策の1つである。一方草地は大きな価値を持つ野性の有蹄類草食哺乳動物のふるさとであり、多様な生物の育成と合理的な開発という分野で大きなポテンシャルを有している。

464. これまでの100年余りを「石油時代」と言っても過言ではないだろう。人類の衣食住と交通は、ますます石油に依存するようになっているからである。しかし石油といえども伝説のダモクレスの剣のようなものであり、人類に幸福をもたらすと同時に環境を破壊しつつもあり、これによって引き起こされる汚染はまさに地球の温暖化や海面の上昇等々を進行させている。
　○ "把"は剣の量詞です。
　○ "在〜的同时"で「〜と同時に」。

[S5-5]

465. 特別一斉取締りが行われてから、軍用車両による信号無視、バス専用車線への割り込み、路肩や非エンジン車両用車線の走行、道路標識とライン標示に従わないなどの交通法規の違反回数が大幅に減った。北京市公安交通管理局の軍用車両交通法規違反摘発統計結果を見ると、交通法規を故意に犯した軍用車両はすでに稀有である。

466. 胡茂東というこの純朴で平凡な職人は、メラメラと激しく燃え盛る炎がデパートを飲みこみ、数百人の人々が逃げ場を失ったときに、続けざまに6回も火災現場へ飛び込み、死に神の手から11人の命を救い出し、消火活動が終わると名前も告げずにそっと立ち去ったが、結局、大量の有毒ガスを吸い込んだため、自身は全身の病に罹ってしまった。
　○ "当〜的那一刻" の "当"は論説体で時を示すときに使われる前置詞。
　○ "终"（「最後には」「結局」）は後ろに単音節語（ここでは "因"）の動詞や前置詞が置かれます。

467. 現在新疆の東のはずれにあるやや強い寒気は西から東へ移動し、我が国北方の広範な地区に次第に影響を及ぼすでしょう。このため、向こう3日間、新疆東部、西北地区東部、華北、東北地区、黄河・淮河流域などの地域に風力4〜6の北よりの風が相次いで現れ、寒冷前線が通過した後、前述地域の気温は4〜8℃下がる見込みです。
　○ "较" は必ずしも「比較的」「やや」「かなり」などと訳す必要はありません。他との比較に基づいた評価を下しているわけですから、そのニュアンスがはっきりしている場合は省略してもいいのです。
　○ "自〜向…" で「〜から…に向かって」。
　○ "先后"は「相前後して」と訳すより、「次々と」「相次いで」などと訳すと訳しやすいことが多いようです。
　○ "未来"は天気予報でよく使われます。その場合の日本語は「今後〜」。

468. 週末になると、多くの大学生が真っ先にすることは、キャンパスの掲示板へ駆け寄り、各学生サークルが次々と繰り出す夥しい数の講座、サロン、パーティー、セミナーなどをチェックし、そこから選択することである。大学生たちは大学の深くアカデミックな雰囲気に導かれ成長すると共に、若々しく溌剌とした意気込みで、サークル活動を通して独自の輝きを放つ数々のキャンパス文化の花を咲かせる。
　○ "应接不暇"は四字成語。
　○ "既〜又…" の構文です。
　○ "蓬蓬勃勃"は形容詞の重ね形。
　○ "一个个"は量詞が重ねられていますから複数を示します。

469. 安い労働力コストは、我が国経済の20年余りにわたる急速な成長を支えてきた重要な要素である。だが、今この有利な形勢が変わりつつある。即ち、一定の条件をクリアした農村余剰労働力の大部分がすでに都市の非農業産業に就職し、我が国の経済活動における労働力の無限の供給という状況を変えてしまった。
　○ "高速增长"を「高速増長」とそのまま訳す人が結構いますが、よく日本語を吟味して下さい。大体、「増長」という日本語は経済には使いません。
　○ "发生"は出現文に使われる動詞ですから、「〜に…が発生する」と訳します。

470. 我が国の科学者は安徽省の繁昌で200万年余り前の石器を発見した。専門家の鑑定結果は、これを国内で見つかった最初の「石刀」であるばかりでなく、さらにユーラシア大陸でこれまでに発見された最も古い文化的遺物だと認定した。これによって人類が我が国の国内

188

で活動した歴史は30万年余り遡った。
○ "距今"で「今を去ること」。
○ "经~后"で「~を経て」。

[S5-6]
471. 青少年に対する性教育の良し悪しは、ミクロ的には1人の人間の一生に影響を与えるであろうし、マクロ的には我が国の人口や経済社会の持続可能な発展に関わるであろうから、社会の総力を動員し、学校や家庭から社会のあらゆる方面に至るまで力を合わせてよい青少年性教育システムを作り上げなければならない、と専門家は指摘する。

472. 地金型金貨は、世界が金本位制と決別した後、金投資専用に使われている法定通貨であり、一般的にデザインは固定され、毎年発行年のみを替えている。販売価格は金価格をベースに低率のプレミアムを加えているだけであり、販売機関は販売と同時にその時々の金価格に基づき若干の手数料を上乗せしてオープンな買い入れも行っているので、金貨を収集するのにも投資家が現金化するのにも便利である。
○ "方便"は「~に便宜を図る」といった意味合いの動詞としても使われます。

473. 最近、長江水利委員会は次のように公表した。例年観測を続けてきた長江沿い329観測地点の最新データでは、長江の水の土砂含有量が近年いずれの場所でも低下傾向を示していて、20世紀後半に土砂含有量が徐々に増加した局面は変わり始めており、長江の水分・土壌流失対策は目下はや成果を出しつつある。
○ "近日"は多く過去に使われます。

474. 多くの小都市は計画策定のレベルが低いだけでなく、ひたすら大規模かつ洋風なものを有難がる。一部の小都市は元々面積が広くないくせにメインストリートは北京の長安街を模したいと考え、一部の地方では役場同士が互いに張り合ってオフィスビルを建てるのが流行り、格好をつけようと広場や公園をつくるなど、全く住民の本当のニーズに立って考えていない。
○ "贪大求洋"は"贪大""求洋"という2つの［動詞＋目的語］を合わせて4字句にしています。

475. 東京三菱銀行など四大銀行グループの昨年1年間の個人預金額は6兆1千億円増加したが、預金額を伸ばした都市銀行は決して喜んではおらず、すでに「預金量激増防止対策」を講じている。というのも、目下景気が低迷し優良貸付先を欠く中、預金量がどこまでも増加することは経営コストを上昇させ、却って業績の悪化を招くからである。
○ "反而~"で「却って~だ」。

476. 教師たる者、子供は結局のところ子供であって、天性皆いたずらっぽい一面があり、教師は叱りつけたり体罰を加えるのではなく、寛容な心で上手に教え導いて教育と指導をすべきことをまず認識する必要がある。次に、子供たちの欠点には理性的に対応し、彼らに改める機会を与えなければならない。
○ "对~进行…"「~に…を行う」は常用表現。

[S5-7]
477. 中国のオートバイ生産量はここ数年連続して世界一であり、オートバイ産業の競争は日増しに白熱化している。しかし、知的財産権保護問題におけるWTO加盟後の中国政府の公約を本当に実行して模造品を厳しく取り締まるなら、中国のオートバイ産業の製品開発における「アキレス腱」が余すことなく暴露されることになるだろう。
○ "软肋"については問題411の注を参照。

478. 馮其庸は70歳を過ぎた後、玄奘の「西方浄土に経文を求めた」足取りを探るため、新疆に10回赴き、パミール高原の崑崙の峰に7回登り、ローラン、ロプノール、タクラマカン砂漠を再度経て、弱水（エチナ川）を渡って黒水城（カラホト）に辿り着き、さらには祁連（天山）山脈に奥深く入り込み、前人未踏の未知の世界へと分け入った。
○ "到人之所未到"「人の行っていないところに行く」と"见人之所未见"「人の見ていないものを見る」は修辞的な対句ですので、まとめて訳します。

479. 世界に通用する人材を育てるため、ここ数年わが国は世界の教育改革の趨勢に合わせ、競争原理を小中高校のカリキュラム改革と教材編集過程に取り入れた。教育部は主にカリキュラム基準と教材審査の責任を負い、国家の基本的要求と指導に基づく、教材の多様化を実現した。
○ 中国語は"中小学"と言いますが、日本語は「小中高校」。細かい点に気をつけましょう。

480. 偽帳簿の最大の被害者は国で、偽の情報は国家のマクロ政策を誤る重要な原因であり、数字を弄んで税収や国有資産を不法に一部の小さな団体や個人の懐に流れ込ませてしまう。もう1人の直接的な被害者は投資家で、でっ

ち上げられた好業績と配当の約束によって彼らの希望は水の泡と化してしまう。
○中国語の"国家"は時に応じて「国家」「国」「諸国」「国々」と訳し分けるきめの細かさが求められます。
○"化为～"で「～に化する」。

481. 一般的に言って、65歳以上の男性の5分の4は心臓病で死亡する。男性は女性にくらべ心臓病を患いやすく、なおかつ病気に罹る年齢も低めである。もし家族の中に心臓病の患者がいれば罹患率は高くなり、喫煙者が心臓病を患う確率は非喫煙者と比べ倍以上、受動喫煙にも心臓病を患う極めて高い危険性がある。
○"一般而言"は常用の言い回し。
○"死于～"で「～で死ぬ」。
○"易于～"で「～しがちだ」。
○"高出～"で「～を上回る」。

482. アヘン戦争後に外国の宣教師が中国に来た動機は確かに伝道の熱意によるもので、中国の国民のためを思ってのことであった。しかし西側列強が中国を侵略しているという時代背景の下でその政治的利益や経済的利益が中国国民と衝突したとき、一部の宣教師は意識的あるいは無意識的に侵略者に加担し、自国政府のために尽力した。
○"确有～"で「確かに～がある」。この文では後ろの動詞句全体が"有"の目的語になっています。
○"本国"を「本国」とそのまま訳さないように。

[S5-8]

483. 『永遠の隣人』という記念文集は、1972年の中日国交正常化以来今年まで30年間に渡って人民日報に掲載された文章とニュースをセレクトして編集されたもので、中日両国の指導者および多くの民間人が両国関係発展のために尽くした多大な貢献を生き生きと記録している。
○"名为～"で「～という名の」。
○"到～为止"で「～まで」。
○"做出"は"贡献"に使う動詞。"努力"にも使います。

484. 専門家は以下のように喚起する。携帯電話で発信をするとき、すぐに耳に近づけてはいけない。相手と電話がつながってから耳に近づけることで、携帯電話がネットワークに送信する瞬間に発生する極めて強い電磁波の輻射が減るのである。また可能な限り携帯電話の使用回数を減らし、固定電話があるときはそれを使用するよう心がけるべきである。
○"急于～"で「～を急ぐ」。
○"当～后再…"で「～してそれから…する」。"再"を「再び」と訳さないように。
○この"以"は前文を受ける"以"ですから、後ろから「～するために」とも訳せます。
○"尽可能"で「できるだけ」。"尽量"も同様。

485. 太平人寿（中国の保険会社名）の緊急救助カードを所有する全ての被保険者は、非居住地での公務による出張、旅行および帰省時に予期せぬ傷害事故や疾病に遭遇したとき、太平人寿のSOS24時間救援ホットラインに電話をしさえすれば、インターナショナルSOS救援グループが、規定されたサービス内容に則り迅速に救助や特約治療などの総合的ケアを提供するだろう。
○"凡～"で「およそ～はすべて」。
○"探亲"は「親探し」ではありません。

486. 湖北人は非常に聡明で、いつしか魏、呉、蜀三国の戦場となった赤壁と、蘇軾が黄州に流され「赤壁の賦」を詠んだ場所をそれぞれ「武赤壁」「文赤壁」に分け、これによって赤壁の場所にまつわる長年の様々な議論に決着をつけ、かつての多くの誤解が興味に変わって文化的趣が加わるようになった。
○"把A同B分为C与D"「AとBをCとDに分ける」という構造をしっかり押さえましょう。
○"变得有趣"は様態補語の形。動作がどのように行われているか、または動作が行われた結果どうなったかを示します。この場合は後者。

487. 中国共産党11期3中全会（第11期中央委員会第3回全体会議）以前は、幹部の選抜任用は基本的に画一的な委任制か、形を変えた委任制であったが、この会議以後、幹部選抜業務における「公平、公正、公開」が日増しに重要視されるようになり、幹部の選抜に対する民衆の知る権利、参加する権利、選択する権利、監督する権利が徐々に拡大されつつある。

488. 白春礼は「21世紀における中国科学技術の発展と青年学者の歴史的使命」と題した講演の中で、「歴代の革命者と科学者は、辛亥革命から五四運動、新中国の設立を経て改革開放に至るまで努力を放棄したことはなく、中国はすでに科学教育立国を土台に据えた国家興隆の路を探り当てた」と述べた。

○ "题为～" で「～と題した」。
○ "从未～" は会話体の "从来没有～过"「これまで～したことがない」に同じ。
○ "科教兴国" は政治スローガン。

[S5-9]
489. 作曲家趙季平の作曲、寧遠作詞による極めて民族色に富んだ『竜鳳呈祥』——中国結婚式テーマ曲が正式に誕生した。これは我が国で初めて計画的に一般公募をして誕生した結婚式テーマ曲であり、今後、新たに結婚する若者は婚礼の際に無料で使用できる。
○ "面向社会征集" で「世間から募った」。

490. 50年の間、台湾同胞と祖国大陸同胞は異なる社会制度の下で生活してきており、若干の政治問題に対する双方の見方は全てが同じというわけではない。しかしそれは、両岸同胞の統一への願いと1つの中国という原則への意見の一致を決して妨げず、中国の主権と領土の保全は分割できない、という暗黙の了解、共通認識を妨げることは決してない。
○ "生活在～" で「～に生活する」。
○ "不尽相同" で「全てが同じではない」。
○ "一个中国原则" は「1つの中国という原則」。

491. 本日午後、北京市政府食品安全事務局と海南省農業庁は海口で農業副産物生産販売地域協力備忘録にサインした。北京市側は、すべての農業副産物卸売市場およびスーパーマーケットを海南省の良質な農業副産物に対して安全に開放し、いかなる市場障壁も地方保護政策も設けないことを約束した。
○ "食品安全办" の "办" は "办公室" の略。
○ "所有" は「あらゆる」。
○ この "安全" は「安全に」という状況語（連用修飾語）。

492. 民間には様々な盗聴器が出現しており、品質は違っても被害はみな同じで、人と人との間に不信感を醸成し、隔たりと不安を生みだす。さらに人間関係に危機を生み、国には不安定をもたらし、同時に公民のプライバシーも侵害しており、我々は断固としてこれを取り締まる。
○ "进而" で「進んで」「さらに」。
○ "予以～" で「～を加える」。

493. 公安部や北京市公安局などの人員から成る専門家グループは検証を行った後、「飛行機の焼けた痕跡は機体墜落時に爆発が起こったことによるものであり、死亡者の遺体の損傷の多くは機械との衝突や燃料タンクの引火によるもので、機体には爆発や銃撃による痕跡はなく、さしあたりこの飛行機事故が人為的破壊によって惹き起こされた可能性は排除された」との見解を示した。
○ "由～组成" で「～によって構成された」。
○ "为（wéi）～造成" で「～によってもたらされた」。"为～所造成" の "所" の省略です。

494. 社会の発展という視点から言えば、社会文明が今日まで発展したことにより、人の死後の遺体あるいは器官は社会の重要な資源となっている。もし遺体の所有権と処置権が死者あるいは親族に属するなら、社会的資源の開発と応用に不利なだけでなく、社会文明の発展を推進するプロセスにとっても不利になる。
○ "发展到～" で「～にまで発展する」。

[S5-10]
495. 世界第3世代移動通信（3G）の三大規格の1つであり、わが国の電気通信史の空白を埋めるTD-SCDMA規格は、わが国の企業および科学技術者の数年にわたる苦難と努力を経て、目下、大規模な独立したネットワーク能力を備え、システム設備はあらゆる機能と業務をほぼ実現し、かつ安定的に運用されている。
○ "且" は "而且" と同じ。

496. 于貴銀と朱章波を頭目とする12人の犯罪一味は、1996年10月以降、個人経営の炭鉱をターゲットとし、駅や長距離バスターミナルで同郷の人間に狙いをつけ、石炭を掘ってお金を稼ごうと誘い、3日以内にわざと「落盤」や「崩壊」などの事故を起こし、その後、一味のメンバーが「親族」になりすまして悲嘆にくれ、炭鉱経営者に高額な補償金を要求していたのである。
○ "于"「う」は姓名用字。"於" の簡体字ではありません。
○ "寻找～为…" で「～を捜して…にする」。
○ "其" は人称代名詞の働きもします。
○ "悲痛欲绝" も常用表現。

497. 『覇王別姫』が日本の愛知万博EXPOドームで上演されたとき、3000席を有するドームは毎晩大入り満員となり、最終公演ではさらに200枚余りの立ち見チケットが用意された。東京の渋谷オーチャードホールには産業界、文化界、メディア界の有名人がうわさを聞いて駆けつけ、2400席あるホールは連続8公演チケットがなかなか手に入らなかった。

498. 中華民族の母なる河に関心を持ち、生態を保護し、水資源を大切にする意識を確立するよ

う社会に呼びかけるため、地理の専門知識を有する貴陽晩報社羅万雄記者は、今年4月から6月にかけ徒歩で黄河の流れが絶えた地域を調査し、河口から青海省竜羊峡ダムまで全流域を探訪した。

499. 百歩亭社区（居住区）のある責任者が記者に語った。「当社区が『吸殻、紙くず、果物の皮の撲滅』というモラル構築の公約を示した後、住民は続々とこれに呼応し、数年続けていくうちに住民の間に次第にごみをやたらに捨てない習慣が身につき、他人がごみを捨ててもすぐに誰かが拾うようになった」。

○ "乱〜" で「やたらに〜する」。

500. 1993年、温州は「質が上がれば温州が栄え、質が落ちれば温州が衰える」というスローガンを打ち出し、今では温州経済の発展に人々は目を見張っている。あの小さな柳市鎮も中国の低圧電気製品のメッカとなり、昨年、全国の電力ネット改造で採用された低圧電気製品のうち半分は柳市鎮のものだった。

あとがき

　レベルシステムによる添削授業は、毎週複数個所で行い、参加者は通信添削者も含めると、平成 19 年には遂に毎期 200 名を突破しました。レベル 30 を突破した而立会員も平成 22 年春現在で 70 名を突破して、毎年、会として翻訳活動を行っていますが、添削するほうはそろそろ体力の限界に近づきつつあります。そこでこれまでの成果をまとめ、自学教材を製作しよう、というのが本書執筆の動機でした。

　過去の膨大な量の出題文をデータベース化したことがそれを可能にしました。まさにパソコンの恩恵です。現代は泉の如く湧き出る新語もインターネット検索で容易に探し当てることができますし、人民日報のデータベースも実に有用で、一定語彙の時期による意味・用法の変遷を容易にキャッチできます。

　では、それで読みこなすのが楽になったかというと、そう一筋縄でいかないのが中国語の中国語たる所以でしょう。凡人の筆者は、新聞を斜め読みできるようになるのに、毎日読み続けて 10 年はかかりました。といってもまだまだ完璧には程遠い状態です。これが翻訳となるとなお日暮れて道遠し、の感があります。

　「ウシの歩みのよし遅くとも」。古人はうまいことを言いますね。

　而立会や論説体レベルトレーニングシステムに関する問い合わせは以下のメールアドレスまで。

　　而立会［事務局］レベルトレーニングシステム

　　　http://www.geocities.jp/jiritsukai/
　　　※レベルトレーニングシステムは毎年 2 回（4 月〜7 月、9 月〜2 月）、複数の場所や通信で行われています。

著者略歴

三潴　正道（みつま　まさみち）

1948年東京生まれ。東京外国語大学大学院修了。現在、麗澤大学外国語学部教授。立教大学講師等。(株)海外放送センター顧問。日中翻訳者集団而立会会長。
著書・訳書に『「氷点」停刊の舞台裏』(2006年)、『必読！今、中国が面白い』(2007以降毎年出版)以上日本僑報社、シリーズ『時事中国語の教科書』(毎年出版)朝日出版社、その他、中国語会話・文法書など多数。2001年より、web上で毎週、中国時事コラム『現代中国　放大鏡』を連載執筆中。

論説体中国語　読解力養成講座
新聞・雑誌からインターネットまで

2010年　5月10日　初版第1刷発行
2014年　2月 1日　初版第4刷発行

著　　者●三潴正道
発行者●山田真史
発行所●株式会社東方書店
　　　　東京都千代田区神田神保町1-3　〒101-0051
　　　　電話(03)3294-1001　営業電話(03)3937-0300
装幀・レイアウト●向井裕一
編　　集●古屋順子（ともえ企画）
印刷・製本●株式会社平河工業社

※定価はカバーに表示してあります

©2010　三潴正道　　Printed in Japan
ISBN978-4-497-21007-4　C3087

乱丁・落丁本はお取り替え致します。恐れ入りますが直接本社へご郵送ください。
Ⓡ本書を無断で複写複製（コピー）することは、著作権法上での例外を除き、禁じられています。本書をコピーされる場合は、事前に日本複製権センター（JRRC）の許諾を受けてください。
JRRC〈http://www.jrrc.or.jp　Eメール：info@jrrc.or.jp　電話：03-3401-2382〉
小社ホームページ〈中国・本の情報館〉で小社出版物のご案内をしております。
http://www.toho-shoten.co.jp/